民族地区
电子商务扶贫研究

——以湖北恩施自治州为例

许芳 著

MINGZU DIQU

DIANZI SHANGWU

FUPING YANJIU

WUHAN UNIVERSITY PRESS
武汉大学出版社

图书在版编目(CIP)数据

民族地区电子商务扶贫研究:以湖北恩施自治州为例/许芳著.—武汉:武汉大学出版社,2020.12

ISBN 978-7-307-21816-1

Ⅰ.民… Ⅱ.许… Ⅲ.民族地区—电子商务—扶贫—研究—恩施土家族苗族自治州 Ⅳ.①F713.36 ②F323.8

中国版本图书馆 CIP 数据核字(2020)第 189102 号

责任编辑:林 莉　　　责任校对:汪欣怡　　　整体设计:马 佳

出版发行:**武汉大学出版社** (430072 武昌 珞珈山)

(电子邮箱:cbs22@whu.edu.cn 网址:www.wdp.com.cn)

印刷:广东虎彩云印刷有限公司

开本:720×1000　1/16　印张:15.75　字数:283 千字　插页:1

版次:2020 年 12 月第 1 版　　2020 年 12 月第 1 次印刷

ISBN 978-7-307-21816-1　　定价:49.00 元

前　言

当前我国正处于脱贫攻坚、实现全面小康社会的决胜阶段，深度贫困的民族地区成为现阶段脱贫工作的瓶颈所在。考虑到民族地区经济发展的特殊性、农村电商的迅速发展以及各级政府的政策支持，电商扶贫成为助力民族地区脱贫攻坚的有力手段。

近年来，电子商务在农村地区迅速普及，为农村经济发展注入了新活力。鉴于农村电子商务对地区经济发展的推动作用，国务院扶贫办将电商扶贫纳入十大精准扶贫工程。目前国内外学者关于电商扶贫的相关研究主要围绕农村电子商务发展和电子商务扶贫两方面展开。其一，为厘清农村电子商务快速发展的内在逻辑，不少学者基于交易成本理论、资源禀赋理论、信息不对称理论、产业集群理论和电商市场理论进行了探究，从主客观角度和内外部层面剖析了农村电商的发展动力及其作用机理，同时全方面考察了农村电子商务发展的阻力并提出相应的对策建议。其二，随着农村电商扶贫的快速发展，学者们结合"参与式扶贫理论""信息减贫理论""电商效用理论""互联网赋能理论""电商脱贫理论"和"电商精准扶贫理论"等对电商扶贫的理论根源进行了深入探究。在掌握电子商务与反贫困内在联系的基础上，从扶贫思想、扶贫方式、扶贫内容、扶贫利益主体和扶贫效应五方面深入挖掘电商扶贫的作用机理，进一步提出电商扶贫的具体路径。同时从宏观层面和微观层面衡量电商扶贫效应，并针对电商扶贫过程中的阻碍因素提出相应解决对策。

由于自然地理环境特殊、文化封闭传统、农户能力匮乏、产业结构不合理以及公共服务欠缺等诸多因素，我国民族地区处于深度贫困状态，整体经济发展落后，民族县与国家扶贫重点县高度重合且集中连片分布。为打赢民族地区脱贫攻坚战，国家和民族贫困地区纷纷探索新的扶贫途径，电商扶贫模式脱颖而出。电子商务的兴起打破了传统的销售模式，拉近了偏远民族贫困地区与市场之间的距离，提高了民族地区贫困户的电商技能和思想开放程度，对促进民族地区经济发展、增加农户就业机会、提高农户收入水平进而带动民族地区实现脱贫消贫具有重要作用。

　　本书基于增收、减支和赋能三大电商扶贫的理论机理，从电商创业和电商兼业渠道选择的角度定量分析了民族地区贫困农户电商扶贫的参与问题，从宏观的县域视角考察民族地区电商扶贫效率，从微观的农户参与视角评估电商创业者、电商兼业者和电商扶贫受益者的电商扶贫效应，进一步探讨民族地区贫困农户对电商扶贫的满意度及其影响因素，同时选取四种电商扶贫模式的典型案例，梳理总结其经验与启示，最后在理论分析、定量研究和案例借鉴的基础上，从政府、社会、市场和个体等层面提出了推动民族地区电商扶贫的相关对策。具体而言，本书研究内容主要包括民族地区贫困现状与电商扶贫机理、贫困农户电商扶贫参与、民族地区电商扶贫效率与效应评估、案例借鉴与对策建议等部分。

　　在民族地区贫困现状与电商扶贫机理分析部分，首先阐述我国民族地区贫困现状，从空间、文化、能力、产业结构、灾害风险等视角分析民族地区多维致贫原因，介绍我国民族地区扶贫政策与实践进展；然后从外部资源注入、强智赋能内驱、多元化帮扶、市场桥接、获得感增强和脱贫长效等方面探讨电子商务扶贫的运行机制，从生计资本、利益联结机制和帮扶主体的角度分析民族地区电商扶贫模式，分析比较各模式的扶贫路径以及扶贫主导群体差异；其后结合电子商务扶贫为农户带来的实际效益，从增收、减支和赋能三方面分析民族地区电商扶贫的作用机理；最后介绍湖北恩施土家族苗族自治州电商扶贫实践。

　　在民族地区贫困农户电商扶贫参与行为部分，考虑到民族地区贫困农户的异质性与参与情况的差异，着重对以电商创业和电商兼业形式参与电商扶贫的贫困农户的参与意愿与行为问题进行理论分析和定量研究。首先理论分析影响民族地区贫困农户进行电商创业的自身因素和外部因素，再运用二元 Logistic 回归方法定量分析农户生计资本、自我效能、创业机会、社会参与、基础设施、风险感知等因素对民族地区农户电商创业意愿的作用方向和影响强弱。在分析贫困农户电商兼业选择问题时，首先从农户自身、农业生产活动和社会因素方面探讨贫困农户兼业的动因，分析农户兼业的地域空间和行业选择问题，从而阐述民族地区贫困农户当地电商兼业的优势，最后运用多元 Logistic 回归方法定量分析自我效能、兼业比较优势和区域环境等因素对贫困农户选择当地电商兼业的影响。

　　在民族地区电商扶贫效率与效应评估部分，分析电商扶贫效率的内涵及其测量，考虑到电商扶贫的宏观和微观效果，分别从县域视角和农户参与视角对民族地区电商扶贫效率和效应进行评估。其中，从县域视角的民族地区电商扶贫效率评估主要是以湖北省民族地区一州两县为研究对象，采用非径向 DEA 方法来评估湖北民族地区县市电商扶贫整体效率，针对各地区电商扶贫效率差异，运用灰色关联度法来分析财政支持力度、人力资本水平、交通基础设施水平、金融环境水平、聚集经济效益和通信设施水平等因素对民族地区电商扶贫效率的影响。在县域视角电商扶贫效率及其影响因素的分析过程中，同时也将宜昌市下属六县市纳入进行比较研究，从而更加直观掌握湖北省民族地区电商扶贫效率格局及其存在的主要问题。从农户参与视角来评估民族地区电商扶贫效应主要是考虑农户电商扶贫参与形式的差异，采用得分倾向匹配法评估电商创业者和电商兼业者的收入效应，从减支和赋能角度评估未直接参与农户的电商扶贫溢出效应，用回归分析法分析其溢出效应的影响因素。此部分最后还进一步分析民族地区贫困农户对电商扶贫的整体满意度及其影响因素。

在案例借鉴与对策建议部分，首先选取平台助推、政府主导、农户自发触网和工商资本驱动的四种不同电商扶贫模式的典型案例，分析案例地区电商扶贫的兴起缘由、发展动因、发展概况和具体实践，梳理总结电商扶贫主要成就和成功经验，从而为民族地区电商扶贫工作提供经验借鉴；书稿最后在理论分析和实证检验和案例借鉴的基础上，从政府层面、社会层面、市场层面和个体层面提出了推动民族地区电商扶贫与消贫的对策建议。

关于电商扶贫的研究工作并不少见，但以往研究成果多聚焦于普通农村地区的电商扶贫，并未充分考虑到民族地区致贫原因的复杂性和脱贫的困难性。本书进一步细化研究对象，选择当前脱贫攻坚决胜阶段中脱贫任务最为艰巨的贫困民族地区的电商扶贫问题展开研究，既从理论层面阐述了民族地区电商扶贫模式和作用机理等问题，又定量研究了民族地区贫困农户电商扶贫参与行为和行为结果。此外，本书既从宏观的县域视角探讨了民族地区电商扶贫实践和扶贫效率，也从微观的贫困农户视角考察了农户参与电商扶贫的意愿、行为及扶贫效应。除了着眼于民族地区电商扶贫问题的探讨，本书也聚焦于其他地区电商扶贫成功案例的经验启示与借鉴。本书理论阐述与定量分析并举，意愿行为与行为效果研究兼顾，案例启示借鉴与对象问题解决依存。本书延伸了电商扶贫研究范畴，研究我国少数民族贫困地区电商扶贫的机理、参与行为和效应评估等问题，既完善和深化了电商扶贫理论，又弥补了我国电商扶贫效应定量研究的不足。同时系统地研究湖北民族地区电商扶贫问题，不仅为湖北少数民族地区扶贫开发提供实证资料和决策依据，也有利于完善我国电商扶贫政策安排和相关措施。此外，从县域视角评估民族地区电商扶贫的效率以及从农户参与视角下定量研究民族地区电商扶贫对电商创业农户、电商兼业农户和未参与农户的增收、节支与赋能效应，这完善了电子商务扶贫参与对农户影响的研究内容，丰富了电商扶贫效应研究的理论视角与定量分析的工具方法选择。

作　者

2020 年 8 月

目　录

1　绪论 ……………………………………………… 1
  1.1　研究背景与意义 ……………………………… 1
  1.2　研究内容 …………………………………… 14
  1.3　研究思路与方法 …………………………… 17
  1.4　研究创新 …………………………………… 20

2　文献综述与研究回顾 ……………………………… 21
  2.1　民族地区贫困与反贫困研究 ……………… 21
  2.2　电子商务扶贫研究 ………………………… 28
  2.3　中国农村电子商务发展研究 ……………… 37

3　我国民族地区贫困状况与扶贫进展 ……………… 46
  3.1　我国民族地区贫困现状 …………………… 46
  3.2　民族地区致贫原因分析 …………………… 53
  3.3　民族地区扶贫政策与进展 ………………… 59
  3.4　湖北恩施自治州贫困与扶贫实践 ………… 65

4　民族地区电商扶贫模式与机理分析 ……………… 72
  4.1　电商扶贫的缘起和运行机制 ……………… 72
  4.2　民族地区电商扶贫模式分析 ……………… 79
  4.3　电子商务扶贫机理 ………………………… 88
  4.4　湖北恩施自治州电商扶贫实践与进展 …… 93

5　民族地区贫困农户电商扶贫参与行为研究 ……… 97
  5.1　贫困农户电商创业意愿与行为研究 ……… 97
  5.2　贫困农户当地电商兼业选择研究 ………… 110

6　县域视角民族地区电商扶贫效率分析 ································· 122

　6.1　电商扶贫效率的内涵与测量 ································· 122

　6.2　湖北省民族地区电商扶贫成效 ······························· 123

　6.3　湖北民族地区电商扶贫效率评估 ··························· 134

　6.4　湖北民族地区电商扶贫效率影响因素分析 ··········· 139

7　农户参与视角的民族地区电商扶贫效应评估 ············· 146

　7.1　农户视角的电商扶贫效应评估准则 ····················· 146

　7.2　数据获取和评估方法 ··· 148

　7.3　电商创业者收入效应评估 ····································· 151

　7.4　电商兼业者收入效应评估 ····································· 157

　7.5　电商扶贫受益者溢出效应分析 ····························· 163

　7.6　贫困农户电商扶贫满意度与影响因素分析 ··········· 174

8　农村地区电子商务扶贫案例启示与经验借鉴 ············· 185

　8.1　长阳县模式——平台助推 ····································· 186

　8.2　玉龙县模式——政府主导 ····································· 194

　8.3　大集镇模式——农户自发触网 ····························· 201

　8.4　施秉县模式——工商资本驱动 ····························· 208

9　推动湖北民族地区电商扶贫对策建议 ························· 216

　9.1　政府层面：发挥政府主导作用的政策支持 ··········· 216

　9.2　社会层面：强化电商扶贫效果的社会帮扶 ··········· 220

　9.3　市场层面：尊重市场发展规律的合力作用 ··········· 223

　9.4　个体层面：提升个人发展能力的路径选择 ··········· 225

参考文献 ··· 229

后记 ·· 244

1 绪　　论

1.1　研究背景与意义

1.1.1　研究背景

贫困问题一直是中国政府十分重视的重大民生问题。改革开放以来，随着我国扶贫工作的持续推进，农村贫困发生率从 1978 年的 97.5%降至 2019 年的 0.6%，7.6 亿人实现脱贫；民族八省区贫困人口减少到 119 万，贫困发生率下降到 0.79%，在反贫困方面取得了优异的成绩。但主要集中在少数民族地区的剩余贫困人口，都是贫中之贫、困中之困，扶贫成本高、难度大，致贫因素多元叠加、成因复杂、表现特殊，仍然是打赢脱贫攻坚战最难啃的"硬骨头"，也是实现 2020 年全面建成小康社会的短板。2019 年全国政协第七次重点关切问题情况通报会上明确指出，民族地区是国家脱贫攻坚的主战场和硬骨头①。民族地区交通闭塞、信息封闭和远离市场等特殊性导致农产品以及具有民族特色的手工艺品缺乏销售路径，阻碍了民族地区脱贫攻坚工作的开展。与此同时，随着互联网和信息技术的高速发展，农村电商进入规模化和专业化阶段，为农产品的销售开辟了新的渠道。在此背景下，被国务院扶贫办列入精准扶贫十大工程之一的电子商务扶贫，成为现阶段助力民族地区脱贫攻坚的有力手段。农村电商扶贫不仅能够促进民族地区相关产业发展和地区经济发展，创造更多就业和创业机会，进而增加贫困主体收入，而且能够通过降低生活和生产支出，增加贫困农户实际收入。此外，农村电商扶贫还能够通过提升贫困农户可行动能力，消除内源性贫困，搭建与外界联系的桥梁，从而带动民族地区农户脱贫致富。因此，明确民族地区电商扶贫效率整体情况以及提高扶贫效应

---

①　中国政府网.全国政协第七次重点关切问题情况通报会：打赢民族地区脱贫攻坚战［EB/OL］.http：//www.gov.cn/xinwen/2019-09/04/content_5427048.htm，2019-09-04.

的引致因素，找出电子商务减贫面临的核心困境，日益成为政府和公众共同关注的焦点，也是实现电子商务减贫消贫预期作用的关键。

1. 政府长期致力于贫困问题的解决，民族地区扶贫工作任重道远

从改革开放至今，我国一直致力于扶贫工作，主要经历了体制改革扶贫、开发式扶贫、"八七"扶贫攻坚、扶贫开发和精准扶贫等扶贫阶段（张磊，2007）。党的十八大以来，为了解决贫困问题，实现全面建成小康社会，党中央将扶贫事业放在治国理政的重要位置，提高扶贫工作支持力度，并推出了精准扶贫与精准脱贫方略。党的十九大报告指出："坚决打赢脱贫攻坚战"，"确保到 2020 年我国现行标准下农村贫困人口实现脱贫，贫困县全部摘帽，解决区域性整体贫困，做到脱真贫、真脱贫"①。2019 年国家颁布了《关于坚持农业农村优先发展做好"三农"工作的若干意见》的中央一号文件，指出要"聚力精准施策，决战决胜脱贫攻坚，不折不扣完成脱贫攻坚任务"②。一直以来，民族地区作为我国贫困人口最密集、贫困程度最深的地区，全国 832 个贫困县（包括国家扶贫开发工作重点县和片区县）中民族自治地方县 421 个，占 51%。全国贫困人口的 1/3、14 个集中连片特困地区的 11 个以及深度贫困的"三区三州"都在民族地区③。现阶段，民族地区面临的贫困问题直接关系到我国构建社会主义和谐社会重大战略的推进。因此，党和国家特别重视少数民族地区扶贫工作，长期将民族地区扶贫工作放到重要位置，相继出台相关扶贫政策对民族地区扶贫工作进行指导。2017 年 11 月，中办国办颁布了《关于支持深度贫困地区脱贫攻坚的实施意见》明确指出，重点支持"三区三州"，加大中央财政投入力度、金融扶贫力度、项目布局倾斜力度、易地搬迁实施力度、生态扶贫支持力度、干部人才支持力度和社会帮扶力度，确保深度

---

① 林毅夫．中国特色扶贫道路越走越宽［N］．参考消息［EB/OL］．http：//ihl. cankaoxiaoxi. com/2017/0920/2232847. shtml，2017-09-19.

② 中国政府网．中共中央国务院关于坚持农业农村优先发展做好"三农"工作的若干意见［EB/OL］．http：//www. gov. cn/zhengce/2019-02/19/content_5366917. htm，2019-02-19.

③ 中国经济网．2017 年民族地区农村贫困监测情况发布：3 年安排民族地区扶贫资金逾千亿［EB/OL］．http：//bgimg. ce. cn/xwzx/gnsz/gdxw/201808/16/t20180816_30043637. shtml，2018-08-16.

贫困地区和贫困群众贫困问题的解决①。2018 年 6 月，中共中央和国务院发布了《关于打赢脱贫攻坚战三年行动的指导意见》指出要集中力量支持深度贫困地区脱贫攻坚，致力于优化深度贫困地区发展条件，致力于解决深度贫困地区群众特殊难题，致力于加强深度贫困地区政策支持②。2019 年习近平总书记在宁夏考察时指出，全面建成小康社会，一个少数民族也不能少，要携手和团结各民族，共同迈进全面小康③。

经过 7 年多的精准扶贫，特别是经过 4 年多的脱贫攻坚战，民族地区在党和政府的带领下，脱贫工作取得了前所未有的成绩，顺利完成了十二五规划的脱贫目标，即将完成十三五脱贫攻坚任务。如图 1-1 所示，全国农村贫困人口从 2011 年的 12238 万人减少到 2019 年的 551 万人，11687 万人实现脱贫；贫困发生率从 2011 年的 12.7% 降到 2019 年的 0.6%，降低了 11.1 个百分点④。民族八省区的贫困人口由 2018 年的 603 万人缩减到 119 万人，贫困发生率从 4% 下降到 0.79%⑤⑥。如图 1-2 所示，从 2011 年到 2019 年，民族八省区农村和全国农村的减贫比率可以看出，2018 年以来，民族八省区农村减贫比率快速赶超全国农村的减贫比率，并呈加速上升态势。然而在取得成绩的背后，我们仍然可以看到民族地区绝对贫困人口还有 100 多万，其贫困发生率仍然高于全国水平，贫困差距大，相对贫困问题依然突出，民族地区扶贫工作仍然不能松懈。截至 2020 年，我国依然有 52 个贫困县（包含 1113 个贫困村）未脱贫

---

① 中国政府网. 中办国办印发意见 支持深度贫困地区脱贫攻坚 [EB/OL]. http：//www. gov. cn/xinwen/2017-11/21/content_5241334. htm，2017-11-21.

② 中国政府网. 关于打赢脱贫攻坚战三年行动的指导意见 [EB/OL]. http：//www. gov. cn/zhengce/2018-08/19/content_5314959. htm，2018-08-19.

③ 中国政府网. 携手同心共迎美好未来——习近平总书记在宁夏考察时的重要讲话在民族地区干部群众中引发强烈反响 [EB/OL]. http：//www. gov. cn/xinwen/2020-06/12/content_5519085. htm，2020-06-12.

④ 国家统计局. 方晓丹：2019 年全国农村贫困人口减少 1109 万人 [EB/OL]. http：//www. stats. gov. cn/tjsj/sjjd/202001/t20200123_1724700. html，2020-06-12.

⑤ 国家民委网站. 2018 年民族地区农村贫困监测情况 [EB/OL]. https：//www. neac. gov. cn/seac/jjfz/202001/1139406. shtml，2020-01-03.

⑥ 中国经济网. 国家民委主任：民族八省区贫困人口发生率已从 4% 下降到 0.79% [EB/OL]. http：//www. ce. cn/xwzx/gnsz/gdxw/202001/11/t20200111 _ 34102676. shtml，2020-01-11.

摘帽，亟待脱贫，其中 37 个贫困县是位于民族地区①。这 37 个县正是最难啃的硬骨头，再加上疫情对减贫进程产生的影响，攻克这 37 个"堡垒"的任务不可谓不艰巨。

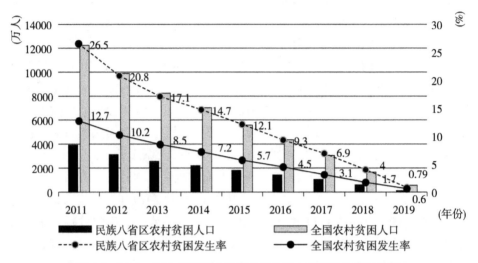

图 1-1　2011—2019 年民族八省区农村贫困人口和发生率对比图

数据来源：国家民委 . 2018 年民族地区农村贫困监测情况 ［EB/OL］. https： //www. neac. gov. cn/seac/jjfz/202001/1139406. shtml，2020-01-03.

国家统计局 . 方晓丹：2019 年全国农村贫困人口减少 1109 万人 ［EB/OL］. http：//www. stats. gov. cn /tjsj/sjjd/202001/t20200123_1724700. html，2020-01-23.

中国经济网 . 国家民委主任：民族八省区贫困人口发生率已从 4% 下降到 0.79% ［EB/OL］. http： //www. ce. cn/xwzx/gnsz/gdxw/202001/11/t20200111 _ 34102676. shtml，2020-01-11.

如图 1-3 所示，2016—2019 年我国的返贫人数分别是 68.4 万人、20.8 万人、5.8 万人、5400 人②。这说明近年来我国的返贫人数逐年减少，扶贫脱贫质量明显提高，但是返贫现象依然存在。当前，现行标准下农村贫困人口绝大多数均已脱离绝对贫困，但处于相对贫困和动态贫困状态的人数依然众多。同

①　凤凰网 . 七年来中国农村贫困人口减少 9300 多万 ［EB/OL］. http： //news. ifeng. com/c/7umRuYB0JeK，2020-03-12.

②　国务院扶贫办 . 国务院联防联控机制介绍脱贫攻坚和民政服务工作情况 ［EB/OL］. http：//www. cpad. gov. cn/art/2020/4/1/art_61_117464. html，2020-04-01.

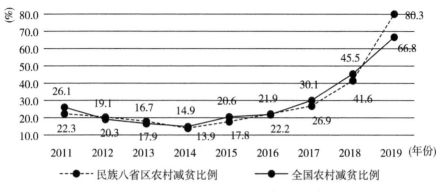

图 1-2　2011—2019 年民族八省区减贫速度对比图

数据来源：2011—2017 年的数据来源于国家民委 . 2017 年民族地区农村贫困监测情况 ［EB/OL］. https：//www. neac. gov. cn/seac/xwzx/201808/1128976. shtml，2018-08-13.

2018—2019 年数据是根据国家统计局、国家民委网站和中国经济网最新发布的贫困人口数据自行计算所得。

时考虑到各方面原因以及新冠肺炎疫情影响，不少脱贫人口特别是贫困程度较深的少数民族地区的脱贫人口存在较高返贫风险，部分边缘人口存在致贫风险，务必提高对民族地区脱贫工作的重视①。

总体而言，我国减贫工作取得巨大成效，但是随着脱贫攻坚的不断深入，中国少数民族地区的贫困问题依旧突出，贫困程度更深、减贫成本更高、脱贫难度更大，依靠常规举措难以摆脱贫困状况，攻坚任务依然十分艰巨，扶贫开发依然任重道远。

2. 脱贫攻坚背景下电商扶贫模式成为民族地区脱贫的有力手段

解决少数民族地区的深度贫困问题是实现全面小康过程中最艰巨、最复杂的一项任务，为了打赢民族地区脱贫攻坚战，国家和民族贫困地区纷纷探索新的扶贫模式。我国扶贫实践的推进衍生出多种促进民族地区脱贫的扶贫模式，如产业扶贫、旅游扶贫、光伏扶贫、电商扶贫等。考虑到民族贫困地区经济发

① 国务院扶贫办 . 国务院扶贫开发领导小组关于建立防止返贫监测和帮扶机制的指导意见［EB/OL］. http：//www. cpad. gov. cn/art/2020/3/26/art_50_116663. html，2020-03-26.

图 1-3　2016—2019 年全国返贫人数

数据来源：国务院扶贫办.国务院联防联控机制介绍脱贫攻坚和民政服务工作情况［EB/OL］.http：//www.cpad.gov.cn/art/2020/4/1/art_61_117464.html，2020-04-01.

展的特殊性、农村电商的快速发展以及国家政策的支持和推动，电商扶贫模式在各种扶贫模式中脱颖而出，成为助力民族地区脱贫攻坚的有力手段。

其一，由于民族地区内部经济发展特殊性，民族地区扶贫亟需科学的扶贫方式。首先，民族地区由于地理位置偏僻，交通阻塞和信息鸿沟等原因，当地农产品以及特色手工艺品无法通过市场便利销售出去来转化成收入。此外，位于偏远民族地区的农户将产品运输到较远的交易市场上增加了物流成本，而将产品卖给中间商，又会造成中间流通环节增多，增加了交易成本。其次，受地域条件、市场信息不对称和流通体系不健全等方面的限制，民族地区贫困农户销售的特色农林产品常受制于当地有限的市场容量，无法与范围更大的市场对接（张岩，2016）。电子商务的兴起打破了传统的销售模式，有助于提高贫困农户的商品意识和市场意识，拉近偏远贫困地区与市场之间的距离，线上销售为偏远地区的农村带来了契机，进而推动当地特色产业的发展（王方妍等，2018）。

其二，农村电商规模化发展为民族地区电商扶贫奠定了基础。在"互联网＋"的催化作用下，我国电子商务应用开始蓬勃兴起。近年来我国网络普及率不断提高、乡镇物流网点覆盖面积不断扩大，加速了电商企业对下沉市场的开发，电子商务发展逐渐延伸至农村地区。农村电商的兴起，为农产品的销售开辟了新的渠道，成为民族地区脱贫的重要方式。近年来，中国大力推动农村互联网建设，目前已初步建成融合、泛在、安全和绿色的宽带网络环境，基本实现"城市光纤到楼入户，农村宽带进乡入村"；截止到 2019 年中国已建成全球最大规模光纤和移动通信网络，行政村通光纤和 4G 比例均超过 98％，这为农村电商市场的开拓提供了网络基础①。如图 1-4 所示，截至 2019 年中国网民规模为 9.04 亿，其中农村网民规模为 2.55 亿，占网民整体的 28.2%，较 2018 年底增长 3308 万。如图 1-5 所示，中国农村地区互联网普及率为 46.2%，较 2018 年底提升 7.8 个百分点②。截至 2019 年底，全国 55.6 万个建制村直接通邮，提前一年实现所有建制村通邮目标，公共取送点达 6.3 万个，农村地区年收投快件超过 150 亿件，乡镇快递网点覆盖率达到 96.6%，农村地区快递网点超过 3 万个，支撑工业品下乡和农产品进城超过 8700 亿元，全年支撑网上零售额超过 8 万亿元，占社会消费品零售总额比重超 1/5③。这些都为农业现代化和农村电商的快速发展提供了充分条件。

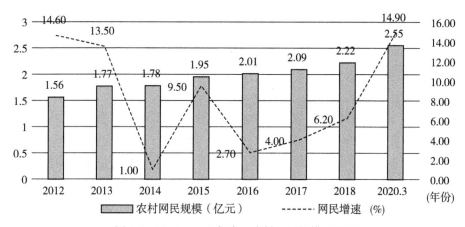

图 1-4　2012—2020 年中国农村网民规模及增速

数据来源：2019 中国电子商务报告

近年来随着我国农村电商市场快速发展，2019 年全国农村网络零售额达 1.7 万亿元，占全国网络零售总额的 16.1%，同比增长 19.1%，高于全国网络零售增速 2.6 个百分点（见图 1-6）。2019 年，电子商务进农村综合示范工作

① 东方财富网.2020 年我国农村网民规模增至 2.55 亿农村互联网普及率达 46.2% ［EB/OL］. https：//baijiahao. baidu. com/s？id = 1671548069820887052&wfr = spider&for = pc，2020-07-07.

② 商务部电子商务和信息化司.《中国电子商务报告（2019）》［EB/OL］. http：// dzsws. mofcom. gov. cn/article/ztxx/ndbg/202007/20200702979478. shtml，2020-07-02.

③ 中国新闻网.2019 年全国 55.6 万个建制村直接通邮 ［EB/OL］. http：// www. chinanews. com/cj/2020/01-06/9052308. shtml，2020-01-06.

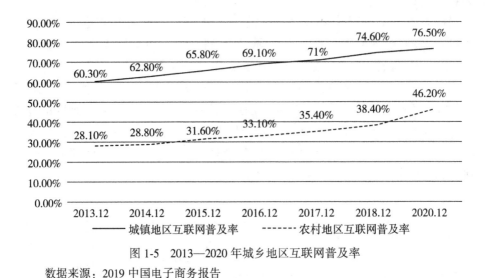

图 1-5 2013—2020 年城乡地区互联网普及率

数据来源：2019 中国电子商务报告

聚焦脱贫攻坚和乡村振兴，取得了阶段性成效。据商务大数据监测，2019 年，832 个国贫县实现网络零售额 1489.9 亿元，同比增长 18.5%①。农村电商可以有效实现产品供求信息的无缝对接，推动贫困地区产业结构调整，达到减贫脱贫效果，电商脱贫已经成为政府和公众共同关注的焦点问题。

从区域分布看，我国县域电商发展呈现东强西弱的区域格局，发展不平衡。根据全国县域数字农业农村电子商务发展报告可知，2019 年华东地区网络零售额为 18710.4 亿元，占比 60.4%；依托健全的电子商务基础设施、完善的支撑服务体系和良好的营商环境，华东地区县域电商发展水平持续引领全国；华南地区紧随其后，网络零售额占比约为 18.6%；东北地区、西北地区发展滞后，网络零售额合计占比仅为 1.8%。从增长情况看，中西部地区县域电商高速发展，西北和华北地区的网络零售额增速最快，同比增长率为 47.3% 和 45.6%；西南地区和西北地区的网络零售量增速远高于其他地区，同比增长了 66.7% 和 62.7%②。由于我国西南、西北和东北地区的县域电商起步

① 商务部电子商务和信息化司.《中国电子商务报告（2019）》[EB/OL]. http：//dzsws. mofcom. gov. cn/article/ztxx/ndbg/202007/20200702979478. shtml，2020-07-02.
② 中华人民共和国农业农村部.《2020 全国县域数字农业农村电子商务发展报告》在京发布 [EB/OL]. http：//www. moa. gov. cn/xw/bmdt/202004/t20200430_6342909. htm，2020-04-30.

图 1-6 2014—2019 年中国农村电商网络零售额

数据来源：2019 中国电子商务报告

晚，零售额较低，但是其零售量增长较快，发展态势好。而我国少数民族主要集中在西南、西北和东北各省自治区，西南、西北和东北地区县域电商良好的发展前景为民族地区电商扶贫工作的推进奠定了基础（见图 1-7）。

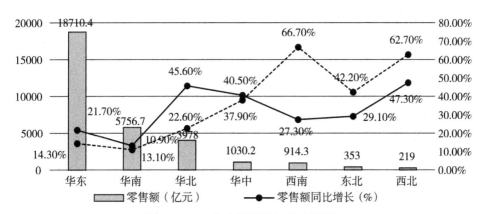

图 1-7 2019 年全国县域电商区域结构

数据来源：2020 全国县域数字农业农村电子商务发展报告

其三，国家和民族地区大力推进电子商务发展。2014 年电商扶贫首次被正式纳入我国主流的扶贫政策和工作体系，之后党和中央政府以及民族地区政府纷纷为推进民族地区电商扶贫工作出台政策、制定规划并采取相关举措（周瑞，2019）。2016 年国家"十三五"电子商务发展规划明确指出，电子商务是扶贫脱贫的新手段，要求各级政府部门助力贫困地区依托电子商务对接大市场，支持扶贫项目依托电子商务对接扶贫力量，支持依托电子商务平台就业创业实现就地脱贫①。2016 年 11 月，16 个国家部委单位联合印发《关于促进电商精准扶贫的指导意见》指出要"在当地政府推动下，拓宽贫困地区特色优质农副产品销售渠道和贫困人口增收脱贫渠道"②。2017 年 8 月商务部联合农业部发布《关于深化农商协作大力发展农产品电子商务的通知》，要求开展农产品出村试点，其中要求优先选取具备条件的深度贫困地区和民族地区进行试点③。2018 年国家商务部电子商务和信息化司指导成立中国电商扶贫联盟，致力于挖掘贫困地区优质农特产品，帮助其打造品牌，促进产销对接，加快贫困地区农特产品生产与加工的转型升级，以此推进贫困地区脱贫工作的开展。截至 2019 年 11 月，联盟内 29 家单位已帮助贫困地区销售农特产品超过 20 亿元④。2018 年 5 月，《关于开展 2018 年电子商务进农村综合示范工作的通知》中提出要拓宽贫困地区产品上行渠道，加强产销衔接等⑤。2019 中央一号文件中提出要主攻深度贫困地区⑥，采取包含电商扶贫的十大精准扶贫手段助其脱贫。就民族八省内部政策而言，2015 年广西出台《关于加快电子商务发展的若干意见》《广西壮族自治区电子商务进农村三年规划（2015—2017）》《2015—2017 年全区农村电子商务工作实施方案》等文件，将农村电商纳入规划，鼓励支持贫困地区发展农村电商（汪向东等，2015）。2019 年贵州省政府颁布的《贵州省进一步加快农村电子商务发展助推脱贫攻坚行动方案（2019—2020 年）》提出，将以贫困县、贫困乡及建档立卡贫困户为重点，围绕全省农业产业结构调整，促进农村网购发展；到 2020 年实现全省培育网商

---

① 新浪网. 贯彻落实《电子商务"十三五"发展规划》助力打赢脱贫攻坚战［EB/OL］. http：//finance. sina. com. cn/roll/2017-01-01/doc-ifxzczsu6483419. shtml，2017-01-01.

② 工业和信息化部扶贫工作领导小组办公室. 国务院扶贫办、发展改革委、工业和信息化部等十六部门联合印发《关于促进电商精准扶贫的指导意见》［EB/OL］. http：//www. miit. gov. cn/n973401/n6394828/n6394843/c6430733/content. html，2016-11-28.

③ 中国电子商务研究中心. 商务部 农业部关于深化农商协作大力发展农产品电子商务的通知［EB/OL］. http：//www. moa. gov. cn/ztzl/qghlwjncblh/tongzhi/201711/t20171103_5860736. htm，2017-08-23.

④ 中国政府网. 中国电商扶贫联盟已助贫困地区销售农特产品超 20 亿元［EB/OL］. http：//www. gov. cn/xinwen/2019-11-23/content_5454920. htm，2019-11-23.

⑤ 中华人民共和国商务部. 财政部办公厅 商务部办公厅 国务院扶贫办综合司关于开展 2018 年电子商务进农村综合示范工作的通知［EB/OL］. http：//www. mofcom. gov. cn/article/h/redht/201805/20180502746624. shtml，2018-05-21.

⑥ 搜狐网. 2019 年中央一号文件（附全文）［EB/OL］. https：//www. sohu. com/a/296027292_800084，2019-02-20.

10 万家以上，带动 15 万人以上群众增收，力争省级农村电商公共平台实现县域服务全覆盖，电商服务站点和物流站点实现乡镇全覆盖，网络零售额年均增长 18%以上①。可见，电商扶贫是国家扶贫开发战略的重要内容，更是贫困程度较深的民族贫困地区脱贫攻坚的重要手段。

3. 电商扶贫为民族地区脱贫作出重大贡献

在互联网快速发展的背景下，电子商务凭借其强大的生命力迅速渗透到人民生产生活的方方面面，为促进我国经济发展注入了全新的动力（雷世文等，2019）。而将电子商务与贫困地区的精准扶贫工作密切结合起来，有助于提高扶贫工作的效率，加速打赢扶贫攻坚战、实现全面建成小康社会的步伐（王嘉伟，2016）。电商扶贫作为一种新形式，为民族贫困地区引入线上销售模式，并为扶贫开发挖掘了新的途径。加快少数民族地区电子商务发展对促进少数民族地区经济发展、增加农民就业、提高农户收入水平，进而带动少数民族群众摆脱贫困，走向共同富裕具有重要的作用（张金亮，2018）。就贫困县的电商覆盖率而言，2019 年我国所有的贫困县都已开通电商交易，全国贫困县电商零售额达到 2392 亿元人民币，同比增长 33%②。在阿里巴巴电商脱贫模式的带动下，2019 年，832 个贫困县域在阿里电商平台网络销售额达到 974 亿③。苏宁集团实施"12345"战略，打造"七位一体"电商精准扶贫，截至 2019 年 12 月苏宁精准扶贫的贫困村和贫困户的村级加盟服务站覆盖 184 个国家级贫困县④。

就民族地区贫困人口就业状况来看，2015 年以来云南省将电商经济带入农村，并打算以此来实现贫困地区群众脱贫增收的目标；目前已培养 81 家电商扶贫企业，电商扶贫服务网络覆盖建档立卡贫困村 3378 个，带动贫困人口

---

① 中国政府网．贵州将加强农村电商扶贫［EB/OL］．http：//www.gov.cn/xinwen/2019-03/23/content_5376279.htm，2019-03-23．

② 新浪网．商务部：国家级贫困县电商全覆盖 2019 年零售额达 2392 亿元［EB/OL］．https：//finance.sina.com.cn/china/gncj/2020-05-18/doc-iirczymk2229961.shtml？cre=tianyi&mod=pcpager_fin&loc=36&r=9&rfunc=100&tj=none&tr=9，2020-05-18．

③ 中国新闻网．2019 年贫困县在阿里平台网络销售额近千亿［EB/OL］．http：//www.chinanews.com/business/2020/05-13/9183356.shtml，2020-5-13．

④ 新浪网．苏宁集团实施"12345"战略 打造"七位一体"电商精准扶贫［EB/OL］．http：//finance.sina.com.cn/stock/relnews/cn/2019-12-09/doc-iihnzhfz4706297.shtml，2019-12-09．

就业创业 68.95 万人。云南将农村电商和贫困地区农户进行利益联结，采用"贫困户+合作社+加工企业+电商平台"的模式，实现规模化农产品生产、标准化农产品加工、品牌化网络销售和多样化销售渠道，帮扶贫困农户进行电商创业就业，实现增收致富（杨静，2020）①。

就民族地区贫困人口增收而言，截至 2020 年 6 月，入驻青海省海南藏族自治州精准扶贫绿色产业发展园的企业已实现网络销售额近 3211 万元，辐射带动全州 426 个行政村，让 173 个建档立卡贫困村、5.3 万建档立卡贫困人口实现增收②。2019 年，新疆自治区商务厅共建设 362 个乡（镇）、村级电商服务站点，覆盖南疆四地州 7 个深度贫困县，服务建档立卡贫困人口 9.74 万人次，帮助建档立卡贫困户网络销售 8308 万元的产品，实现增收 1723 万元③。

1.1.2　研究意义

本研究在理论探讨民族地区电商扶贫模式的运行机制和作用机理的基础上，遵循"参与意愿与行为—行为结果评估—案例借鉴启示—对策建议"的研究框架，以湖北民族地区为例，首先定量分析贫困农户的电商扶贫参与意愿与行为问题，然后分别从县域视角和农户参与视角对民族地区电商扶贫的效率和效应进行实证检验，再依据梳理总结的四种电商扶贫模式中选取典型案例进行剖析，从而为促进民族地区电商扶贫提供方向指引和经验借鉴，最后从政府角度、市场角度、社会角度和个体角度为湖北民族地区电商脱贫提供对策和建议。其中，在探究民族地区贫困农户电商扶贫参与意愿与行为问题时，主要是从电商创业和当地电商兼业选择两个角度进行理论分析与定量研究。在分析民族地区电商扶贫效率和效应问题时，首先是通过 DEA 分析方法对湖北省民族地区县域电商扶贫效率进行评价，运用灰色关联度分析方法探究民族地区电商扶贫效率影响因素，并将民族地区县域电商扶贫效率极其影响因素同非民族地区县域进行横向比较，从而更加精准地把握湖北民族地区电商扶贫具体格局；运用倾向得分匹配法分别评估贫困农户电商创业者和打工兼业者的收入效应，运用回归分析和探索性因子分析法分析电商扶贫受益者的溢出效应以及民族地

---

① 中国政府网. 云南：电商扶贫带动 68.95 万贫困人口就业创业 [EB/OL]. http：//www. gov. cn/xinwen /2020-03/29/content_5496744. htm，2020-03-29.

② 中国政府网. 电商扶贫铺就藏区脱贫致富"快车道" [EB/OL]. http：//www. gov. cn/xinwen/2020-06/06/content_5517639. htm，2020-06-06.

③ 中国政府网. 新疆进一步扩大电商扶贫覆盖面 [EB/OL]. http：//www. gov. cn/xinwen/2020-03/18/content_5492623. htm，2020-03-18.

区贫困农户对电商扶贫的整体满意度。本研究既对民族地区电商扶贫机理与模式等问题进行了理论阐述，又对民族地区贫困农农户电商扶贫参与行为和行为结果进行了定量研究；既从宏观的县域角度研究了民族地区电商扶贫实践和扶贫效率问题，又从微观的农户参与视角探讨了民族地区贫困农户参与电商扶贫及其参与效应问题；既着眼于民族地区电商扶贫问题的分析与解决，又聚焦于非民族地区电商扶贫案例的经验启示与借鉴。因此，整个研究具有重要理论意义和实践价值。

1. 理论意义

国内的大多数电商扶贫理论研究多集中在电商扶贫对区域经济的发展和带动以及电商扶贫模式、贫困人口参与等方面。而聚焦于贫困人口对电商扶贫的感知以及农户参与电商扶贫的行为意愿和扶贫效应评估的研究却并不多见。而贫困人口的主动参与是电商扶贫的前提和出发点，贫困人口电商扶贫参与效应是电商扶贫的落脚点，因此，探究民族地区贫困农户的电商扶贫参与行为及其参扶贫效应就显得尤为重要。

首先，已有研究较少从贫困地区发展电商来研究反贫困问题，特别是对少数民族地区电商扶贫效应研究极少。长期以来，国内电商扶贫研究更倾向于理论阐述与定性分析，而结合具体案例地区或项目来定量分析贫困农户参与及其扶贫效应的研究却着墨不多。本研究通过对少数民族贫困地区电商扶贫的机理、参与行为和效应评估研究既可以完善和深化电商扶贫理论，又可弥补我国电商扶贫效应定量研究的不足；其次，系统地研究湖北民族地区电商扶贫问题，不仅为湖北少数民族地区扶贫开发提供实证资料和决策依据，也有利于丰富我国民族发展和民族政策理论。此外，从县域视角评估民族地区电商扶贫的效率以及从农户参与视角下定量研究民族地区电商扶贫对电商创业农户、电商兼业农户和未参与农户的增收、节支与赋能效应，这丰富了国内农村电子商务的研究，延伸了电子商务扶贫参与对农户影响的研究范畴，丰富了电商扶贫效应研究的理论视角与定量分析的方法工具选择。

2. 现实意义

开展电商扶贫意义重大，在适宜电商发展的贫困地区，引导广大农村群众投身电商产业，特别是吸纳有能力又有脱贫意愿的贫困群众从事电商创业和兼业活动，对于增加贫困群众收入，拓宽贫困户收入渠道有很大帮助。借当前我国电子商务整合资源实现跨越式发展的东风，不断增强贫困群众致富的能力，以造血式的扶贫工作助贫困农户长效脱贫，有助于确保 2020 年实现全部脱贫任务全面建成小康社会。

第一，有利于为提升民族地区贫困农户参与电商扶贫意愿提供借鉴。电商扶贫工作的顺利开展离不开农户的积极参与。本研究实证分析了民族地区贫困农户电商创业意愿和电商兼业选择问题，研究结论可为政府和相关电商扶贫企业（项目）提供借鉴，从而因地制宜因户施策采取相关措施，来缓解贫困农户对电商创业和兼业的风险担忧，提高其参与电商扶贫的意愿。

第二，有助于为提高民族地区脱贫工作的效率和质量提供借鉴。民族地区贫困问题具有贫困程度深、覆盖面广、脱贫难度大的特点，是实现脱贫攻坚任务的核心和关键。为如期完成全面消除贫困、全面进入小康社会的目标，既要提高民族地区脱贫的效率，也要保证民族地区脱贫的质量。本研究以湖北省恩施土家族苗族自治州和宜昌市两个民族自治县为研究对象，分析湖北民族地区县域电商扶贫效率及其影响因素，并将其与宜昌市其他六个非民族自治县进行横向比较，从而准备把握湖北民族地区县域电商扶贫效率及其影响因素。相关研究结论为民族地区政府如何提升电商扶贫效率从而促进电商脱贫工作高效推进提供了科学依据，有助于保障民族地区政府电商扶贫政策和相关措施的科学性。

第三，有助于为民族地区贫困农户主动有效参与电商扶贫决策提供借鉴。贫困农户是电商扶贫的最主要参与者，而贫困农户以何种方式如何参与电商扶贫和享受电商扶贫的溢出效应是电商扶贫达到预期效果的关键所在。本研究以恩施州贫困农户电商创业者、电商兼业者和未参与电商扶贫的贫困农户为研究对象，分别从增收、节支与赋能的角度来分析前两类群体的收入效应和未参与者的溢出效应，并掌握影响三类群体电商扶贫效应的关键因素。这有助于民族地区政府针对性地采取措施来引导异质性贫困农户主有效参与电商扶贫工作和享受电商扶贫红利，也为不同农户电商扶贫参与的科学决策提供了决策准则。

1.2　研究内容

1.2.1　我国民族地区贫困现状与扶贫进展

本部分首先从整体经济发展、贫困县分布、贫困人口状况和农村居民人均收支等方面分析了我国民族地区贫困现状，并从空间视角、能力贫困视角、文化视角、产业结构视角、基础设施服务视角和风险视角探讨了民族地区的致贫原因。同时以我国扶贫实践的时间跨度为序，阐述了我国民族地区在救济式扶贫阶段、体制改革扶贫阶段、开发式扶贫阶段、"八七"扶贫攻坚阶段、扶贫开发阶段与精准扶贫阶段等时期的扶贫政策与反贫困进展，并以湖北省恩施自治州为例，从产业扶贫、电商扶贫、公共服务扶贫、基础设施扶贫以及社会扶贫等方面分析了恩施州的扶贫实践。

1.2.2 民族地区电商扶贫模式与机理分析

本部分首先从外部资源注入、强智赋能内驱、多元化帮扶、市场桥接、获得感增强和脱贫长效六方面探讨了电商扶贫的运行机制；然后分别从生计资本、利益联结机制和帮扶主体这三个分类角度分析了不同的电商扶贫模式，其中，基于生计资本的电商扶贫模式包括特色产业网络嵌入模式、电商人才助推模式、公共服务能力提升模式以及"农社企"对接模式等；基于利益联结机制的电商扶贫模式包括电商直接扶贫、帮扶主体中介模式；合作社中介模式以及龙头企业中介模式；而基于不同帮扶主体主导的电商扶贫模式则包括电商平台主导、政府主导、企业主导以及农户自发等模式。此外，本部分还从增收、减支和赋能三方面探讨了民族地区电商扶贫机理。具体来说，扶贫机理包括：产品上行、创业与就业机会增加以及产业整体发展的增收扶贫；降低生产和生活成本的减支扶贫；提升参与市场的能力、信息化能力以及信息感知和响应能力的赋能扶贫。

1.2.3 贫困农户参与视角民族地区电商扶贫参与行为研究

本部分通过理论梳理和专家学者的访谈发现，影响贫困农户电商创业意愿的因素可以归结为农户自身因素和外部因素两大类：前者主要包括农户生计资本、自我效能和风险感知；后者主要包括政策扶持、社会参与、创业氛围、基础设施、创业机会和社会信任。本部分通过对湖北恩施自治州贫困农户进行问卷调查收集数据，从而来定量分析贫困农户特体与家庭特征变量（土地面积、劳动力数量、城镇距离）以及户主自我效能与风险感知和政府扶持、创业氛围等外部因素对贫困农户电商创业意愿的影响方向与作用强度，从而为政府和相关帮扶主体如何提升贫困农户电商创业意愿提供对策建议。除了贫困农户电商创业意愿研究外，本部分还结合恩施州农户兼业实情，将贫困农户兼业渠道分为当地其他行业兼业、当地电商产业兼业和外出打工三种，对贫困农户选择当地电商产业兼业问题进行实证研究，以期掌握农户个体特征（自我效能）以及生计资本（物质资本、人力资本、政治资本、社会资本）、兼业比较优势以及区域环境等因素对贫困农户选择电商兼业的影响。

1.2.4　县域视角民族地区电商扶贫效率分析

考虑到电商扶贫的投入产出效应，本部分提出电商扶贫效率这一概念，并构建电商扶贫投入和产出两类指标，从宏观角度衡量了民族地区县域电商扶贫效率。本部分选取恩施自治州和宜昌市下属两个民族自治县共 10 个县（县级市）作为研究对象，将阿里网商指数和网购指数作为县域电商扶贫效率投入指标，人均 GDP、农村居民人均可支配收入与城镇居民人均可支配收入作为电商扶贫效率的产出指标，采用非径向超效率 DEA 模型评估湖北民族地区县域电商扶贫效率，然后采取灰色关联度模型从财政支持力度、人力资本水平、交通基础设施水平、金融环境水平、集聚经济效益以及通信设施水平等方面来分析县域电商扶贫效率的影响因素。在进行上述民族地区县域电商扶贫效率及其影响因素分析时，还选择宜昌市六个非民族自治县（市）作为对照进行比较分析，从而更加直观掌握湖北民族地区县域电商扶贫效率情况。

1.2.5　农户参与视角的民族地区电商扶贫效应分析

为从农户参与角度量化评估民族地区电商扶贫效应，本部分首先以恩施州参与电商扶贫的贫困农户为研究对象展开问卷调查获取数据，然后采用倾向得分匹配法（PSM）分别评估电商创业者和电商兼业者的增收效应，从减支与赋能角度定量分析了电商扶贫对未参与的贫困农户（既非电商创业者也非电商兼业者）的溢出效应及其影响因素，以期掌握邻里示范、感知有用性、感知便利性和信任等因素对未参加电商扶贫的贫困农户溢出效应的影响。最后通过探索性因子分析方法提炼了影响民族地区贫困农户对电商扶贫满意度的主要因素，从而厘清基础设施、邻里示范、政策支持、金融信贷、产业优势以及自我效能等因素对贫困农户电商扶贫满意度的影响，为改善民族地区电商扶贫工作，提升电商扶贫效应指明方向。

1.2.6　农村地区电商扶贫成功案例分析与经验启示

本部分充分考虑不同扶贫主体主导的电商扶贫模式的差异以及案例地区与湖北恩施自治州的同质性问题，选择湖北长阳土家族自治县、云南玉龙纳西族自治县、贵州苗族侗族施秉县和山东曹县大集镇等四个已成功实施电商扶贫的地区分别作为电商平台主导模式、政府主导模式、工商资本主导模式和农户自发触网模式的典型代表，系统分析案例区域电商扶贫的总体情况、具体实践与主要成就，梳理总结了不同模式下案例地区对民族地区电商扶贫的经验启示。

1.2.7 推动民族地区电商扶贫消贫的保障措施

在前述理论演绎与实证分析以及案例启发的基础上，本部分主要从政府、社会、市场和个体四个维度探讨了推动民族地区电子商务扶贫和消贫的保障措施。具体对策建议包括：政府层面上应健全民族地区电商法律保障制度、提升民族地区电商扶贫的精准度、完善民族地区电商扶贫基础条件、加强民族地区电商扶贫金融支持；社会层面上应加大电商扶贫信息宣传力度，转变贫困农户传统观念、加强民族地区乡风文明建设，激发脱贫致富内生动力、完善基层电商服务组织建设，推进电商服务进村入户；市场层面上应遵循市场需求规律，发挥市场主体作用、完善质量监管体制，健全诚信市场体系、加强特色品牌建设，形成优质高效产业；个体层面上应夯实电子商务人才队伍建设体系、加深各参与主体之间的沟通交流、推动农村电商企业与贫困农户的对接并优化利益联结机制。

1.3 研究思路与方法

1.3.1 研究思路

考虑农村电商已成为助推民族地区脱贫攻坚有力手段的现实背景，本研究首先对国内外相关主题的研究进行梳理总结和述评，并结合地域实情分析民族地区贫困现状和扶贫进展，然后从增收、减支和赋能三个维度对民族地区电商扶贫机理进行理论分析。为进一步深入掌握我国民族地区电商扶贫参与及其扶贫效果情况，本研究以湖北省恩施土家族苗族自治州为调研地区进行深入的访谈和问卷调查获取了一定的样本数据，从贫困农户电商创业和电商兼业两个方面定量研究民族地区贫困农户的电商扶贫参与行为；然后从县域视角评估湖北民族地区电商扶贫的整体效率及其影响因素。为准确掌握电商扶贫对民族地区贫困农户的实际扶贫效应，本研究分别对电商创业者、兼业者和电商扶贫未参与者的扶贫效应进行定量分析，并对民族地区贫困农户电商扶贫满意度及其影响因素进行分析。在理论分析和实证检验的基础上，本研究对已成功实施电商扶贫的案例地区成功经验进行梳理总结，最后从发挥政府主导、强化电商扶贫效果、尊重市场发展规律以及提升个人发展能力四方面提出推动民族地区电商扶贫与消贫的对策建议（见图1-8）。

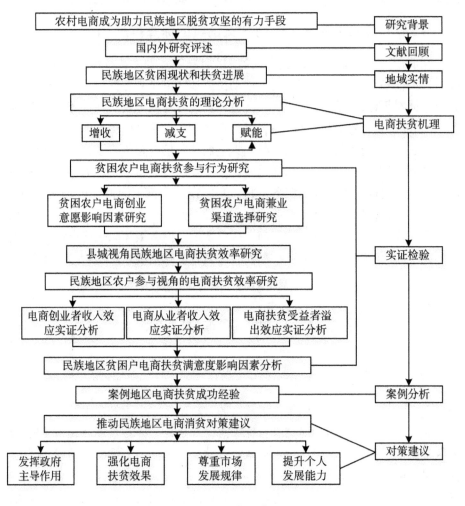

图 1-8　研究思路图

1.3.2　研究方法

1. 演绎归纳法

本研究在相关文献梳理的基础上运用归纳法对电子商务扶贫相关的研究成果进行归纳和总结，然后基于生计资本、利益联结机制和帮扶主体三类电商扶贫模式，结合我国民族地区贫困状况与扶贫进展实情，运用演绎法对电子商务对我国民族地区扶贫的增收、减支和赋能机理进行理论构建，为后续实证分析和如何推动民族地区电商扶贫消贫提供理论参考。

2. 问卷调查法

通过问卷调查法对恩施州贫困农户进行调查和访谈，从增收、减支和赋能三方面了解电商扶贫效果，掌握贫困农户对电商扶贫的满意度及其影响因素。具体来说，本研究分别对选择电商创业、当地电商兼业以及未参与电商扶贫的贫困农户进行了问卷调查。其中，对电商创业和兼业贫困农户的问卷调查主要是为了获取贫困农户电商从业意愿及其影响因素和两种参与方式的收入效应等相关情况，从而为定量评估两类电商扶贫参与者的增收效果提供数据支撑；而对未参与电商扶贫农户的问卷调查则主要是为了掌握电商扶贫对其减支和赋能情况；此外对三类农户群体的问卷调查还包括其对电商扶贫整体满意度及其影响因素情况。

3. 案例分析法

本研究选取电商平台主导的长阳县、政府主导的玉龙县、工商资本主导的施秉县以及农户自发探索的大集镇这四个已成功实施电商扶贫的地区作为典型案例，通过系统收集数据和资料，深入分析各地区域电商扶贫的总体情况、具体实践、主要成就以及基本经验等，梳理总结不同模式下电商扶贫的经验与启示。

4. 定量分析法

基于问卷调查获取的一手数据和统计年鉴数据以及阿里电商发展指数等二手数据，本研究利用 SPSS、STATA、DEA Solver 等软件进行定量分析。其中基于一手问卷调查数据采用 Logistic 回归方法实证研究了贫困农户电商创业意愿与电商兼业选择问题；基于统计年鉴和阿里电商发展指数数据然后运用DEA 模型对民族地区县域电商扶贫效率进行了评估，并采用灰色关联度模型探讨了民族地区电商扶贫效率的影响因素。此外，本研究结合研究对象特征采用 Logistic 方法得到合适的匹配变量组来进行倾向得分匹配，从而检验贫困农户是否可以通过电商创业和兼业的方式来实现增收。最后，通过探索性因子分析法提炼民族地区贫困农户电商扶贫满意度的影响因素，并通过 Logistic 回归进一步探讨这些影响因素对贫困农户满意度的作用强弱程度，从而为政府有效制定电商扶贫政策提供决策支撑。

1.4　研究创新

第一，研究方法创新。本研究通过恩施土家族苗族自治州下属8个县市的面板数据建模，运用 DEA 方法对湖北民族地区电商扶贫效率进行实证分析，依据灰色关联度模型计算公式，计算出湖北省民族地区电商扶贫效率与各影响因素的灰色关联度，并将其同宜昌市下属8个县市进行横向比较，这在已有的电商扶贫定量研究中较为少见。此外关于贫困农户层面的电商扶贫收入效应的研究多是运用简单的描述性统计方法，缺乏严谨性。而本研究采用倾向得分匹配法来消除干扰因素的影响从而准确掌握电商扶贫对民族地区电商创业贫困农户和电商兼业农户的增收净效应，这从研究方法的角度而言，也算是电商扶贫效应相关研究中较为新颖之处。

第二，研究视角创新。已有电商扶贫研究主要将贫困农户视作一个整体来探讨，而忽视了贫困农户的异质性和参与电商扶贫方式的差异，而本研究充分考虑了贫困农户的异质性，分别探讨了贫困农户电商创业参与和兼业参与问题，并将研究对象划分为电商创业者、当地电商兼业者和未参与电商扶贫者等三类（前）贫困农户，然后分别探究前两种类型农户电商扶贫的增收效应和未参与者的电商扶贫溢出效应。

第三，研究内容创新。本研究以民族地区电商扶贫作为研究问题，选择湖北省恩施土家族苗族自治州为调研区域，既对民族地区电商扶贫机理与模式等问题进行了理论阐述，又对民族地区贫困农农户电商扶贫参与行为和行为结果进行了定量研究；既从宏观的县域角度研究了民族地区电商扶贫实践和扶贫效率问题，又从微观的农户参与视角探讨了民族地区贫困农户参与电商扶贫及其参与效应问题；既着眼于民族地区电商扶贫问题的分析与解决，又聚焦于其他地区电商扶贫案例的经验启示与借鉴。本研究理论阐述与定量分析并举，意愿行为与行为效果研究兼顾，案例启示借鉴与对象问题解决依存，因此从研究内容的角度而言，本研究具有一定的创新性。

2 文献综述与研究回顾

2.1 民族地区贫困与反贫困研究

贫困是人类社会面临的严峻挑战之一，一直受到社会广泛关注（史清华和魏霄云，2019）。我国少数民族地区是贫困问题的集中区和高发区，其贫困问题作为经济社会发展的重大挑战，尤其受到党和政府高度关注。中华人民共和国成立以来，促进民族地区脱贫始终是党和国家的重要任务之一，2012 年党的十八大提出了"到 2020 年全面建成小康社会"的奋斗目标①，更意味着我国少数民族地区扶贫攻坚新的阶段性目标已经得到确立。虽然数十年来民族地区经济社会发展取得了长足进步，但必须看到我国少数民族地区相对贫困的问题依然严峻。截至 2018 年民族地区贫困人口达 603 万，其贫困发生率也一直远高于全国平均水平，连续 7 年均超过全国贫困发生率一倍多②。由此可知，民族地区仍然是打赢脱贫攻坚战最难啃的"硬骨头"。民族地区贫困与反贫困问题凸显的同时，相关研究也日益深入。已有文献显示，学者对民族地区贫困与反贫困的研究取得了较为丰富的成果，主要包括民族地区贫困与反贫困的理论基础、贫困的复杂图景和致贫机理、反贫困的多元实现路径以及贫困与反贫困的评估研究等多个方面。

2.1.1 民族地区贫困与反贫困的理论基础

贫困作为一种社会常态，存在于各个国家、各个历史阶段之中。贫困的概念具有复杂性，从范围的角度来看，可以划分为狭义贫困和广义贫困，其中，

---

① 坚定不移沿着中国特色社会主义道路前进 为全面建成小康社会而奋斗 [N]. 人民日报，2012-11-09（002）.

② 国家民族事务委员会经济发展司. 2018 年民族地区农村贫困监测情况 [EB/OL]. http：//www. seac. gov. cn/seac/jjfz/202001/1139406. shtml.

狭义贫困强调个体在精神和物质上比其他社会成员更加匮乏，而广义贫困不仅仅指精神和物质上的不足，也包括文化、社会和经济等多个方面的不足。按照判断标准不同，贫困又可以分为绝对贫困和相对贫困。绝对贫困是指当个体收入低于客观贫困线所表现出来的贫困，而相对贫困是指个人或家庭生活的收入低于社会平均收入水平的一种贫困状态（郭欢欢，2019）。研究显示，自20世纪80年代以来中国的绝对贫困在不断缓解，然而相对贫困却在提高（陈宗胜等，2013），因此本书主要着眼于民族地区相对贫困农户的电子商务扶贫和脱贫问题研究。与贫困相对应，民族地区反贫困则涉及减少贫困、减缓贫困、消除贫困和扶持贫困四个方面（田园，2018）。已有研究表明，民族地区贫困与反贫困研究有其较为成熟的理论基础，并呈现出不断发展的态势。

民族地区贫困研究的理论基础可从经济学、社会学和政治学等多个角度进行阐释。就经济学角度而言，包括"循环累积因果理论"和"要素短缺论"。"循环累积因果理论"认为经济的发展一般先从具有地域、技术等比较优势的地区开始，发达地区比较优势循环累积的同时，落后地区在发展初期的劣势也会循环累积，最终造成发达地区和落后地区的差距越来越大，而"要素短缺论"在探讨局部贫困成因时更加强调持续贫困往往发生在自然资源匮乏、自然条件恶劣、资本短缺、科技水平落后的国家和地区（贾利军等，2017）。就社会学角度而言，包括"智力低下论""贫困文化论"和"贫困的代际传递理论"，分别强调了智力因素（Herrnstein，1973）、贫困亚文化因素（Lewis，1959）和家庭代际传递因素（Hoynes，2006）在贫困形成中的重要作用。就政治学角度而言，包括马克思的"制度贫困论"和阿玛蒂亚·森的"权利贫困理论"，前者认为资本主义制度是贫困问题产生的根源，资本有机构成的提高会引起劳动者就业困难（马克思，1867），而后者则强调贫困不止是生存状态的恶化，更在于权力层面的缺失（阿玛蒂亚·森，2001）。这些理论从不同的角度阐释了贫困的形成机理，为探究民族地区贫困问题提供了理论基础。

对民族地区贫困问题的研究目的在于推动其反贫困发展，最终减少甚至消除民族地区贫困。反贫困研究同样有着丰富成熟的理论基础，包括"抑制人口增长"的反贫困理论、"人力资本"反贫困理论、"收入再分配"反贫困理论和"涓滴效应"反贫困理论等。主张"抑制人口增长"反贫困理论的学者认为，贫困与快速增长的人口密切相关，因此，适当地抑制人口的增长，使人口增长和生活资料增长相适应，是缓解和消除贫困的有效方法（马尔萨斯，1789）。主张"人力资本"反贫困理论的学者认为，人力资本是消除贫困的关键因素，加大对贫困地区的教育投入力度，普遍提高贫困地区人口的受教育水平和专业技能，有助于贫困人口通过自身发展谋求高收入，带动当地经济发展，进而实现脱贫（舒尔茨，1960）。主张"收入再分配"反贫困理论的学者认为，收入初次分配不平等是造成贫困的根源，提高初次收入分配均等性或者进行二次分配，有助于缓解贫困状况（Pigouter，1920）。主张"涓滴效应"反贫困理论的学者认为，在经济发展的初期，区域之间的差距会不断扩大，产生"极化效应"。而随着经济发展进入到中后期阶段时，经济发达地区会带动经济落后地区发展，经济差距进一步缩小，产生"涓滴效应"（Hirschman，1958）。尽管以上反贫困理论视角各异，但其机理解释为推动民族地区减缓和消除贫困提供了理论借鉴和启示。

综上所述，以往学者关于贫困和反贫困研究的理论视角丰富多样，从经济、社会和政治等多个不同层面考察了贫困的形成和反贫困的作用机理，但较少建立和发展针对民族地区特点的反贫困理论，研究有待进一步深入，但已有研究为本研究从多角度探究民族地区贫困的内涵、成因、表现形式以及反贫困措施作用机理提供了理论借鉴。

2.1.2 民族地区贫困的复杂图景和致贫机理

尽管从 2012 年到 2018 年底，民族八省区农村贫困人口六年累计减少80.7%，农村贫困发生率累计下降 17.1 个百分点，民族地区贫困治理成效显著[①]，但少数民族地区由于历史和地理原因，群众困难多，困难群众多，贫困程度深，脱贫任务重（赵丽，2019），其发展不足和不充分的基本态势没有变化，仍然呈现出区域性的整体欠发达状态，2020 年，在中国的地区发展格局中，民族地区经济发展与发达地区差距大，区域发展不平衡、不充分问题仍然存在（郑长德，2018），可见民族地区贫困依然呈现出较为复杂的面貌。考虑到民族地区贫困成因的复杂性和脱贫的紧迫性，国内外学者一直关注民族地区贫困图景及致贫机理问题的研究，并取得了较为丰富的成果。

已有研究对民族地区贫困的现状及特征进行了探讨和总结，揭示了民族地区贫困的复杂图景。张丽君（2017）通过对民族地区的贫困状况进行梳理和分析，总结出我国民族地区贫困的特点：一是贫困人口分布相对集中，主要发生在自然条件恶劣、环境恶化、灾害频发、资源匮乏（如耕地少、缺水）的区域；二是贫困呈现出多维化态势，这集中表现为民族地区农村居民受教育程

---

① 国家统计局住户调查办公室. 中国农村贫困监测报告 2019 ［M］. 北京：中国统计出版社，2019.

度偏低、住房条件差和卫生基础设施落后；三是生态环境制约经济发展。张惠君（2017）则通过对云南省这一代表性民族地区贫困状况进行研究，发现我国民族地区和少数民族贫困问题较为严重，其主要表现为贫困人口多、贫困面大、贫困程度深、贫困情况复杂、返贫问题突出以及经济发展不平衡日渐加重等。刘小珉（2017）的研究显示民族地区农村贫困的特征，包括贫困标准比全国平均水平略高、贫困人口量大面广、贫困分布与生态脆弱区高度耦合、贫困人口向少数民族集中、农村贫困呈现出明显的脆弱性、部分民族地区农村呈现族群性贫困以及贫困呈整体性和长期性特征等。此外，郑长德（2018）通过对 2010—2017 年民族八省的统计数据分析预测了 2020—2021 年民族地区贫困和经济发展状况变化趋势，指出 2020 年后民族地区经济欠发达的基本态势没有变化，贫困表现为绝对贫困与相对贫困并存、农村贫困与城镇贫困并存以及多维贫困更加突出。由此可见，民族地区贫困图景呈现出复杂态势，贫困情形仍较为严峻，研究民族地区的致贫机理显得尤为重要。

基于民族地区贫困的复杂图景和反贫困的迫切需求，不少学者对民族地区致贫机理进行了深入的探究。学者们在借鉴国外理论的基础上进行研究，主要形成了"起点论""条件论""素质论"和"制度论"四种不同的观点（杨砚池，2006）。一是"起点论"，即采用以斯密为代表的古典经济理论、诺克斯的贫困恶性循环论等"唯资本论"观点为理论依据阐述民族地区贫困的缘由是前期起点低，后续发展缺乏资金累积（王改弟，2000）。民族地区由于长期处于经济落后状态，无法积累促使经济腾飞的资金，缺少先动优势，从而导致目前的贫困。二是"条件论"，从客观条件上看民族地区自然环境恶劣、基础设施落后、生产方法原始、信息闭塞以及文化传统、宗教信仰和风俗习惯特殊等原因导致其经济发展状况低下，从而促使经济发展的外部因素难以打入许多民族地区的经济"孤岛"体系内部（敬莉，2008）。三是"素质论"，认为深层致贫原因是人的素质较差、人力资源匮乏（程厚思等，1999），而深度贫困民族地区由于地理区位特征和历史原因，现代教育长期缺失，加之贫困群众日常的语言文字并非国家通用语言文字，造成各年龄阶段人口的整体性贫困，在知识技能和思想意识等方面全方位落后（吴本健等，2019）。四是"制度论"。地理上距离社会经济中心远，交通与通讯落后，内部交流不便，同外界交流成本居高不下，致使民族地区长期处于制度固化和技术停滞状态，这是导致民族地区贫困的重要因素（程厚思和曹文，1997）。民族地区人民不仅面临制度贫困，且其贫困的制度安排互相关联扭结，造成凡勃伦所称的"累积性因果关系"，从而使民族地区深陷"制度性贫困陷阱"当中。

综上所述，已有研究揭示了民族地区贫困复杂、多维和立体的现状特征，并从不同的理论和视角出发探究了民族地区贫困的各类引致因素，对贫困的形成过程给出了多种多样的解释，但在致贫机理的实证探究上仍不够全面和深入。总体而言，以往学者的研究为本研究进一步分析民族地区的致贫机理，进而提出针对性的对策建议提供了借鉴和启示。

2.1.3 民族地区反贫困的多元实现路径

受资源禀赋、自然环境、区位状况和历史文化等要素约束，我国民族地区经济发展起点低，各类硬性与软性条件缺位，人口素质相对偏低，同时技术比较落后，贫困形势十分严峻，反贫困事业势在必行。总体而言，民族地区特别是深度贫困民族地区的脱贫已成为我国能否按期完成脱贫攻坚目标任务的关键，也成为中国能否如期实现全面建成小康社会的关键（刘小珉，2019）。此外，由于民族地区脱贫任务不仅关涉全面小康社会建设，更同国家稳定、边疆安全等关系密切（陈丽明，2017），因而对民族地区反贫困实现路径的研究成为学界关注的焦点。学者们针对民族地区暴露出来的贫困现状、特征及问题，从不同的视角和层面提出了民族地区反贫困的多元实现路径。

现有民族地区反贫困实现路径的研究较为丰富，既有宏观的制度设计和策略安排，也有微观的具体建议和帮扶举措，但更多的是将二者结合起来考虑。邢成举和李小云（2019）从结构性贫困视角入手对民族地区精准扶贫进行了研究，强调扶贫工作的重点是要调整结构，将原来不利于贫困群体和贫困地区的结构调整成亲贫性结构，首先是对中央"五个一批"扶贫工程进行优化提升，包括对民族地区生产脱贫进行通盘考虑、重点改革异地搬迁迁移范围、优化生态补偿脱贫机制、注重教育的高低层次两端以及提升当地社会兜底保障水平等；其次则是进行专门的扶贫工作，如基础设施扶贫、社会资本扶贫、专门性扶贫政策、金融资本扶贫以及观念意识扶贫等。文古子博（2019）则通过对四川凉山三个乡进行调研分析，总结出民族地区精准扶贫存在的问题，并从四个方面给出推进民族地区精准扶贫工作的路径选择：一是加强基础设施建设，建设舒适优美的人居环境；二是增加青年劳务输出，提高贫困人口的经济收入；三是发展高效特色产业，壮大持续增收的集体经济；四是增强脱贫主体意识，营造协力脱贫的浓厚氛围。在阻断山区少数民族贫困代际传递，提升反贫困效果方面，程蹼和陈全功（2018）给出了具体路径，包括加大基础设施建设的投入力度、加强教育培训工作、强化村镇干部队伍建设、帮助发展合适产业以及推行发展型综合政策等。刘小珉（2017）则利用CHES2011农户数据，测量了民族地区农户的多维贫困状况，了解到不同地区和不同民族的多维贫困是存在差异的以及各贫困维度中的变量对多维贫困的贡献存在差异，并就民族地区发展现状、多维贫困特征及反贫困中存在的问题提出了几点可借鉴建议：一是在精准扶贫任务的实施过程中以多维视角来识别和瞄准贫困人口；二是要进一步倾向于扶持民族地区与少数民族，促进其经济发展和社会进步，缓解民族地区和少数民族多维贫困困境；三是针对民族地区贫困农户面临的教育资源、自然灾害、固定资产等问题对症下药。此外，李俊杰和耿新（2018）以"三区三州"为例进行了民族地区深度贫困问题的研究，在总结了薄弱的基础设施、自然资本制约、封闭的文化观念、较低的市场化水平和政策规划限制等贫困成因后，给出了破解深度贫困的多元途径，一是坚持区域协调发展战略，实施"三区三州"专项扶贫规划；二是通过民族地区对扶贫政策的依赖性来加大政策的影响范围和力度；三是根据法律法规管理宗教事务，借助宗教文化来推进脱贫任务；四是增加扶贫资金投入以此来扩大资金来源和渠道；五是加快内生动力培育。由此可见，民族地区反贫困的实现路径多种多样，需要兼顾顶层设计和落实措施，同时还需要具体问题具体分析。

综上可知，学者们对民族地区反贫困实现路径的研究比较多，共同点是兼顾了宏观策略和微观举措两个层面，不同点是根据研究对象及问题的不同而在视角和侧重点上有所差异，提出了多样化的实现路径，但是在反贫困实现路径中具体措施的可行性和针对性上论证稍有欠缺。

2.1.4　民族地区贫困与反贫困的评估研究

2017年6月习近平总书记在太原主持召开深度贫困地区脱贫攻坚座谈会时强调目前脱贫攻坚要重点研究解决深度贫困问题，而深度贫困地区多集中在革命老区、少数民族地区、边疆地区[①]，可见民族地区贫困问题是脱贫攻坚任务中难啃的"硬骨头"。实现民族地区现有贫困人口的精准脱贫，关键在于贫困人口的精准识别和精准帮扶（Li et al.，2016），这离不开对民族地区贫困和反贫困的评估，而评估贫困也是研究民族地区贫困问题的起点。已有对民族地区贫困和反贫困评估的研究从经济的单维度拓展到经济和社会等多个维度，事实也证明多维度评估更加符合民族地区发展的实际情况。

---

① 中国共产党新闻网．习近平：在深度贫困地区脱贫攻坚座谈会上的讲话［EB/OL］．http：//cpc．people．com．cn/n1/2017/0831/c64094-29507970．html，2017-08-31．

民族地区贫困的评估一般包括贫困识别和贫困测量。贫困识别一般指的是贫困线的合理确定，关键是选择计算方法。当前计算贫困线的方法包括直接法和收入法两大类十几种，如热量支出法、市场菜篮法、收入比例法、生活形态法、马丁法和综合法等（庄天慧，2011）。在贫困线合理确定后，为探究贫困发生的广度和深度、变化趋势和地区间分布特点等，有必要构建相应的贫困指标来对贫困进行测量。已有研究中，贫困的测度指标包括 FGT 贫困指数、Sen 贫困指数、Wats 指数、SST 指数、Atkinson 指数等多维度贫困测量指标（杨国涛和王广金，2005）。其中，FGT 指数由贫困发生率、贫困差距率和平方贫困距三个指数构成，同其他贫困指数相比其优点在于综合性和可分解性。通过分解 FGT 指数，可以清晰识别影响贫困变化的各因素在何种程度上影响贫困，从而实施针对性减贫举措来调节各影响因素，实现减贫目标。此外，继阿玛蒂亚·森提出多维贫困理论后，Alkire 和 Foster（2007）提出了多维贫困的识别、加总和分解方法，国内不少学者运用该指数对民族地区贫困情况进行了测度（高翔和王三秀，2018；张雄和张庆红，2019；陈光燕和司伟，2018）。显然，与单纯从收入状况来测量评估民族地区贫困状况相比，多维贫困测量模型更为全面和科学，但实践中与贫困测量存在一定关系的因素应该包含哪些项目以及确定这些关联因素贫困阈值的方法还尚未产生定论，因而对操作多维贫困评估的难易程度和应用于测量民族地区实际贫困有一定的影响。

与民族地区贫困评估相对应的是对反贫困的评估。而反贫困的逻辑层次包括减少贫困、减缓贫困、消除贫困和扶持贫困（田园，2018），因此对反贫困效果的测度已不局限于简单的资金和物质维度。根据 McGregor（2007）的研究，对反贫困效果的测度可以分为三个层次：一是物质收入层次，即反贫困项目的资金流入对接受者物质生活的直接改善；二是社会关系收入层次，即反贫困投入对接受者在其社会（或者社区）关系中所处地位、在社会中获取福利效用的能力的改善；三是主观或者心理收入层次，即反贫困投入对接受者主观和心理层面的福利的改善。在实证研究中，对民族地区反贫困的评估主要包括经济增长的反贫困效应评估、扶贫开发的反贫困效应评估和社会保障的反贫困效应评估等方面。具体而言，在经济增长的反贫困效应评估上，韩彦东（2008）通过分析 1995—2004 年民族自治地区的宏观经济指标和 1986—2004 年民族自治地区农村经济收益的分配变动，发现在扶贫开发和其他宏观经济政策的共同作用下，民族自治区域的宏观经济水平不断提高，农村居民收入不断增长。在扶贫开发的反贫困效应评估方面，向玲凛和邓翔（2013）构建了民族地区扶贫绩效综合评价指标体系，并以贵州省为例计算得出其 2005—2010

年农村扶贫综合绩效得分，发现贵州省农村扶贫综合成效显著，农村经济与社会发展迅速，生态环境明显改善。在社会保障的反贫困效应评估方面，韩贞妮和王胜坤（2019）则分析和评价了医疗、养老、救助等保障制度在贵州民族地区的实施情况及其在脱贫攻坚中的功能和作用，发现新型农村合作医疗、城乡居民养老保险、社会救助优抚等社会保障制度的实施有利于贵州民族地区的经济社会发展和村民收入的提高。

由此可见，对民族地区贫困和反贫困评估的研究经历了单一维度到多维度的转变，不仅涉及经济层面，还包括社会和环境等层面，多维评估体系能够更好地反映民族地区贫困和反贫困的实际情况，但已有研究在贫困评估的方法选择上比较单一，缺少不同评估方法的相互佐证，并且较少结合我国民族地区贫困实情进行调整。总体而言，现有研究为对本研究从增收减支和赋能等维度评估民族地区电子商务扶贫绩效提供了借鉴。

2.2 电子商务扶贫研究

电商扶贫是指为了贫困地区和贫困户能够从电子商务业务及其相关产业发展中取得利益，利用互联网信息技术来开展电子商务中间业务，扶持贫困地区或贫困户的创新扶贫开发方式或模式（滕稳稳，2017）。2014 年底，全国扶贫工作会议在北京召开，国家主流的扶贫政策体系和工作体系中首次纳入电子商务，这是我国电子商务与扶贫形势发展的必然结果（汪向东，2015）。作为国务院扶贫办确定的扶贫十大工程之一，电商扶贫是我国"互联网+"战略应用在扶贫领域的表现，也是我国在深度扶贫攻坚阶段创新扶贫方式的一次大胆尝试。近些年来，国家十分重视电商扶贫，在 2016 年《关于促进电商精准扶贫的指导意见》中首次系统提出了电商扶贫的指导思想①。在国家政策的大力推动和电商企业的布局助推下，县域和农村电子商务迅速崛起，推动了地区产业经济的飞速发展，实现了贫困地区和贫困家庭增收与脱贫能力提升，对扶贫开发具有重要的战略意义。基于这样的背景，不少学者纷纷聚焦电子商务扶贫，从电子商务与反贫困的内在联系、电子商务扶贫机理与路径、电子商务扶贫效应评估以及推进电子商务扶贫的对策建议等方面展开了研究。

---

① 国务院扶贫开发领导小组办公室. 关于促进电商精准扶贫的指导意见［EB/OL］. http：//www. cpad. gov. cn/art/ 2016/11/23/art_343_241. html，2016-11-23.

2.2.1 电子商务扶贫的理论基础

电商扶贫的理念最早由学者汪向东在其 2011 年《互联网时代我国农村减贫扶贫新思路——"沙集模式"的启示》一文中提出（汪向东和张才明，2011），随后在 2014 年对其进行了总结。该理念认为电商扶贫可以视作是针对贫困帮扶对象，在互联网时代利用电子商务创新扶贫开发模式提高扶贫绩效；还认为电商扶贫的主要形式包括直接到户、参与产业链和分享溢出效应（汪向东，2014）①。虽然当前电商扶贫尚未达成统一的定义，但达成共识的是电商扶贫效果必须采用贫困户的经济条件是否得到改善作为重要标准（陈晓琴和王钊，2017）。在电商扶贫快速发展的背景下，学者们对电商扶贫的理论根源进行了深入研究，其理论基础包括"参与式扶贫理论""信息减贫理论""电商效用理论""互联网赋能理论""电商脱贫理论"和"电商精准扶贫理论"。

美国诺曼教授最早提出"参与式扶贫理论"，该理论以"赋权于民"为核心（程竹，2016）。具体而言，参与式扶贫指的是在扶贫开发工作中贫困户广泛参与扶贫项目的界定、监管和评估过程，并瓜分项目收益。这种扶贫方式主要包括四个特征：一是重视贫困农民在扶贫开展中的重要地位；二是注重贫困农民在扶贫进程中的综合干涉；三是强调内外环境的协作机理；四是主要借助开展引领方式，关注增强贫困农民的能力（许源源，2007）。电商扶贫过程中，贫困户不应拒绝参与到电商扶贫中，反之应该积极加入其中，政府也应为其组织相应电商培训来提高农户自身能力，授之以鱼的同时还授之以渔，进而阻止返贫产生。而对于电商企业，政府应制定扶持政策并提升企业自身管理能力，有利于企业平衡经济效益和社会责任之间的关系（黄利晓，2019）。"信息减贫理论"则在 20 世纪 90 年代末提出，世界银行也在 1994 年提出借助 IT 技术促进发展和减贫。该观点指出农村地区受地理空间、自然环境和人文环境的制约，缺少同外界沟通的渠道和机会（Quibria，2001），农户无法通过有效的信息传输载体来进行交流（卢燕艳，2013），致贫原因主要是不仅缺少信息技术供给来源，而且欠缺信息技术培训课程，进而农户无法利用信息技术进行学习和交流。"电商效用理论"则

---

① 汪向东.电商扶贫是什么，为什么，怎么看？[EB/OL]. http：//blog. sina. com. cn/s/article_archive_1497029740_201410_1. html，2014-10-06.

源于 21 世纪初学术界对扶贫瞄准效应的探究。基于我国农村贫困性质不再是整体性贫困，而转型为个体性贫困，政府在制定和实施扶贫政策时应重视贫困人口的细分和差异（都阳和蔡昉，2005），从而为需求意愿高的贫困户提供扶贫资源。在互联网时代背景下，我国扶贫需要注重可交易可增收的电子商务扶贫方式，这有助于推动农村经济社会转型，实现内生增长和包容性发展。而 2005 年提出的"互联网赋能理论"认为电子商务能够赋能农村贫困地区，助力农民和广域大市场对接（苗齐和钟甫宁，2006），一方面创新增量激活这些贫困地区的创业创新潜能，另一方面可以激活存量，促进电子商务推进原有农村经济与农民产业的存量转型（汪向东，2015）。在电子商务的帮扶下，贫困农户进行反贫困活动的积极性增强，参与电商市场的主动性提高，从而增加收益并提升幸福感（刘威等，2018）。随着电商扶贫成效日益显著，2010 年"电商脱贫理论"被提出。该理论指出农村贫困地区尤其是偏僻山区，其经济自给自足或半自给自足性质强烈，而交易效率比较低，使得个体参与分工获取的收益无法弥补交易费用，分工水平得不到提高，农户实际收入也不易增长（陈忠文等，2012），电子商务则可以突破交通区位条件限制，削减交易费用，提升经济绩效。到 2013 年，"电商精准扶贫理论"逐渐形成。就当前电商扶贫的现状和阻滞因素而言，农产品特点、看法见解、基础设施以及人才技术等不足阻碍着农村地区电商扶贫的发展（卢迎春等，2015）。电商精准扶贫有助于实现城乡协同和帮扶一体，有效组合与配置公共资源与市场资源，达到真实减贫和扶贫的目的。

综上所述，已有研究对电商扶贫的探析基于丰富的理论基础，而这些理论也处于动态变化之中，随着我国电商扶贫的实践得到不断发展。以往学者的研究为本研究进一步探索电商扶贫问题奠定了理论基础。

2.2.2 电子商务与反贫困的内在联系

伴随着我国电子商务规模的不断扩大，县域电子商务进入全面引爆期，电商的赋能作用也越来越明显，电子商务逐渐从边缘走向主流化，其不再只是一种繁枝细节的、工具性的技术应用，而是与就业、税收、"三农"和城镇化问题等高度相关的关键性命题（汪向东和王昕天，2015）。随着 2014 年电商扶贫被纳入国家主流的扶贫政策体系，以信息扶贫为主要内容的电子商务助力扶贫工作的新型扶贫模式越来越多地被各区域和主体所采纳。数据显示，作为电商扶贫内容之一的农产品电商发展迅速，以拼多多平台为例，截至 2019 年底，其农副产品活跃商家数量达 58.6 万家，同比增长 142%；而从全国来看，2019 年全国农产品网络零售额达到 3975 亿元，比 2016 年增长了 1.5 倍①。在电商扶贫成效日益凸显的背景下，不少学者就电子商务与反贫困关系问题进行了研究，从不同的角度揭示了二者之间的联系。

周海琴（2012）通过对沙集镇电子商务发展的实地调研，从农村电子商务发展的时间维度和空间维度分析其与反贫困的关系。从时间维度上看体现为两点：一是农村电子商务发展前后反贫困效果对比显著，电子商务发展后农民既获得经济上的实惠，又获得精神上的富足，增强了反贫困信心，提升了反贫困能力；二是农村电子商务纵深发展的反贫困效果突出，工厂规模、产品创新和品牌建设实现了三级跳，农民网商的能力在提高，直接经济效益也取得了大跨越发展。从空间维度上看也体现为两点：一是有助于延伸产业链和形成生态圈；二是有助于改善三农问题。关洪军（2019）则着重探究了电子商务与精准扶贫之间的三点联系：其一，电子商务是精准扶贫的重要载体，有利于加快信息的传播和对接，为农产品产销开拓广阔市场，拓宽农民经济收入渠道；其二，"互联网+特色产业"是精准扶贫的有效途径，能够促使产业扶贫产生"长尾效应"，一方面开拓出具有一定可观效益的产业格局，另一方面能够提高当地农业产业化经营的专业水平，提升特色农产品的市场竞争力；其三，大数据是精准扶贫的重要技术手段，可以实现业务管理精细化、贫困识别精确化和动态监测精准化。刘婧娇和董才生（2018）则从电子商务与农村扶贫的契合点即参与式增能的视角探究了二者之间的联系，认为一方面参与不足、能力不强是中国农村贫困症结所在，主流扶贫政策多依靠政府引导，而农村贫困居民自身脱贫动力欠缺，不同程度有着"等、靠、要"的消极心态，参与扶贫的主动性不强，形成了自上而下的扶贫固化模式；另一方面促进参与和提升能力是电子商务的优势所在，可以扩展交易空间，避免信息不对称，带来积极的经济和社会效应，激发脱贫内生动力。彭芬和刘璐琳（2019）则指出电子商务是破解农村贫困的重要手段，主要表现在三个方面：一是电子商务应用实现信息共享，有助于消减贫困文化，阻隔贫困代际传递；二是能够推动人才、资金和技术等要素流动，破解要素短缺难题，推动当地经济发展；三是可以对接生产与需求，推进资源整合，实现不同区域间、城乡间和行业部门间融合以及参与者间的资源融合与协作共赢，有利于破解资源分配不公的问题。此外，吴

---

① 中国人民大学中国扶贫研究院．中国互联网普惠与减贫研究报告（2020）［EB/OL］．https：//mp. weixin. qq. com/s/X0SYVD_-Dnmv0HwWHCNYzA，2020-04-22.

敏春（2002）认为对贫困地应用电子商务能够减小其同城镇经济间的巨大差距；牟秋菊（2017）则指出农村电商借助互联网优势，可以大大提升贫困主体对接大市场的能力，深入挖掘其所在地区产品的潜在价值，从而消除贫困。

综上可知，对电子商务与反贫困的内在联系学者们从不同的角度进行了阐述，既有理论的探讨又有案例经验的借鉴，丰富了对二者之间关系的认知，有助于深入挖掘电商扶贫的内在机理。然而，对电子商务与反贫困关系的研究较多考虑一般情况，较少结合民族地区本土特点进行更为深入的剖析，这有待进一步研究。

2.2.3　电子商务扶贫机理与路径研究

当前我国扶贫开发进入精准扶贫和脱贫攻坚阶段，信息化技术发展和各大电商企业调整布局加速了电商扶贫进程，电商扶贫已成为全面建设小康社会过程中精准扶贫的重要新模式。电商扶贫能够解决农村地区信息化低下的问题，有利于提高贫困地区农产品质量和销量，带动当地经济的发展，具有其他脱贫手段难以企及的优势，发展潜力十分可观（杨秋宝，2018）。具体而言，电子商务为消除农村贫困提供了有效的工具和手段，能够改变贫困人群的思维方式与生活方式，打破信息不对称并重新配置资源，在"互联网+"和大数据的加持下实现"授之以渔"赋能贫困户。随着互联网的普及和农村网民的增加，电商扶贫为农村扶贫开发工作带来了新的机遇。电商扶贫日益受到关注的同时，背后的作用机理和路径有待发掘，不少学者对其展开了探究，取得了一定的成果。

在电子商务扶贫机理的研究上存在不同的视角，以往学者一般从电商扶贫思维、电商扶贫方式、电商扶贫内容、电商扶贫利益主体和电商扶贫效应五个角度展开。就扶贫思维而言，可以借助供应链思维打通电商扶贫商品流通链条，运用协同思维塑造电商扶贫协作效应，借助生态系统思维打造电商扶贫系统效益（张夏恒，2018）。就扶贫方式而言，一般从直接到户、参与产业链和分享溢出效应来阐释电商扶贫机理。具体而言，电商扶贫直接到户就是帮扶农户进行电商创业，从而克服内源性贫困，让贫困户参与产业链则是指让农户在电商产业链进行兼业，从而克服外源性贫困，电子商务产业链的溢出效应可以给贫困主体赋能增能（陈杏梅，2019）。就扶贫内容而言，新基础设施（如互联网、云计算、智能终端等）建设，为脱贫工作赋予了新方法与新手段；新经济形态（平台经济、共享经济和微经济）崛起，为贫困群体打造了创新创业的便利平台，找到新的上升通道；新服务体系（商品、生活、医疗、文化等）建立，使贫困群体对接和融入新的生活方式，重塑思维方式，脱离贫困并迈上小康之路（张瑞东和蒋正伟，2015）。就扶贫利益主体而言，"涉农电商"减贫机制包含点、线、面三个层次：农民受益层即"点"机制，可以通过电商实现增收、减支和赋能；产业升级层即"线机制"，可以增加贫困户的就业机会，增加其收入，从而实现减贫；农村共享溢出效应层即"面"机制，使农村居民均能享受电商带来的经济增长与乡村和谐等正外部性（聂凤英和熊雪，2018）。就扶贫效应而言，表现在两方面：一是增收、减支和赋能，即增加农民收入、降低农民生产经营和家庭生活成本以及增加农民学习机会并发展其能力（唐超和罗明忠，2019；周莉莉等，2018）；二是匹配供需、推动响应和加强市场参与，即提升数字化能力建设，搭建供需沟通桥梁；推动数字化的感知和响应，实现价值共创；提升贫困主体参与市场的能力（关洪军，2019）。

在明晰电商扶贫机理的基础上，学者们就自身研究的主题和内容提出了电商扶贫的具体路径。刘婧娇和董才生（2018）对"电子商务+农村扶贫"进行了理论阐释，指出互联网时代农村电商扶贫的路径包括五点：一是肯定农村贫困人口主体性地位；二是保障农村贫困人口信息可及性；三是增强农村贫困人口信息驾驭能力；四是基于农村熟人社会性质，广泛利用"领头羊"的示范作用；五是建设现代化物流配送体系。张夏恒（2018）从三类思维角度探究了电商扶贫的作用机理后给出了电商精准扶贫的推进路径：一是产业扶贫、教育扶贫与电商扶贫实现协同；二是政府支撑、企业牵引与个人示范形成合力；三是平台依托、基础先行与技术支持相辅相成。朱泽琴（2019）则在分析农村电商扶贫典型模式的基础上，探索了农村电商扶贫的可能性路径，包括"农户+电子商务""农户+合作社+电子商务""农户+龙头企业+电子商务"以及"农户+电商环境"四类。与之不同的是陈晓琴和王钊（2017）的研究中多了一类"贫困户+帮扶主体+电子商务"。黄云平等（2016）则提出信息互联驱动思想扶贫、市场互联推动经济扶贫、产业互联促进能力扶贫以及文化互联支撑全面扶贫，从而共同构成农村电子商务精准扶贫的路径。

综上所述，以往学者关于电子商务扶贫的机理与路径的研究取得了一定成果，虽然研究视角有所不同，但都肯定了电商扶贫在脱贫攻坚中的关键性作用并提出了相应的路径以供选择。不足之处就是电子商务扶贫机理未充分考虑我国民族地区的特殊性和致贫原因多维性，另外结合民族地区真实案例论证电子商务扶贫路径的可行性研究也较为欠缺。

2.2.4 电子商务扶贫效应评估研究

近年来电子商务在我国发展如火如荼，电商扶贫作为一种新的扶贫方式，是促进转变农村经济发展方式、优化产业结构和增加农户收入的有力手段，它在推动地区经济发展促进创业就业，助力贫困地区减贫脱贫方面的成效日益显著。随着电商扶贫成为关注的焦点，对电子商务扶贫效应的研究也逐渐展开，既有理论探究，也有定量分析。就国内外现有研究而言，有关电商扶贫效应的研究成果虽然较为丰富，但多集中在定性探讨，定量研究较为少见（杨雪云和时浩楠，2019）。目前对电子商务的扶贫效应评估分为宏观和微观两个层面：宏观上主要体现为对经济增长和电商扶贫效率的评估等；在微观上则体现为对贫困农户的增收、减支和赋能作用的评估。

在电商扶贫效应评估的宏观层面，不少学者运用不同的方法进行了探究。例如，张俊英等（2019）借助腾讯研究院公布的"互联网+"指数测量电子商务发展，发现电子商务对经济增长有着显著的空间溢出效应。黄漫宇和李纪桦（2019）的研究则发现电子商务打通了城市与乡村的流通渠道，缩短了农村与城市交易市场的距离，进而带动农村经济增长。杨书焱（2019）基于2014—2017年省级面板数据，综合运用回归分析法和对应分析法，实证检验了农村电商发展的减贫作用，发现随着农村电商发展水平的提高，农村贫困率呈现下降趋势，其中农村电商发展规模和成长潜力的减贫效果尤为显著。杨雪云和时浩楠（2019）则采用非径向超效率DEA模型测度了大别山区36个县市的电商扶贫效率，通过空间统计分析方法探究了该地区电商扶贫效率的空间特征，结合灰色关联度模型对其影响因素进行了相关研究，发现大别山区的电商扶贫效率整体上仍相对较低且县域差异明显，其中人力资本水平、财政支持力度与交通基础设施水平是影响大别山区电商扶贫效率的主要原因。张俊英和唐红涛（2019）则构建了电商扶贫效率的修正Feder模型，运用2013—2017年中国30个省级面板数据进行空间杜宾分析，揭示了各省的扶贫效率存在空间上的不均衡，扶贫效率在空间分布上呈现阶梯性的特征，且邻近地区存在明显的空间聚集等结论。

在电商扶贫效应评估的微观层面，学者们更加关注电商扶贫的增收效应和赋能效应。就增收效应的评估而言，李连梦和吴青（2020）基于中山大学劳动力动态调查数据（CIDS）定量分析了电子商务对农村脱贫减贫的影响，结果显示电子商务可以促进农户、贫困户和非贫困户收入增加，但对缩小贫困户与非贫困户的收入差距并没有显著影响。王方妍等（2018）在运用回归分析和倾向得分匹配法分析宁夏固原市 352 份农户调查数据后发现，回归分析会高估电商扶贫的收入效应，而倾向得分匹配法在消除了样本选择性偏差后，估计出参与电商扶贫比未参与的农户家庭人均纯收入高 28% 左右。方莹和袁晓玲（2019）则通过分析江西省南昌、宜春和赣州三个地级市六个"淘宝村"共 284 个有效农户样本的调研数据，发现控制农户特征变量后，农村电商对农户收入有显著的促进作用。李琪等（2019）利用浙江省 11 个地级市的数据进行实证分析发现，电子商务提高农户收入的途径有两种：一是直接促进农户增收；二是通过空间溢出效应间接促进农户增收。就赋能效应的评估而言，王金杰和李启航（2017）利用阿里巴巴电子商务发展指数（a-EDI）研究发现，农户较低的教育水平会限制农户创业选择，但是农村电子商务一定程度上削弱了该限制，增加了农户创业机率。

总体而言，已有学者对于电商扶贫效应评估的研究取得了一定成果，从宏观和微观两个层面都有探究，宏观上一方面发现不同地区间电商扶贫效率存在一定差异，另一方面发现电子商务确实能够推动农村经济增长；而微观上则发现电子商务扶贫的收入效应明显，同时存在间接促进创业的赋能效应。虽然已有研究已经关注到电商扶贫效应的定量评估，但是在宏观层面的民族地区电商扶贫效率实证研究仍然极少，而微观层面上从农户感知视角评估民族地区电商扶贫效应的实证研究也较为欠缺。

2.2.5 推进电子商务扶贫的策略建议

电商扶贫是完成扶贫攻坚战任务，实现全面建成小康社会目标必不可少的举措，这一手段能够有效促进贫困地区群体增收，减少农村和城市的发展差距，在促进区域经济转型升级的过程中作用显著，发展前景无比广阔。近年来，在国家各项扶贫政策推动下，电子商务已成为带动农村贫困人口创业就业、增加农民收入脱贫致富的重要途径（葛建华，2019），受到社会各界广泛关注和认可。然而，同其他任何事物一样，电商扶贫在发展过程中同样面临着许多阻力，妨碍了其减贫效果的充分发挥，不利于脱贫攻坚任务的推进。具体而言，我国电商扶贫面临着电商人才缺乏、农村网络基础设施质差量少、农村物流基础设施点少速慢、金融支持农村电商力度不够（周映欢，2018）、农户自身的观念意识落后与动力不足，以及交易产品或服务的选择困难（聂凤英和熊雪，2018）等问题，不少学者针对上述问题进行了研究并给出了针对性的建议。

就电商人才匮乏问题而言，可以多途径完善农村电商发展人才服务体系，改变人才引进方式、培训对象单一和单一的授课式培训，实现内生式的人才供给（张建宁，2019）。就农村网络基础设施质差量少的问题而言，要因势利导不断完善贫困地区电子商务的成长环境，特别是要加强与电商扶贫密切相关的信息通讯设施建设，破除产品产销环节的信息制约，提升对贫困地区网络基础设施的投入水平，落实光纤宽带进村入户工程，引导电信运营商对贫困村在网络流量资费上提供一定优惠，促进农村信息化水平的提升（王鹤霏，2018）。就农村物流基础设施点少速慢的问题，可以完善网络物流体系，建设系统性物流基础，同时加快建设互联网信息平台，借助信息化手段整合链接农产品产地、加工地和集散地，最大程度发挥电子商务资源整合与信息传输优势（李丹青，2016）。针对电商"最后一公里"难题，则应鼓励社会资本投入建设乡镇"菜鸟驿站"和村落快递服务点（陈杏梅，2019）。就金融支持农村电商的力度不够问题而言，可以积极引入电子商务金融扶贫，发挥电商平台在开展互联网金融创新探索方面的作用，促进线下传统金融机构和电商平台加强合作，针对农村电商融资与担保不同对象的情况采取差别化服务策略（汪向东和王昕天，2015）。就农户自身观念意识落后与动力不足问题而言，需要重视现代农民职业教育，破除小农观念，地方政府与村委会则要多就农民职业教育开展宣传教育，引导农民掌握新知识和新技术，充分运用电视、广播和网络等不同媒体宣传互联网扶贫，引导村民自我发展和自我脱贫（梁俊山和方严英，2018）。就交易产品或服务的选择困难问题而言，地方政府与龙头企业要鼓励建立区域品牌，前者需要在建设区域品牌过程中给予大力支持，如顶层设计、政策扶持、标准制定和监督管理等，塑造有助于培育和发展农产品品牌的健康环境，后者则需要借助标准化生产、规模化经营、规范化管理以及科技创新等举措，打造区域知名品牌，拓宽营销渠道，深掘其附加价值（彭芬和刘璐琳，2019）。此外，针对贫困地区农村信息化和组织化水平低、产业分散、基础薄弱且市场混乱的局面，为打造成规模、可持续、见实效的电子商务扶贫格局，让电商扶贫的政策落地，可以从拓展电商扶贫通道、建设畅通商流所需的本地业务支点、培育电商扶贫人才队伍、强化电商扶贫工作体系以及电商扶贫产业和服务支撑体系、优化电商扶贫软硬两方面的环境等角度来发力（汪向东和高红冰，2016）。

由上可知，针对我国电商扶贫过程中暴露出来的阻碍因素多与范围广的问题，学者们提出了相应的破局对策，为消除电商扶贫阻力提供了可行的路径。上述研究为本研究深入分析我国民族地区电商扶贫现状和对症下药给出对策建议提供了思路借鉴。

2.3　中国农村电子商务发展研究

电子商务进农村作为一项国家战略，引领我国农村经济转型发展的方向（杜永红，2019）。近些年来，党和政府十分关注我国农村电子商务的发展，相继颁布了许多政策文件，落地实施了电子商务进农村综合示范等重要项目。目前我国农村电子商务发展政策体系初步成形并逐渐巩固，为我国农村电商的健康迅猛发展塑造了良好的外部环境。从 2015 年国务院办公厅印发《关于促进农村电子商务加快发展的指导意见》到 2018 年《乡村振兴规划纲要（2018—2022）》①②，均对农村电子商务发展进行了指导部署，有利于发挥电子商务推动农村经济社会发展的关键性作用，加快乡村振兴战略目标的实现。数据显示，2019 年我国农村网络零售额达 1.7 万亿元，占全国网络零售总额的 16.1%③，全国贫困县网络零售额达到 2392 亿元人民币，同比增长 33%；2020 年还将加大电商扶贫力度，带动贫困地区 500 万农民就业增收④，可见农村电子商务发展势头迅猛且增收作用显著。基于此，研究中国农村电子商务的发展具有重要意义。现有关于农村电子商务发展的研究较为丰富，主要从农村电子商务发展的理论基础、现状特点、发展模式、动力和机理以及阻力与对策等方面展开。

2.3.1　农村电子商务发展的理论基础

近些年来，电子商务在部分农村地区迅速普及和发展，给农村经济发展注入了活力。农村电子商务是指借助数字化和信息化渠道，将农产品交易的各环节同互联网相交融，通过互联网技术和平台为农产品和消费品的生产、出售、

①　中华人民共和国中央人民政府 . 国务院办公厅关于促进农村电子商务加快发展的指导意见［EB/OL］. http：//www. gov. cn/zhengce/content/2015-11-09/content _ 10279. htm，2015-11-09.

②　中华人民共和国中央人民政府 . 中共中央 国务院印发《乡村振兴战略规划（2018—2022 年）》［EB/OL］. http：//www. gov. cn/gongbao/content/2018/content_5331958. htm，2018-09-26.

③　商务部电子商务和信息化司 . 中国电子商务报告 2019［M］. 北京：中国商务出版社，2020：33-34.

④　国新网 . 国新办举行稳住外贸外资基本盘推动商务高质量发展发布会［EB/OL］. http：//www. scio. gov. cn/xwfbh/xwbfbh/wqfbh/42311/43027/index. htm，2020-05-18.

配送和售后的全过程给予支持，是农产品供给和农村消费在农村商业市场上进行的电子交易活动（李敏，2019）。农村电商的发展直接加速了城乡之间商品的流通速度，间接带动了农村物流发展，同时也提升了农村商品与服务的品质（潘朝阳和聂清德，2017）。具体而言，农村电子商务的主体是自觉主动参与市场机制的农民，客体是容易在农村形成供给或消费的产品，渠道是实现匹配的第三方平台或独立网站。近些年我国农村电子商务发展迅速，取得了丰硕成果。为厘清农村电子商务快速发展背后的内在逻辑，不少学者从交易成本理论、资源禀赋理论、信息不对称理论、产业集群理论和电商市场理论等方面进行了探究。

从交易成本理论视角来看，市场运行充满摩擦进而容易产生交易成本，而企业是替代市场的交易制度，能够将市场上的要素所有者整合为一个单位参加市场交换，从而减少了交易频次并降低交易成本（科斯，1994）。由于传统的农产品流通渠道中农户生产分散、产品标准不统一、农户市场信息不畅通，农户在市场交易中将承担较高的成本。而农产品电子商务出现提高了农户市场信息的透明度，降低了信息搜索费用与谈判成本，因而减少了交易成本（黄强，2019）。从资源禀赋理论视角来看，由于我国农村和城市地区的自然与社会条件各异，故要素禀赋（如劳动力、资本、土地、技术和管理等）差异显著。如，电子商务的出现超越了农村地区地形限制，拉近了生产者与消费者之间的距离，让农产品上行成为可能，从而促进农村经济的发展。从信息不对称理论视角来看，拥有更多信息资源的一方会利用自身优势来实现利益最大化（陈晨，2016）。目前我国不少地区农村人口生活在偏远山区，这些地区自然条件往往比较恶劣，交通与通信等基础设施落后，二三产业发展不足，与城市等外部环境有着很大的"信息鸿沟"，农民不了解外部市场需求和产品分销渠道，而电子商务恰好能很好地弥补这一不足，打破农村同外部环境的信息阻隔，实现供需精准匹配，进而推动农村经济社会发展。从产业集群理论视角来看，产业集群是指在某类特定区域，由彼此相关的经营单位或组织按照某种集聚方式形成的产业链群落（王海平和杨强，2008），它相比于单个经营单位能够在市场上占据一定优势。农村电子商务可以通过第三方平台或电子商务产业园将农户或企业集中起来，借助网络集中销售的方式扩大其市场占有率，同时由于规模效应物流成本也得以降低，进而可以促进农村地区电商产业聚集。从电商市场理论角度而言，电子商务市场具有三大特性，包括扩大效应、信息反馈机制和溢出效应。其中，扩大效应是指电子商务能够通过降低交易成本和提高交易效率来扩大整体市场份额；信息反馈机制是指电子商务能够拉近生产商或供应商与消费者之间的距离，在双方之间建立良性的互动沟通机制，及时地掌握和反馈供求信息，从而促进整个行业的健康发展；溢出效应则是指随着电商大规模发展，除了电商从业人员取得直接的收入外，其他人员也能享受电商发展的正外部性，能够获取多重利益，甚至即使当地的贫困户没有直接参与到电商扶贫产业链分工中，也能从中获利，这些收益既包括经济收入，也包括外界交流机会、激发学习潜力和自我发展能力等隐形收益（周映欢，2018）。

综上可知，现有研究从不同的理论视角探究了电子商务快速发展及其对农村地区经济与社会发展的影响机理，解释了电子商务在破解农产品流通难题及促进农户脱贫增收方面成效卓著的原因。现有研究为本研究深入分析我国民族地区农村电子商务的发展逻辑提供了一定的理论借鉴。

2.3.2 我国农村电子商务发展的现状与特点

近几年我国农村电子商务发展迅速，给农村经济社会发展创造了新机遇。一方面农村电子商务重塑了农村生活服务模式，借助网络平台嫁接包括农产品交易和农资购销等在内的各种服务于农村的资源；另一方面农村电子商务增加了农产品价值，拓宽了农民生活用品与农资产品的选择，削减了农民生产与生活成本，从而提高了农民收入。此外，许多传统产业在对接电子商务后焕发活力，完成了向产品多样化、生产标准化和运营品牌化的转型。在农村电子商务发展如火如荼的背景下，许多学者纷纷通过文献梳理、数据分析和案例研究，从不同视角总结了我国农村电子商务发展的现状和具体特征，在此基础上把握农村电子商务的整体格局和发展脉络，以期更好地为促进其发展提供对策建议。

在现状分析上，学者们考虑了我国农村电子商务向好和不足的双重面向，大部分研究显示总体向好是基本面，不足则是需要改善的地方，较为全面地揭示了农村电子商务的现有格局。朱品文（2016）指出我国农村电子商务前景广阔、各大电商企业布局高调，但农村电子商务推进程度仍有限。邹思逸（2017）认为我国农村电商规模增速迅猛且区域性差异缩小，城市信息化增速空间小而农村电商迎来蓝海，但当前农村电商发展仍面临农产品经营"小而散"、农村物流体系基础薄弱、农村电商人才稀缺、融资渠道不畅通这四重因素制约，亟待解决。杨永超（2017）则认为我国农村电商发展环境正不断优化，政策扶持与企业跟进布局相结合促进农村电商发展，农村电商商业模式不断优化，但在供给侧方面仍存在农业结构性矛盾突出、农村基础设施落后、运营体系缺乏、农民思想观念传统和缺乏电子商务型人才等问题。王屹（2017）

的研究则表明，互联网的推动使得农村地区成为互联网产业中的重要节点，部分电子商务发达地区已经进入全国乃至全球的生产链条和生活体系，当地经济总量同收入增加之间形成良性循环，但农村电商发展过程中也存在着产品同质化严重、标准化体系缺失、供应链体系不成熟和农村电子商务人才匮乏等问题。此外，商务部电子商务和信息化司发布的《中国电子商务报告 2019》显示，我国农村网民规模持续增加、农村电商规模稳中有升、乡镇快递网点覆盖率稳步提升、农产品上行保持快速增长，但也暴露出农村电商"最后一公里"仍存在薄弱环节、农产品上行要实现"从有到优"仍需突破瓶颈制约以及农村电商可持续发展依然任重道远的问题。

在特征分析上，已有研究从不同的方面提出了农村电子商务发展的具体特征。徐代春子（2016）指出我国农村电子商务呈现出五个特征：一是高普遍性，即电子商务已走进农村的中小企业和千家万户；二是高便捷性，即利用电子商务节省了很多人财物力，可以不受地域限制进行交易活动；三是高安全性，即各涉农电子商务网站设置了多种多样的安全措施；四是高效益性，即涉农电子商务可以使中小企业减少直接交易成本和库存积压成本；五是可扩展性，即各企业电子商务解决方案随客户需求、自身业务发展和市场环境变化而扩展。于文博（2018）认为我国农村电子商务具有三大特点：一是区域发展特色明显，即农村各区域行业发展各具特色；二是市场格局多元化，即各类电商平台、本土平台和政府部门均影响着农村电商市场发展；三是发展模式多样化，即不同区域依托自身特色资源与产业基础，探索适合自身的电子商务发展模式。洪勇（2016）则强调农村电商具有增长速度快、增长潜力大和发展水平不平衡的特征。谢天成和施祖麟（2016）认为农村电商发展主要呈现出四个特征：一是呈现出工业品和农资下乡、农产品进城的双向流通格局；二是东部沿海地区和中西部地区的发展水平不平衡，前者明显高于后者；三是政府扶持、电商平台市场下沉以及农户电商创业等多方力量上下结合推动农村电商发展；四是农村电商模式和多种模式并驾齐驱，相互促进发展。

由上可知，我国农村电子商务发展向好趋势与现实问题并存，但向好趋势是基本面。此外，农村电子商务在特征呈现上比较复杂，在不同的层面上会有各自的特征，同样是机遇和挑战并存。以往学者对于农村电子商务现状和特征的探讨比较丰富，但是结合民族地区地理环境、区位特点和人口特征等要素对民族地区电子商务发展现状的分析并不多。上述学者的研究为本研究准确把握当前我国民族地区农村电子商务发展格局和未来脉络提供了有益借鉴。

2.3.3　农村电子商务模式研究

随着信息技术的快速迭代和电商企业的布局转变，城市电子商务发展进入白热化阶段，范围从城市逐渐拓展到农村，这给农村的经济社会发展带来了新的活力。农村电商实质上是以互联网技术为基础的商业模式在农业与农村发展中的应用（崔凯和冯献，2018）。我国农村电子商务历经了从涉农电子商务到农产品电子商务再到农村电子商务三个阶段的变化（刘静娴和沈文星，2019），到目前呈现出多种多样的发展模式。农村电商模式异彩纷呈，给农村和农民的生产与生活方式带来巨大的转变，深刻影响了当代我国农村的经济与社会进程。针对农村电子商务模式不断涌现的局面，不少学者从发展历程、代表性地域、农产品、电商平台、关联对象以及对象关系等角度来进行提炼和总结，取得了较为丰硕的成果。

从发展历程角度来看，赵礼强等（2017）将农村电子商务模式划分为农产品电子商务模式、农村电商 1.0 模式、农村电商 2.0 模式和农村电商 3.0 模式。其中，农产品电子商务模式处在以信息服务为主的农产品上行电商阶段，主要借助第三方平台，以销售地域土特产品为主；农村电商 1.0 模式处在各电商巨头跑马圈地阶段，业务模式为"品牌宣传+产品销售"的在线交易；农村电商 2.0 模式则处在开展工业品、消费品下乡的服务模式阶段，其核心业务从线上交易拓展到瞄准农村电商和流通体系的物流配送、追溯、营销等服务环节深层痛点；而农村电商 3.0 模式则处在农村电商生态圈阶段，业务涵盖农村电商、金融、医疗、文化和人才培育等全方位内容。从代表性地域角度来看，穆燕鸿（2016）指出农村电子商务存在四种典型模式：沙集模式（农民+网络+公司）、遂昌模式（电子商务精品服务商+网络商务+传统行业）、成县模式（品牌+物流+网店+宣传）、通榆模式（电子商务+基地种植+技术+深加工）。从农产品角度来看，侯杰（2017）则提出了传统农产品电子商务模式、名优农产品电子商务模式、农产品加工业电子商务模式和轻工业制造电子商务模式这四种电子商务模式。此外，从地域和涉农产品关联的角度，周海琴（2012）则提出了五种农村电子商务模式，分别是以家居电子商务为代表的沙集模式、以农产品电子商务为代表的青川模式、以花木电子商务为代表的堰下村模式、以羊绒纱线电子商务为代表的东高庄模式和以小商品电子商务为主的青岩刘模式。从电商平台角度来看，闫新建（2016）则研究了京东、阿里、苏宁及中国邮政四类平台的农村电商运作模式，并对这四大平台各自的农村电商运作模式特点进行了分析。从关联对象的角度，李坚强（2018）指出农村电商集群分为综合服务商+网商+传统产业、区域电商服务中心+青年网商、生产方+电商公司、集散地+电子商务、农产品供应商+联盟+采购企业等四种模式，而苏奎（2018）则分析了"政府+平台+企业+种植园+农民"的仁寿县域电商模式。从关联对象关系的角度，张党利（2020）则提出农村电商的三种模式：其一是 A2A 泉州兰田模式，它主要是代理商与代理商之间建立贸易合作关系，商品交易的全部过程依托于代理商服务；其二是 A2C 福建安溪模式，它是代理人对接消费者的一种农村电商模式，缩减了交易环节，一定程度上提高了交易效率；其三是 C2C 江苏睢宁模式，该模式是个人卖家与个人买家之间直接通过平台进行交易的电商模式，适合零散化的农村创业者，但不利于形成规模化经营。也有学者同时从不同视角研究了农村电商模式问题，比如李妮（2018）认为农村电子商务按照格局可划分为自组织和产业再造模式；按照电商对资源的依赖程度可划分为资源模式和特色产业模式；按照适销农产品可分为传统农产品和特色农产品销售模式；按照参与电商的程度可划分为自产自销、订单+网商、自产+多平台和共生模式。

综上可知，当前对农村电子商务模式的研究比较丰富，关于农村电商模式的分类也多种多样，学者们从不同的角度进行了梳理分析和总结提炼，这都为本研究进一步探讨民族地区农村电商的运作方式和相应案例分析提供了借鉴。

2.3.4　农村电子商务发展动力和机理研究

统计数据显示，截至 2019 年底，全国农村网络零售额达 1.7 万亿元，同比增长 19.1%，乡镇快递网点覆盖率达到 96.6%，全国农村地区收投快递超过 150 亿件，支撑工业品下乡和农产品进城超过 8700 亿元，"淘宝村"数量从 2009 年的 3 个发展至 2019 年覆盖 25 个省的 4310 个，"淘宝镇"数量超过 1000 个[①]。由此可见，我国农村电子商务发展势头十分迅猛，在其偶然的表象下包藏着历史发展的必然规律，是内外动力共同作用的结果。在农村电子商务飞速发展的时代背景下，不少学者开始研究驱动农村电商发展的动力因素及其作用机理，试图揭示当前农村电商爆发式增长背后的原因。

农村电子商务的发展受到多种力量的驱动，既包括主观因素也包括客观因素，既包括内部因素也包括外部因素。王党委（2015）认为农村电子商务发展的动力包括四种，分别是农村的消费潜力驱动、城市产能过剩压力的促进、

---

① 阿里研究院. 中国淘宝村研究报告（2009—2019）　［EB/OL］. http：//www.aliresearch. com/cn/index.

农村商业意识的提升和新型城镇化的带动。周海琴（2012）则指出农村电子商务发展的动力有七种，分别是领头羊驱动、农民的自我驱动、联盟驱动、技术驱动、周边企业帮助、平台驱动和政府推动，其中来自农民的自我驱动最坚实和持久，农户通过参与农村电子商务并结成网商联盟，可以获得更多的信息和发展空间，电商平台则提供信息流、资金流、物流和信用体系的服务支持，同时政府相关部门完成农村基础设施建设，可以由点到线、由线到面地改善整个农村经济发展状况。龚晴（2016）进一步将农村电子商务发展的动力因素划分为三类，分别是始动因素、基础因素和竞争因素。其中，始动因素指的是带头人及其资源，它在农村电子商务的产生阶段起主要作用，决定农村电子商务发生的可能性大小；基础因素指的是政策支持、交通便利程度、物流畅通度、网络铺设及市场潜力等，决定农村电子商务的发展强劲程度；竞争因素则指的是农产品标准化生产竞争和产业链竞争等，是农村电子商务能否壮大和持续发展的因素。

影响农村电子商务发展的因素多种多样，其作用机理也存在一定的差异，为分析农村电子商务发展背后的深层原因，不同的学者对其进行了探究。郑功帅（2016）分析了缙云县农村电子商务发展的动力机制，指出农村特有的"熟人社会"可以使村民之间互通信息和互相帮扶，从而形成群生效应，带动周边区域电子商务的发展，因而农村熟人社会的传帮带是农村电子商务发展的基础动力；持续不断的创新则可以通过不断涌现新的创意产品，让竞争对手猝不及防并赢得顾客青睐，因而持续创新是农村电子商务发展的核心动力；创业带头人可以发挥引领作用，推动原创模式的蓬勃发展，因而电商创业带头人的引领是农村电子商务发展的关键动力；政府的顺势而为则可以保护萌芽中的电子商务，通过各类政策和措施为其聚集力量，因而政府是农村电子商务发展的加速动力；品牌的培育壮大则有助于支撑原创模式的发展推广，因而是农村电子商务发展的持续动力。李湘棱（2019）在研究农村电子商务可持续发展动力机制的基础上，指出市场可以发挥资源配置作用，市场需求则是农村电商发展的最根本驱动力；国家政策能够有效整合资源，是推动农村电商发展的保障力；农户意愿体现了农户个人的积极性，是农村电商发展的推动力；实现有效利用和不断再生的资源供给能够促进农村电商的可持续发展，是农村电商的再生力。王沛栋（2017）则从内源和外源的角度研究了农村电子商务产业集群发展的动力机制，指出内源动力机制包括产业价值链、外部经济性、领军企业家、社会资本和技术创新等，它们之间相互适应、协调、影响和支撑，因而可以促进农村电商集群的形成和发展。外源动力机制包括政府支持与制度环境、市场需求和外部竞争等方面，可以通过优化资源配置和提升竞争力来推动农村电商集群的成长。

由此可见，农村电子商务发展的动力多种多样，囊括了主观和客观、内部和外部等不同的因素，其作用机理也存在一定差异，不同机理之间相互融合和促进作用逐渐明晰。以往学者的成果为本研究深入探究民族地区农村电子商务的驱动力量和作用机制奠定了基础。

2.3.5 农村电子商务发展阻力与对策研究

在国家乡村振兴战略和系列利好政策支持下，随着农村基础设施建设步伐加快，我国农村电商发展迅速，逐渐由工业品向农产品、经济发展向美丽乡村建设、生存型基本消费满足向享受型和发展型消费满足转型（阎斌和侯艳艳，2019）。我国农村电子商务的迅速发展对农民增收与农村经济组织绩效提升以及农村整体发展产生积极影响。然而，我国农村电子商务整体上仍处在从成长期到发展期的升级阶段，许多环节不够完善，发展过程也比较坎坷，存在着不容小觑的各类阻力。许多学者研究了我国农村电子商务的发展现状和问题，剖析了其发展中存在的各种阻力，并为破解农村电子商务发展困境提出了相应的对策建议。

在农村电子商务发展的阻力方面，以往学者进行了探讨，可总结为以下七类：一是基础设施不完善，农村地区物流仓储基础设施不完善，快递市场中邮政费用高，存在垄断经营现象（洪勇，2016）；网络基础设施薄弱，部分农村地区网络通信设备不完备，农民不能快速有效参与到农村电商中来（王倩和黄卫东，2017）。二是人才和资金等要素匮乏。农村较为缺乏电商专业人才，多数电商企业雇佣当地农民和工人担任电子商务工作人员，由于素质不高对遇到的问题解决不好；此外由于没有建立有效的融资渠道，电商发展过程中缺乏流动资金（张红艳，2017）。三是缺乏相应产业和配套服务。鲜活农产品运输、存储条件苛刻，需要冷链物流，而农村地区往往难以找到适合本地的工业产品（王党委，2015）；农村金融发展滞后，农村居民群体（特别是中老年群体）不熟悉和难以接受移动支付，电子商务在资金及时结算上存在较大阻力（阎斌和侯艳艳，2019）。四是同质化竞争严重，多数网店处于初期模仿、复制阶段，多数厂商的经营者也缺乏电商品牌运营经验（洪勇，2016）。五是规模效益不足，农产品标准化程度低，农产品小而散，难以进行规模化、产业化和集约化生产（赵礼强等，2017）。六是相关主体的电商意识薄弱和观念落后，大部分农民群体对电商运营的认识比较肤浅，基本上只停留在"会上网和能在淘宝上开店"的认知（鲁锡杰，2016）。农民群体文化层次低且电商意识差，仍习惯于集市、商场钱货交易，是制约农村电商发展的重要瓶颈（赵礼强等，2017）。七是监管漏洞和法律风险，农村电商由于多数买卖双方素未谋面互不了解，交易基础为彼此信任，缺乏监管使得出现产品品质和安全难以保障的问题，容易引发交易纠纷（董媛媛，2017）；而交易主体数量庞大、法律意识淡薄以及平台监管不到位等原因，容易造成交易主体资格风险、交易产品品质风险和交易平台法律风险（姜英国，2020）。

在应对农村电商发展阻力的对策上，已有研究也提出了相应的对策建议。就完善基础设施建设而言，要大力提高农村电子通信产品和互联网的普及率，同时完善农村物流服务体系，提高农村资源配置效率，避免农村在物流上浪费大量资金（朱品文，2016）；就弥补人才和资金等资源缺口而言，要在培养和引进人才上出新招，充分利用本土教育资源，有针对性地进行电商人才培训，助力破解融资难题，出台专门政策鼓励金融组织对信誉高的电商提供信用贷款（郑功帅，2016）；就发展相应产业和配套服务而言，要优化产业价值链发展，向上游进入技术研发，向下游延伸至仓储物流（王沛栋，2017），同时降低农村信贷门槛，提高信贷金额（王党委，2015）；就解决同质化竞争难题而言，要打造农村电子商务品牌，通过展销会、农博会等进行品牌宣传，扩大品牌影响力和知名度（刘小娇，2018）；就提升规模效益而言，要加强制定技术标准，坚持用现代标准来完善家庭承包经营，促进优势农产品的区域化布局、规模化种养和规范化生产（李志刚，2007）；就提高相关主体的电商意识而言，要加强农民的电商教育培训，使更多农民认识网络了解电商，从而让农民真正接受电商的理念（朱品文，2016）；就减少监管漏洞和法律风险而言，要完善农村电子商务领域法律法规，建立健全农村电子商务监管体系，同时通过各种途径去宣传引导，加强农村电商主体的守法意识和风险防范意识，提升其道德素质及法律意识（姜英国，2020）。

总体而言，关于农村电子商务发展阻力的研究成果比较丰富，对策的提出也比较具有针对性，但是对各类阻力因素在民族地区出现的新情况分析比较少，对策建议在民族地区的适用性问题还有待进一步深入研究。

3 我国民族地区贫困状况与扶贫进展

党的十八大以来，我国不断推进脱贫攻坚任务进程，闯出了一条符合我国国情的扶贫发展之路。在国家各部门和社会各界的大力支持下，我国贫困人口从 2012 年底的 9899 万人减少到 2019 年底的 551 万人，贫困发生率由 10.2%降低至 0.6%，贫困村由 12.87 万个缩减到 2707 个，贫困县减少了 780 个①。贫困人口中为吃穿愁苦的人数明显减少，义务教育、基本医疗和住房安全三大问题上基本得到解决。贫困地区群众长期苦恼的生计问题普遍得到了相应解决，脱贫攻坚目标任务接近完成（刘永富，2020）。而截止到 2019 年还没有摘帽的 2707 个贫困村中任务较重的 1113 个特困村是我国全面建成小康社会、实现社会主义现代化的短板和薄弱环节，而它们主要集中在我国民族地区②。扶贫攻坚是一场长期持久的战役，不少已脱贫的少数民族地区群众由于自然原因和自身原因等因素影响，重新回归贫困，还有不少民族地区的贫困边缘人口也处在重新掉入绝对贫困深渊的危险境地。由于我国民族地区贫困人口比较集中，在以转型性的次生贫困和相对贫困为特征的后扶贫时代到来的时代背景下，我国民族地区的农村仍是反贫困的主战场。

3.1 我国民族地区贫困现状

3.1.1 整体经济发展现状

我国民族地区通常指民族八省区和其他省份的多个民族自治州（县），其中民族八省区包括内蒙古自治区、广西壮族自治区、新疆维吾尔自治区、西藏

---

① 青海纪检监察网．决战脱贫攻坚 ［EB/OL］．http：//www.qhjc.gov.cn/Detail_52FE84422ABD655A.html，2020-05-09.

② 国务院扶贫办．国新办就决战决胜脱贫攻坚有关情况举行新闻发布会 ［EB/OL］．http：//www.cpad.gov.cn/art/2020/3/12/art_61_181820.html，2020-03-12.

自治区和宁夏回族自治区等 5 个民族自治区以及贵州省、云南省和青海省等 3 个少数民族人口集中的省份。近年来，我国民族地区经济社会全面发展，其发展速度已经超过全国水平，总体上二者差距不断缩小。因为数据资料的完整性问题，下面主要以民族八省区为例来阐述我国民族地区经济发展现状。

2019 年，全国国内生产总值为 990865 亿元，即将突破百万亿元，比上年增长 6.1%。而民族地区国内生产总值超过 10 万亿元，且年增长幅度大大超过全国平均增长水平。同时，民族八省区内部各省区生产总值和经济发展速度存在一定差异，其中，云南、贵州、西藏 GDP 增速位列全国前三甲，其地区生产总值增速均超过 8%，增速明显快于其他五个省份（见表 3-1、图 3-1）。

表 3-1　　　　　**2018—2019 年全国以及民族八省区地区生产总值**

地区	2018 年		2019 年	
	地区生产总值(亿元)	同比增速(%)	地区生产总值(亿元)	同比增速(%)
全国	900310	6.6	990865	6.1
民族八省区	90576.4	7.4	100452.1	6.8
内蒙古	17289.2	5.3	17212.5	5.2
广西	20352.5	6.8	21237.1	6.0
贵州	14806.5	9.1	16769.3	8.3
云南	17881.1	8.9	23223.8	8.1
西藏	1477.6	9.1	1697.8	8.1
青海	2865.2	7.2	2966.0	6.3
宁夏	3705.2	7.0	3748.5	6.5
新疆	12199.1	6.1	13597.1	6.2

数据来源：2018 年数据来源于《中国统计年鉴 2019》，2019 年数据来源于国家统计局

截至 2019 年底，民族八省区常住人口达 20158 万人，占全国总人口的 14.40%。民族八省区的城镇化比率由 2010 年底的 40.1%上升至 2018 年底的 50.92%，提高了 10.82 个百分点，但与 2018 年底全国平均城镇化比率的 59.58%相比，仍然低了 8.66 个百分点。全国民族地区生产总值在全国的占比超过 10%。就产业发展而言，2019 年，民族八省区第一、第二和第三产业在地区生产总值中的比重为 13.01∶35.93∶51.06，而全国第一、第二和第三产

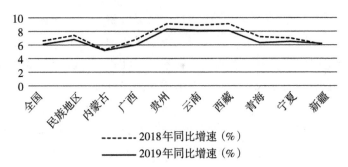

图 3-1　2018—2019 年全国以及民族八省区地区生产总值

业的比重却为 7.1∶38.97∶53.92，这不难发现我国民族地区产业结构依然存在过于倚重农业和服务业发展不足的问题。而 2018 年民族八省区和全国第一、第二和第三产业的比重分别为 13.03∶39.79∶47.18 和 7.2∶40.55∶52.16。对比发现，民族八省区第一产业比重较高，超过全国平均水平；而第二、三产业均低于全国水平，工业化水平相对较低（见表 3-2）。

表 3-2　　　2010—2019 年民族八省区基本情况及与全国的比较

指标	2010	2011	2012	2013	2014	2015	2016	2017	2018	2019
年底常住人口（万人）	18844	18946	19076	19214	19342	19519	19681	19857	20012	20158
人口占全国比例（%）	14.1	14.1	14.1	14.1	14.1	14.2	14.2	14.3	14.34	14.40
年底城镇人口比例（%）	40.1	41.6	43.1	44.3	45.7	47	48.4	49.8	50.92	—
全国城镇人口比例（%）	50	51.3	52.6	53.7	54.8	56.1	57.4	58.5	59.58	60.60
地区生产总值（亿元）	42053	51664	58519	65245	70774	74736	79972	84899	90576	100452
占全国比例（%）	10.3	10.7	11.1	11.1	11.1	11	10.7	10.3	10.06	10.14
第一产业比重（%）	14	13.4	13.4	13.4	13.2	13.4	13.4	13.2	13.03	13.01
第二产业比重（%）	47.6	48.4	47.4	46.6	45.9	44.2	43.1	41.3	39.79	35.93
第三产业比重（%）	38.5	38.1	39.3	40.9	40.9	42.4	43.5	45.5	47.18	51.06

数据来源：2010—2018 年数据来源于历年《中国统计年鉴》，2019 年数据来源于国家统计局

通过纵向比较发现，即使民族地区高速发展，获得了巨大的成就，但由于根基薄且差，相比其他地区而言，经济发展起步低，经济发展缓慢，发展过程中存在很多的"拦路虎"。我国民族地区仍需不断地努力，才能实现全面建成小康社会的宏伟目标。

3.1.2 民族地区贫困县分布

由于特殊的自然地理环境以及经济、社会、历史等诸多因素，我国民族地区贫困县呈现出民族县与国家扶贫重点县高度重合且集中连片分布的状态。如表 3-3 所示，一方面，在 2012 年国务院扶贫办确定的 592 个国家扶贫开发工作重点县中，位于民族八省区的就有 232 个，占国家扶贫开发工作重点县总数的 39.2%，而位于其他省份民族地区的有 67 个，占国家扶贫开发工作重点县总数的 11.3%；而在民族地区内部，国家扶贫开发工作重点县主要集中在云南、贵州、内蒙古、广西和新疆 5 个省区，合计有 209 个县市，占民族地区国家扶贫开发工作重点县总数的 70%。另一方面，在 2012 年国家公布的 14 个集中连片特困地区的 680 个县中，位于民族八省区的有 332 个，占总数的 48.8%，位于其他省份民族地区的有 89 个，占总数的 13.1%；而民族地区集中连片特困地区贫困县主要集中在云南、贵州、西藏、青海、新疆、广西 6 个省区，合计有 317 个县市，占民族地区集中连片特困地区县总数的 75.3%。也就是说，在民族地区中，除西藏和四省藏区外，云南、贵州、广西、新疆也是贫困县极为集中的地区。

表 3-3 　　　　　　　　　　　　我国民族地区贫困县分布

地区	国家扶贫开发工作重点县数量	集中连片特殊困难县数量	地区	国家扶贫开发工作重点县数量	集中连片特殊困难县数量
河北	3	2	四川	20	42
内蒙古	31	8	贵州	50	65
吉林	4	—	云南	73	85
湖北	9	10	甘肃	14	18
湖南	10	13	青海	15	40
广西	28	29	宁夏	8	7
海南	3	—	新疆	27	24
重庆	4	4	西藏	—	74
总计[a]	232	332	总计[b]	299	421

注：①上标 a 表示民族八省区；上标 b 表示民族地区，包括民族八省区以及其他省份的民族自治州和自治县。

②国家扶贫开发工作重点县和集中连片特困地区县名单来源于 2012 年国务院扶贫办公布的名单，民族自治州和自治县名单来源于《中国民族统计年鉴 2013》。

3.1.3 民族地区贫困人口状况

据国家统计局对全国 31 个省（区、市）的 16 万户农村居民家庭的抽样调查，按年人均收入 2300 元（2010 年不变价基准）的国家农村扶贫标准测算，截至 2019 年底，民族八省区贫困人口从 2018 年的 603 万人下降到 119 万人，2019 年全年有 484 万人脱贫，贫困发生率从 4% 下降到 0.79%。2019 年，民族八省区农村贫困人口占全国农村贫困总人口的 21.6%，比 2018 年低 14.7个百分点，脱贫攻坚取得重大突破。值得注意的是，我国的农村贫困人口越来越集中于少数民族地区。从 2010 年到 2018 年的贫困人口数据（见表 3-4）来看，贫困人口最多的 3 个省区分别是贵州、云南和广西，截至 2018 年，这 3个省区的贫困人口数占民族八省区贫困人口总数的 81.6%。这充分表明了扶贫开发工作的推进既要全面又要抓重点，有针对性地将扶贫政策向贫困程度深的少数民族地区倾斜。

表 3-4　　**2010—2019 年民族八省区分年度贫困人口（单位：万人）**

指标	2010	2011	2012	2013	2014	2015	2016	2017	2018	2019
民族八省区	5040	3917	3121	2562	2205	1813	1411	1032	603	119
全国农村	16567	12238	9899	8249	7017	5575	4355	3046	1660	551
占全国比重（%）	30.4	32	31.5	31.1	31.4	32.5	32.5	33.9	36.3	21.6
内蒙古	258	160	139	114	98	76	53	37	14	—
广西	1012	950	755	634	540	452	341	246	140	—
贵州	1521	1149	923	745	623	507	402	295	173	—
云南	1468	1041	804	661	574	471	373	279	179	—
西藏	117	106	85	72	61	48	34	20	13	—
青海	118	108	82	63	52	42	31	23	10	—
宁夏	77	77	60	51	45	37	30	19	9	—
新疆	469	353	273	222	212	180	147	113	64	—

数据来源：国家民委 . 2018 年民族地区农村贫困监测情况［EB/OL］. https：//www. neac. gov. cn/seac/jjfz/202001/1139406. shtml，2020-01-03.

国家统计局 . 方晓丹：2019 年全国农村贫困人口减少 1109 万人［EB/OL］. http：// www. stats. gov. cn /tjsj/sjjd/202001/t20200123_1724700. html，2020-01-23.

中国经济网 . 国家民委主任：民族八省区贫困人口发生率已从 4% 下降到 0.79%［EB/ OL］. http：//www. ce. cn/xwzx/ gnsz/ gdxw/202001/11/t20200111_34102676. shtml，2020-01-11.

如图 3-2 所示，民族八省区 2019 年贫困发生率为 0.79 %，与 2018 年 4.0% 的贫困发生率相比，大幅下降了 3.21 个百分点，同期全国贫困发生率为 0.6%，仅比上一年下降了 1.1 个百分点。值得注意的是，从 2010 年至 2019 年的民族八省区和全国农村年贫困发生率的趋势可以看出，民族八省区与全国农村的贫困发生率差距逐年缩减，至 2019 年只相差 0.19 个百分点。说明在 2019 年，民族地区扶贫开发力度进一步加强，反贫困工作再接再厉取得了显著成效。但与全国贫困发生率相比，民族地区仍偏高。到 2018 年，在民族八省区内部，贫困程度最深的四个省区分别是新疆、贵州、云南和西藏。贫困人口集中和贫困发生率高的地区将是今后民族地区脱贫攻坚的重点地区。特别需要指出的是，在国家的大力扶持下，西藏的贫困发生率显著下降，从 2010 年近 50% 的贫困发生率下降为 2018 年的 5.7%，终于摘掉了贫困率高达 10% 的"帽子"（见表 3-5）。

图 3-2　2010—2019 年民族八省区及全国农村年贫困发生率

数据来源：国家民委 . 2018 年民族地区农村贫困监测情况［EB/OL］.
https：//www. neac. gov. cn/seac/jjfz/202001/1139406. shtml, 2020-01-03.

国家统计局 . 方晓丹：2019 年全国农村贫困人口减少 1109 万人［EB/OL］.
http：//www. stats. gov. cn/tjsj/sjjd/202001/t20200123_1724700. html, 2020-01-23.

中国经济网 . 国家民委主任：民族八省区贫困人口发生率已从 4% 下降到 0.79%［EB/OL］. http：//www. ce. cn/xwzx/gnsz/gdxw/202001/11/t20200111_34102676. shtml, 2020-01-11.

表 3-5　　　　　　　　　**2012—2018 年民族八省区贫困发生率**

年份 地区	2012	2013	2014	2015	2016	2017	2018
内蒙古	10.6	8.5	7.3	5.6	3.9	2.7	1

续表

年份 地区	2012	2013	2014	2015	2016	2017	2018
广西	18	14.9	12.6	10.5	7.9	5.7	3.3
贵州	26.8	21.3	18	14.7	11.6	8.5	5
云南	21.7	17.8	15.5	12.7	10.1	7.5	4.8
西藏	35.2	28.8	23.7	18.6	13.2	7.9	5.1
青海	21.6	16.4	13.4	10.9	8.1	6	2.6
宁夏	14.2	12.5	10.8	8.9	7.1	4.5	2.2
新疆	25.4	19.3	18.6	15.8	12.8	9.9	5.7

数据来源：国家民委 . 2018 年民族地区农村贫困监测情况［EB/OL］. https：//www. neac. gov. cn/seac/jjfz/202001/1139406. shtml，2020-01-03.

国家统计局 . 方晓丹：2019 年全国农村贫困人口减少 1109 万人［EB/OL］. http：//www. stats. gov. cn /tjsj/sjjd/202001/t20200123_1724700. html，2020-01-23.

中国经济网 . 国家民委主任：民族八省区贫困人口发生率已从 4% 下降到 0.79%［EB/OL］. http：//www. ce. cn/xwzx/gnsz/gdxw/202001/11/t20200111_34102676. shtml，2020-01-11.

3.1.4　民族地区农村居民人均收入和支出

经过数十年艰苦卓绝的反贫困实践，民族地区居民人均可支配收入稳步增长，但与全国平均水平还存在显著差距。截至 2019 年，民族八省区居民人均可支配收入达到 23250 元，比全国平均水平低了 24.35%。其中，农村居民人均可支配收入为 12756 元，比全国平均水平低了 20.38%。具体来看，2019年，在民族地区的八个省（自治区）中，无论是全体居民还是农村居民的人均可支配收入，内蒙古均位居第一，而贵州省的农村居民人均可支配收入仅为10756 元，比全国平均水平足足低了 33.97%（见表 3-6）。

表 3-6　　　**2019 年民族八省区农村居民可支配收入与消费支出情况**

地区	居民人均可支配 收入（元）	农村居民人均 可支配收入（元）	居民人均消费 支出（元）	农村居民人均 消费支出（元）
全国	30733	16021	21559	13328

续表

地区	居民人均可支配收入（元）	农村居民人均可支配收入（元）	居民人均消费支出（元）	农村居民人均消费支出（元）
民族八省区	23250	12756	16749	10986
相对差距	−24.35%	−20.38%	−22.31%	−17.57%
内蒙古	30555	15283	20743	13816
广西	23328	13676	16418	12045
贵州	20397	10756	14780	10222
云南	22082	11902	15780	10260
西藏	19501	12951	13029	8418
青海	22618	11499	17545	11343
宁夏	24412	12858	18297	11465
新疆	23103	13122	17397	10318

数据来源：国家统计局

与民族地区居民人均可支配收入快速增长相应的是民族地区居民人均消费支出水平增长也较快，但内部差距明显。截至 2019 年，民族八省区居民人均消费支出达到 16749 元，比全国平均水平低了 22.31%。其中，农村居民人均消费支出为 10986 元，比全国平均水平低了 17.57%。具体来看，2019 年，内蒙古的农村居民人均消费支出排在首位，达到 13816 元，高于全国平均水平；而值得关注的是，西藏自治区农村居民人均消费支出仅为 8418 元，远远低于全国平均水平，说明西藏农村的消费需求相对较低，相对贫困依然十分突出，扶贫任务还十分艰巨。

3.2 民族地区致贫原因分析

3.2.1 空间视角的民族地区致贫原因

空间贫困理论包含了贫困与空间地理这两大要素，主要研究的是自然地理条件对贫困形成的影响以及贫困的空间分布情况（郑素侠和宋杨，2019）。"空间贫困"理论提出了"地理资本"概念，地理资本是指把多种差异集合在空间地理位置要素之中，主要包括自然地理环境和社会地理环境两个方面，例如气候、资源、教育、社会保障等在城乡及贫富群体之间存在的多种差异（Jyotsna&Ravallion，1997）。"空间贫困"理论从自然地理禀赋的角度来分析致贫原因，认为贫困群体具有位置劣势（偏远与隔离）、生态劣势（缺乏农业生态与气候条件）、经济劣势（脆弱的经济整体环境）和政治劣势（缺乏政治性优惠）等四个劣势（陈全功和程蹊，2011）。也就是说，从空间贫困理论的视角而言，少数民族地区的自然地理条件与资源禀赋特性是导致其贫困的重要因素。

我国民族贫困地区大多位于偏远和自然条件较为严酷的地带，例如，滇西山区和武陵山区位于交通不便的偏远山区，西藏、青海、四川藏区位于气候条件恶劣的高寒地区，新疆南疆和滇黔桂石漠化地区位于恶劣的石漠化和沙漠化地区，而云南与贵州地区地质条件不稳定、地质灾害高发。这些地区自然条件严酷，发展农牧业的先天条件差。一方面，受地理位置劣势的影响，民族地区农户不能及时和有效地获得市场信息，这就加大了其参与到市场经济体系中的难度。同时，由于扶贫政绩的原因，部分政府的扶贫资金和项目会优先投放到距离城镇较近、交通较便利的农村，而偏远地区得到的扶贫资源较少，从而很容易造成扶贫资源传递的"马太效应"，这进一步加剧农户贫富差距拉大。另一方面，由于民族地区滑坡、泥石流等自然灾害频发导致水土流失，石漠化、沙漠化严重，耕地资源减少，土壤贫瘠。由 2019 年中国统计年鉴数据可知，截至 2017 年，全国总耕地面积为 134881.2 万公顷，而我国民族自治区耕地总面积为 2793 万公顷，仅仅占全国总耕地面积的 2.07%，而民族八省区的耕地总面积为 31954 万公顷，也只占全国总耕地面积 23.69%。此外，降水量少、农业灌溉水源不足也是民族地区农业欠发展的关键因素，比如新疆、内蒙古和青海等地区不仅降水量少，而且降水分布不均，春夏降水少，蒸发大，雨季降水量大，并且由于植被覆盖率低，水土流失严重，造成水资源利用率低。而对于大多数家庭收入主要依靠农业的民族地区农民来说，耕地面积少、农产品产量低成为致贫的重要因素之一。

3.2.2 能力贫困理论视角的民族地区致贫原因

能力贫困理论认为贫困不仅仅是指相对比人经济状况差，更是强调贫困个体可行动能力的绝对剥夺。也就是说，能力贫困理论认为个人的福祉是以能力为保障的，贫困的原因就是个体能力的缺乏（宋宪萍和张剑军，2010）。而教育的不充分以及个体在人力资本投入不足和教育权利保障缺失都是造成个体可行动能力缺失的重要因素（郭晓娜，2017）。

　　我国民族地区农村居民的收入普遍偏低，而且受教育程度低、文盲率高、劳动生产率低、思想观念落后更加限制了他们收入的增加。由 2018 年中国民族统计年鉴数据可知，截至 2017 年，少数民族小学、初中和高中专任教师占全国专任教师总数的比重分别仅为 9.5%、10% 和 5.7%，而少数民族小学、初中和高中在校学生占全国在校学生总数的比重分别为 10.5%、10.2% 和 7.2%。由 2019 年中国统计年鉴数据可知，2018 年全国 15 岁以上人口中文盲的比例仅为 4.94%，而民族八省区的比例则为 6.78%，比全国水平高出 1.84 个百分点。此外，由民族八省区及全国 6 岁以上人口受教育程度占比可知，截至 2018 年，民族八省区初中学历以上人口仅占 25.67%，明显低于全国 31.56% 的比例，比全国水平低了 5.9 个百分点，而初中学历以下的人数明显高于全国水平（见图 3-3）。

　　民族地区劳动力受教育程度普遍较低，现代科学技术在当地的普及、运用程度也较低，从而导致其缺乏能够适应现代市场经济的谋生技能，只能从事传统的农牧业生产，劳动生产效率低。在深度贫困的民族地区，农业生产难以推广科技措施，农户普遍使用老品种、老方法种植农作物，种植方式落后，粮食单产低。其次，对知识和信息的掌握弱，使得农户对农产品的生产、销售以及价格变化等信息缺乏敏感性，阻碍了其融入市场经济的步伐。此外，没有任何专业技能的村民很难走出去，导致贫困人口流动力不足，不能通过外来务工来增加收入。另外，当国家宏观经济处于低迷紧缩期，最先受到影响的便是外出务工的民族地区农村居民，因人力资本缺失，大多数只能在城镇地区从事体力劳动，一旦失去打工兼业机会回到农村，就会失去家庭重要的经济收入来源，很大可能重新回归贫困。

3.2.3 文化视角的民族地区致贫原因

　　贫困文化理论认为贫困是不同阶层成员之间达到自我维持的文化体系，各阶层社会文化具有隔离性的特点，底层贫困人群在长期的社会生活中形成一套固定的生活方式、行为准则以及思想观念等（Oscar，1975）。贫困文化表现为穷人对其边缘地位的适应，而对这种贫困文化的自我适应，使得穷人难以摆脱贫穷的命运。贫困文化会导致文化贫困、能力不足、机会丧失和社会排斥，不仅使贫困人口难以摆脱贫困，而且一定程度上起到了巩固和加深贫困的效果（周怡，2002）。

　　在我国民族地区的发展历程中，地理位置的偏远性导致民族地区形成了自给自足的地区经济发展模式，同时也形成了独特且具有当地特征的传统习俗，

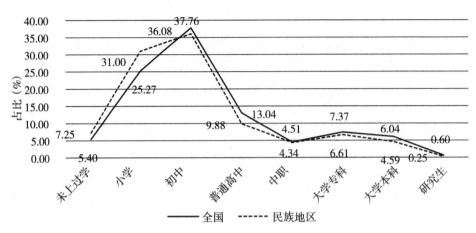

图 3-3 2018 年民族八省区及全国 6 岁以上人口受教育程度占比（%）

数据来源：《中国统计年鉴 2019》

独特性的传统习俗虽然维护了地区的稳定，但是与现代市场经济可能在一些思想理念上相悖，在一定程度上限制了少数民族群众发展经济、摆脱贫困的能力（君和吴本建，2017）。中国少数民族众多，民族地区的传统习俗表现也不同，如祭祀消灾的平安观、"等""靠""要"安于现状思想、多子多福的生育观、漠视知识的教育观、及时行乐的消费观、厚葬以及婚嫁陋习等（郭利芳和陈顺强，2013；罗家祥和杨勇，2016）。

这些传统的文化陋习是导致民族地区贫困的重要因素。例如，陈旧落后的婚姻观念是四川省凉山彝族自治州地区农村居民贫困的根源之一。一方面，绝大多数人本能地继续维持多子多福、无后不孝和重男轻女的迂腐观念，超生现象严重；另一方面，彝族婚俗礼金一般都在 10 万~20 万元，一家人为了给适龄青年结婚，不得不省吃俭用，积攒礼金，有的甚至找亲朋好友借款或银行贷款，致使债台高筑，因婚致贫现象较为普遍。据各省统计公报数据可知，在 2019 年人口出生率前十的省区中，民族八省区中的西藏、宁夏、青海、贵州和广西位于前五，云南居于第八，人口出生率分别为 14.6%、13.72%、13.66%、13.65%、13.31%、12.63%，均高于全国 10.48% 的水平。因此，对于民族地区贫困农户来说，子女抚养、医疗和教育负担较重，容易造成贫困代际传递。

3.2.4 产业结构视角的民族地区致贫原因

产业结构能直接反映一个国家或地区的经济发展水平，也是衡量社会居民就业结构和人均收入的决定性指标。一般而言，一个地区的第一产业比重较大，其经济现代化水平必然较低，这也是欠发达地区经济水平低下的主要原因。由表3-2可知，截至2019年，民族八省区第一、第二和第三产业在地区生产总值中的比重分别为13.01%、35.93%和51.06%，而全国三大产业的比重则分别为7.1%、38.97%和53.92%。不难发现，与全国的产业结构相比，民族地区第一产业比例明显更高，第二、三产业的比例相对较低，也就是说，我国民族地区产业结构矛盾比较突出，三大产业结构呈现出第一产业比重较大，第二产业不强，第三产业发展滞后和二三产业支撑不足的特征。

就农业产业化而言，我国民族地区农业产业化水平也远远低于全国平均水平。据农业部第七次合格农业产业化国家重点龙头企业监测数据，截止到2016年底，我国合格农业产业化国家重点龙头企业总共1131个，从分布区域看，它们主要分布在东部沿海地区和传统农业大省，前四名分别是山东省（85个）、四川省（58个）、河南省和江苏省并列（55个）；而宁夏（2个）、西藏（8个）、青海（17）、云南（24个）、贵州（25）、广西（27个）等民族地区农业产业化龙头企业明显偏少，农业产业化水平低[1]。此外，民族地区特别是深度贫困地区普遍缺乏支柱产业，如武陵山片区，由于山区生态环境脆弱、自然资源分布不均，加上农村基础设施落后，农户综合素质低，未能形成规模、高端、持续的生态支柱产业，抑制了农业产业化的发展，以至于久扶未富、久脱未富。

3.2.5 公共服务视角的民族地区致贫原因

薄弱的基础设施和量少欠质的公共服务是民族地区致贫的又一影响因素。从通讯条件来看，据2019年中国农村贫困监测报告数据显示，在2018年民族八省贫困地区中，除了宁夏和新疆以外，其余六省份自然村通宽带的农户家庭比重均低于全国水平，其中西藏自治区的自然村通宽带的农户比重只占67.6%，比全国低了26.8个百分点。较差的通讯网络条件阻碍了民族地区农户与外界的信息交流，农户无法第一时间了解产品市场行情、加工情况和流通情况等，通信设施的不完善导致信息不对称，严重影响民族地区经济发展，不利于扶贫工作的开展和落实。

交通是经济发展的基础条件，而交通不便严重阻碍了民族地区农户交易渠

---

① 搜狐网．2018中国新型农业经营主体发展分析报告（一）——基于农业产业化龙头企业的调查和数据［EB/OL］．https：//www.sohu.com/a/223851732_776086，2018-02-24.

道的拓展和生产资源的获取。就所在自然村能够乘坐公共汽车的农户比重而言，广西、贵州、云南、西藏等四个民族省区均低于全国 71.6% 的比重，且广西比重仅为 50.6%，比全国低了 21 个百分点。就公共卫生条件而言，云南省和青海省的自然村垃圾能集中处理的农户比重在民族八省中最低，分别比全国比例低了 13.1 和 9 个百分点。内蒙古、广西、云南、西藏地区使用经过净化处理的自来水的农户比重均不足 50%，西藏地区仅占 33.3%。垃圾处理不当容易破坏地区生态和卫生环境，滋生细菌，不利于居民身体健康和整体乡村风貌；而饮用未经处理的水严重影响了人们的身体健康。从医疗条件来看，西藏地区所在自然村有卫生站的农户比重最低，比全国水平低了 25.4 个百分点，医疗卫生条件不足，当地居民生病无法得到及时和有效的救治，增加了因病致贫和因病返贫的风险。总体而言，考虑到全国贫困地区中超过 40% 的县市位于民族八省区，由表 3-7 不难发现，虽然截至 2018 年民族地区农村公共服务情况有了很大的改善，但是跟全国和发达省区相比仍有较大差距。

表 3-7　　　　　　**2018 年民族八省区农村基础设施和公共服务情况**

地区	所在自然村通宽带的农户比重(%)	所在自然村能乘坐公共汽车的农户比重(%)	所在自然村有卫生站的农户比重(%)	所在自然村垃圾集中处理的农户比重(%)	使用经过净化处理自来水的农户比重(%)
全国	94.4	71.6	93.2	78.9	56.4
内蒙古	94.3	76.6	97.9	72.2	46.2
广西	93.4	50.6	81.9	86.4	38.6
贵州	92.8	67.7	96.3	71.9	58.5
云南	88.3	51.6	86.3	65.8	42.2
西藏	67.6	66.4	72.5	78.3	33.3
青海	83.5	77.1	90.6	69.9	56.1
宁夏	100	90.0	97.4	78.1	80.9
新疆	98.6	78.4	96.1	74.7	88.3

数据来源：《中国农村贫困监测报告 2019》

3.2.6　灾害风险视角的民族地区致贫原因

农户面临的风险是农户致贫和贫困农户不易脱贫的主要原因（商兆奎和

邵侃，2018）。一般而言，民族地区农户面临的风险可以分为自然风险和市场风险。近年来，随着国家对少数民族地区精准扶贫政策的推进，部分民族地区农户增收渠道得以拓宽，但是农业生产收入仍然占大部分农户收入的最大比例。民族地区是自然灾害和地质灾害多发区这进一步导致土壤贫瘠，地表支离破碎，生态环境不断恶化，加剧了民族地区贫困农户依靠农业生产增收的困难。

由2019年中国农村统计年鉴数据可知，至2017年我国旱地面积占全国耕地面积的54.4%，而在民族八省区内部，贵州和云南耕地干旱面积占本省区耕地面积的比重高达70%以上，另外内蒙古、青海和宁夏三省旱地面积占比也超过60%。由此可见，民族地区干旱状况非常严重。另外其他各类自然灾害频发和脆弱的生态环境直接导致耕地面积不断减少、水源减少，再加上落后的农业生产基础设施及农户脆弱的抗灾能力等，导致农作物产出率低下，大幅度减产，进而波及养殖业等其他各业，加剧民族地区农户的脆弱性，频频出现农户因灾返贫现象，最终会形成"人口增长-粮食紧缺-生态恶化-群众贫困"的恶性循环。

此外，市场风险影响民族地区农户劳动力的兼业情况。一方面，民族地区农村输出的劳动力由于自身能力和专业技能素质较低，其工作主要集中在建筑业、加工业等劳动密集型行业以及摊贩、个体生意等（谢小青和吕珊珊，2015）。当出现金融危机和贸易冲击等经济波动时，市场对农村劳动力的需求显著降低，因此大部分农村务工人员就会面临失业，从而选择重拾农业。另一方面，市场经济环境的不确定性会影响农产品价格的波动，加剧农业收益的风险。通常而言，农业生产对农产品价格具有滞后性影响，某种农产品的大量种植，会导致该产品在收获季时价格的大幅下跌，谷贱伤农现象普遍，从而降低了农户的经济收入，挫伤农户农业生产的积极性，加大了民族地区农户（特别是纯农户和一兼农户）的致贫可能性。

3.3 民族地区扶贫政策与进展

从中华人民共和国成立初期开始，党和政府就非常重视扶贫问题。"消除贫困、改善民生、实现共同富裕"始终是党和国家在扶贫道路上的初心和使命。一直以来，我国少数民族地区具有贫困人口多、贫困程度深、贫困覆盖面大的特点，民族地区的扶贫始终是我国扶贫工作的重心。从中华人民共和国成立至今，民族地区扶贫政策经历了一系列重大逻辑演进，主要经历了救济式扶贫阶段、体制改革扶贫阶段、开发式扶贫阶段、八七扶贫攻坚阶段、扶贫开发阶段和精准扶贫阶段等六个阶段（邢中先、张平，2019）。

3.3.1 救济式扶贫阶段（1949—1977 年）

中华人民共和国成立之初，我国国民经济发展落后，人民基本生活水平低，整体贫困问题突出。因此，党和政府采取救济式扶贫方式，期望改善国家整体贫困现状，提高人民生活水平。该时期，由于贫困问题比较普遍，国家对民族地区的扶贫政策并不是很突出。一方面，国家对农业、手工业进行了改革，制定并施行了农业生产合作社、三大改造等一系列措施，极大提升了民族地区贫困群众生活质量。另一方面，针对民族特困地区，国家直接通过专项拨款的方式，对贫困人口以及受灾群众进行社会救济、优抚安置救济和物资救济。

此外，在中苏交恶和中美冷战的困难时期，党和政府在民族地区开展"三线建设"，在属于三线地区的 13 个省和自治区中投入了 2052.68 亿元巨资，占同期全国基本建设总投资的 40% 左右；400 万工人、干部、知识分子、解放军官兵和数以千万的民工进行三线建设，解放和发展了民族地区的生产力，促进了西南地区和西北地区的工业化建设。但是，由于三线地区社会经济落后，使得企业经营无法长期维持下去，后期发展停滞。救济扶贫模式又被称为"输血"式扶贫，在当时政府财政收入不足，国民经济水平低的现实背景下，很难开展大规模的扶贫，仅仅能够缓解部分人口的贫困问题。截至 1978 年末，农村贫困发生率约为 97.5%，以乡村户籍人口作为总体进行推算，农村贫困人口规模达到 7.7 亿人。而作为典型的"老、少、边、穷"的少数民族地区，贫困程度更是极其深厚，人民群众生活十分困难。

3.3.2 体制改革扶贫阶段（1978—1985 年）

1978 年中国约有 2.5 亿人口处于贫困状态①，其中贫困人群大部分分布在少数民族聚集的中西部地区，而在全国的少数民族中，约有 90% 的少数民族群众处于贫困状态（李资源，2014）。1979 年下发的《中共中央关于加快农业发展若干问题的决定》中提到，少数民族群众生活贫困是一个涉及到经济和政治层面上的问题，国家必须对少数民族贫困地区给予必要和充分的支持，帮

---

① 中国政府网. 中国的农村扶贫开发 [EB/OL]. http：//www.gov.cn/zwgk/2005-05/26/content_1293. htm, 2005-05-26.

助民族地区发展，最终摆脱贫困，这是在中共中央文件中首次将民族地区的扶贫问题作为工作的突出重点。

此后，国家出台了一系列帮扶政策促进民族地区的经济发展。1980 年国家民族事务委员会与国家计划委员会开始组织内地发达省市对口支援民族地区；从 1981 年起，国家对民族贸易企业实行优惠贷款政策；自 1982 年起，国务院开始专项扶持"三西"（甘肃河西、定西和宁夏西海固）地区。以上政策措施极大地缓解了民族地区的贫困状况。1983 年在全国少数民族地区生产生活会议上提到短期解决贫困群众基本生活需求缺乏保障的问题。1984 年，国家将少数民族贫困地区纳入扶贫重点对象，并将一定的财政资金用于专项扶贫，以解决这些"老、少、边、穷"民族地区群众的生产和生活问题。在 20 世纪 70 年代末农村经济体制改革的背景下，中国政府的扶贫事业主要是依靠体制改革来推动，建立以家庭联产承包责任制为基础的双层经营体制，放开农产品价格和市场，乡镇企业得到快速发展。到 20 世纪 80 年代中期，扶贫工作在民族地区已取得一定进展，基础设施得到进一步完善、群众收入增加。但由于所处地理位置、交通条件以及群众的保守思想等一系列问题，民族地区群众的生产技能和脱贫意识都仍需加强。

3.3.3 开发式扶贫阶段（1986—1993 年）

20 世纪 80 年代，随着改革开放政策的提出，农村经济得到较大程度发展，但却显现出发展不平衡的问题，民族地区成为日后脱贫攻坚的重点所在，过去的一系列针对全国农村的扶贫方针已不适应当时的发展。为此，1986 年国务院成立了相关扶贫开发的领导机构，扶贫工作开始有组织、有计划地进行，实现了从体制改革式扶贫向开发式扶贫的转变。

1986 年，国家确定了重点扶持县的标准，以县为单位，按普通县、民族自治县和革命老区县年人均收入分别低于 150 元、200 元和低于 300 元的标准，确立了 331 个国家重点扶持贫困县，各省市自治区确定出由省资金予以扶持的贫困县 371 个[1]，其中民族地区贫困县则高达 141 个，占 42.6%[2]。此后两年内，国家相继设立了专项贷款用于牧区和贫困地区县办企业的经济发展。

---

① 中国政府网. 国家扶贫开发工作重点县和连片特困地区县的认定 [EB/OL]. http：//www. cpad. gov. cn/art/2013/3/1/art_50_23734. html，2013-03-01.

② 中国新闻网. 《中国的民族区域自治》白皮书 [EB/OL]. http：//www. chinanews. com/news/2005/2005-02-28/26/544404. shtml，2005-02-28.

1989 年国家又开设了专项基金用于民族自治地区的扶贫工作。在 1990—1993 年期间，两百多个科技扶贫项目在民族地区落地实施，国家也加大了对民族地区基础设施的建设，同时通过一系列财税政策鼓励民族地区建企脱贫（周巍，2018）。

这一阶段，民族地区农村扶贫开发工作扶贫效果明显。据统计，自 1986 年到 1993 年，民族地区经济实现了双倍增长，农村居民人均收入实现了翻倍。1986 年国家对贫困户收入界定标准为 208 元，贫困人口数量为 1.25 亿，至 1993 年收入标准则提高到 483 元，贫困人口数量减少至 8000 万，贫困发生率也从 14.8%降至 8.7%（郭鹏和余小方，2006）。纵观这一时期的扶贫政策，主要有三个特征：一是主要以县为单位作为扶贫对象；二是政府主要以贴息贷款的方式为扶贫企业提供扶持资金；三是通过在贫困县新建工业企业来进行开发式扶贫。

3.3.4 "八七"扶贫攻坚阶段（1994—2000 年）

随着开发式扶贫的进一步深入，我国扶贫工作取得明显成效，贫困人口数大量减少，人民生活水平日益提高，但是城乡区域性发展不平衡问题日益突出，尤其是集中在西南石山区、西北黄土高原区、秦巴山区以及青藏高寒区等地以及中国其他少数民族地区，其经济发展水平与发达地区差距逐渐拉大，贫困问题依然突出。因此，1994 年国家出台了《国家八七扶贫攻坚计划（1994-2000）》，明确提出要把解决少数民族贫困问题列为扶贫工作重点，少数民族地区的扶贫开发工作进入了"八七"扶贫攻坚阶段。

"八七"扶贫攻坚阶段重新调整了国定贫困县的标准，年人均纯收入低于400 元的县全部纳入，高于 700 元的一律退出。基于该标准，1994 年全国有592 个国家级贫困县，其中民族地区贫困县数量多至 257 个，在全国总量中占比 43.4%，民族地区成为我国扶贫攻坚的关键所在（李天华，2017）。此外，该阶段将区域性扶贫为主的扶贫策略调整为以村和户为扶贫对象，把扶贫资源直接交给贫困农户，并重点强调贫困人口基本温饱问题的解决。为了缓解民族地区贫困问题，1999 年初，国家民委、计委和财政部一起推出"兴边富民"工程，以推动民族地区经济发展（周民良，2016）。

在"八七"扶贫工作的推动下，我国扶贫工作成效显著。据资料统计，在 1993 至 2000 这七年内，我国农村贫困人口从 8000 万降低至 3000 万，贫困发生率进一步降低到 3%（赵慧珠，2007）。就民族八省区来说，在 1995—1999 年期间，贫困人口数量从 2086 万减少到 1185 万，同时贫困发生率也从15.6%降低到 8.7%。从民族八省的地方财政收入来说，1994 年到 2000 年总体增加了 136.01%，平均每年实现 15.57% 的增幅，在此期间，农村居民纯收入比 1994 年增长了 49.36%，年均增长率为 7.43% ①。整体而言，民族地区贫困状况得到改善，但我国民族地区脱贫工作仍然任重道远。

3.3.5 扶贫开发阶段（2001—2011 年）

在 21 世纪初，我国在整体上步入了小康社会，但由于地区发展不平衡，我国中西部的少数民族地区仍处在贫困状态。在此背景下，2001 年党中央颁布了《中国农村扶贫开发纲要（2001—2010 年）》，提出我国扶贫工作应向巩固温饱发展，将绝对贫困和低收入群体作为扶贫工作的重点；扶贫的区域对象从 592 个重点县进一步细化为 14.8 万个重点村，将沿海发达地区原有的贫困县取消，与此同时将中西部部分贫困地区定为贫困县。

在此阶段的具体扶贫措施上，强调扶贫资源到村到户，用参与式的方式选择贫困户和扶贫项目，这些措施都大大改进了扶贫机制。具体而言，一方面，我国将西部贫困地区作为扶贫开发工作的重点，将扶贫对象锁定在贫困村，并从推动村落整体发展、加强农村劳动力培训以及扶持当地产业发展三大方面着手；另一方面，在提供一系列财税优惠政策的同时，国家也加大了对民族贫困地区基础设施建设和教育投入强度，引导民族地区群众根据市场发展需求来开发当地特色资源、调整产业结构以提高群众的生活水平。此外，国家在 2007 年出台了《少数民族事业"十一五"规划》，指出要对农村居民施行最低生活保障，建立并逐步完善社会救治体系，如新型农村合作医疗制度和农村养老保险制度等，保障少数民族贫困群众的基本生活。

在此阶段，我国民族扶贫工作进展明显，贫困人口数量进一步减少、贫困发生率也大幅下降。在 2000 年到 2013 年期间，民族地区贫困人口数量从 5040 万减少至 2562 万，同时贫困发生率也降低了 17%（张丽君，2017）。资料显示，从 2001 年到 2011 年，民族地区经济总量由 8179 亿元增长到 47916 亿元，人均 GDP 增长了五倍，农村居民收入实现年增长率 8.8%。但由于长期以来多种因素的交叉影响，民族地区脱贫任务仍然十分艰巨。

3.3.6 精准扶贫阶段（2012 年至今）

在 2012 年，党的十八大提出了到 2020 年实现全面小康社会建设的目标，

---

① 中国统计局. 中国民族统计年鉴（2014）［M］. 北京：中国统计出版社，2015：216-289。

这为少数民族地区的扶贫工作提供了新的指导纲领。为实现这一宏伟目标，习近平总书记在 2013 年又提出了精准扶贫的概念；2015 年 5 月党中央提出了"六个精准"，即在扶贫对象、项目安排、资金使用、措施到位、因村派人以及脱贫成效方面做到精准扶贫。随后，习近平总书记在 2017 年针对深度贫困地区脱贫问题主持召开了座谈会，提出加大政策倾斜力度，集中解决深度贫困问题，形成了系统的精准扶贫战略思想，指出了我国精准扶贫工作的重点所在就是聚焦深度贫困地区。此后，国家又针对深度贫困地区的精准扶贫工作进行了全面部署。

精准扶贫是解决深度贫困问题的重要方法，这就要求以"六大精准"为措施，并结合贫困人口特征有针对性的、因地制宜地实施扶贫措施。以往扶贫工作多是以区域为对象，而针对具体村和贫困户的扶贫工作却十分缺乏。在此脱贫攻坚的关键时期，国家精准扶贫政策更多地关注在每一户的贫困人口上。根据精准扶贫的相关要求，对民族地区贫困人口进行建档立卡，同时通过信息化和动态化的管理来将扶贫举措具体落实到每一户。除了更精准的识别扶贫对象，精准扶贫政策与项目也更符合贫困人口实际所需，扶贫措施也得到切实落地，在扶贫资金的使用上也更公开透明，这些都使得最终的扶贫效果更突出。

在此阶段，国家不断加大对民族地区脱贫攻坚的支持力度，对民族八省区的中央财政专项扶贫资金投入逐年递增，其增长速度高于全国整体水平。2016—2018 年，对民族八省区的中央财政专项扶贫资金投入达到 1133.1 亿元，占全国总投入的 43.9%（全国总投入为 2582.85 亿元），为民族地区攻克深度贫困堡垒、打赢打好脱贫攻坚战提供了坚强保障。其中，2018 年国家对民族八省区的扶贫资金占全国总量的 45.8%，比 2013 年增加了 32.4%①。在这一系列的扶贫政策支持下，民族地区居民收入实现较大增长，贫困人口数量大幅降低。截至 2019 年底，民族八省区贫困人口从 2012 年的 3121 万人降至 119 万人，贫困发生率从 20.8% 降至 0.79%②。我国扶贫工作正处于决胜时刻，精准扶贫政策的贯彻落实有助于推动我国扶贫目标的如期实现、最终实现

① 国家民委 .2018 年民族地区农村贫困监测情况 ［EB/OL］. https：//www. neac. gov. cn/seac/jjfz/202001/1139406. shtml，2020-01-03.

② 中国经济网 . 国家民委主任：民族八省区贫困人口发生率已从 4% 下降到 0.79%［EB/OL］. http：//www. ce. cn/xwzx/gnsz/gdxw/202001/11/t20200111 _ 34102676. shtml，2020-01-11.

全面小康社会建设宏伟目标。

3.4 湖北恩施自治州贫困与扶贫实践

3.4.1 恩施州概况

恩施土家族苗族自治州位于湖北省西南部，首府为恩施市。恩施州主要由巫山、武陵山、大娄山等山脉组成。全州土地面积24061.25平方千米，占全省面积的12.89%。其南部接湖南省的湘西土家族苗族自治州与张家界，西部和北部连接重庆市黔江与万州等地，东部与东北部分别毗邻宜昌市和神农架林区。恩施州作为我国中部与西部地区的交通枢纽，其境内318国道和209国道是贯通我国东、南、西、北各省份的重要通道，再加上宜万铁路、沪蓉高速公路的建成通车，有效促进了我国东、中地区和西部地区政治、经济、文化的交流。

恩施州是湖北省唯一的少数民族自治州，同时也是唯一被纳入国家西部大开发的地区，其境内地势东北部高、中部低，地形地貌复杂，以高原型山地为主。恩施州属于亚热带山地季风性温润气候，雨量充沛，四季分明。小气候明显，易发生阴雨、洪涝、低温冷害、冰雹、大风等气象灾害。

恩施州资源富集度高，享有"华中药库""烟草王国"等美誉。水能、风能、太阳能、生物能等能源资源丰富；矿产资源种类多达75种，其中硒矿储量世界第一，生物物种丰富多样、森林资源覆盖率高达66%；旅游资源品位高，组合性强，开发前景广阔，不仅自然景观丰富，如长江三峡、八百里清江画廊、恩施大峡谷等，而且有绚烂多彩的历史人文景观，如土家族、苗族等少数民族文化以及"红色文化""抗战文化"等。

3.4.2 区域经济整体状况

根据2019年恩施州国民经济和社会发展统计公报数据可知①，在生产总值方面，2019年恩施州整体经济总量达1159.37亿元，较上一年实现了6.6%的增长率。其中，第一产业实现了3.5%的增长，第二产业增长5.5%，第三产业增长8.1%，产业结构进一步优化。三种产业结构比例由2018年的

---

① 恩施土家族苗族自治州统计局.2019年恩施州国民经济和社会发展统计公报[EB/OL]. http://tjj.enshi.gov.cn/2020/0410/969306.shtml, 2020-04-10.

19.1∶34.0∶46.9 调整为 15.6∶25.8∶58.6。第一、二产业比重持续下降，第三产业比重继续提高。根据年均常住人口数量计算可得恩施州 2019 年的人均 GDP 产值为 34259 元。

在市场主体方面，至 2019 年底恩施州市场主体数量达 29.27 万户，较去年增加了 13.2%。其中包括 5.63 万户企业类市场主体，22.36 万户个体工商户和 1.28 万户农民专业合作社；新登记的市场主体总和为 5.4 万户，其中有 1.07 万户企业类市场主体。

在物价水平方面，2019 恩施居民消费价格比 2018 年增加 3.1%，商品零售价格增加 1.9%。在食品烟酒、衣物、居住、生活用品和服务、交通和通信、教育文化和娱乐、医疗保健以及其他用品和服务这八大类商品的价格涨幅中，食品烟酒的价格涨幅最大（7.6%），其次为居住价格（3.2%），涨幅较低的为教育文化和娱乐（0.4%）、生活用品和服务价格（0.7%）。

在人均收入和支出方面，2019 年人均可支配收入为 18203 元，较上年实现了 9.7% 的涨幅，人均生活消费支出 14294 元，降幅 11.5%。就人均可支配收入来说，农村居民为 11620 元，涨幅 10.4%，城镇居民 31561 元，涨幅 9.1%。从人均生活消费支出来看，农村居民为 9880 元，涨幅 12.2%，城镇居民为 23251 元，涨幅 10.9%。就恩格尔系数来看，恩施州整体为 35.79%，其中农村地区 39.35%，城镇地区 32.73%。

在投资和零售方面，2019 年社会消费品零售总额为 685.81 亿元，较 2018 年上涨 11.2%。具体来说，批发零售业销售总额 608.12 亿元（上涨率 11.1%），住宿餐饮业营业额为 77.68 亿元（上涨率 11.9%）。通过公共网络这一途径，限额以上企业的销售额较 2018 年实现了 38.8% 的涨幅，固定资产投资强度较 2018 年也上涨了 11%。就不同产业来说，第一、二、三产业的投资力度分别上涨了 10%、11.4% 和 11%。全年地方财政总收入 174.04 亿元，比上年增长了 1.7%。

总体而言，在"十三五"时期，恩施州的经济发展呈稳中向好趋势发展，即将在 2020 年完成"十三五"规划的任务目标，为实现 2020 年全面建设小康社会奠定了基础。

3.4.3 贫困现状

截至 2017 年，恩施州尚有 455 个贫困村、16.85 万户、49.53 万人未脱贫，全州贫困发生率为 11.6%，高于全国 8.5 个百分点、全省 6.5 个百分点。非重点贫困村留存贫困人口 28.8 万人，占全州留存总数的 70.45%。2018 年，恩施州现留存了 14 万户、40.9 万贫困人口，其中因病、因残、因缺劳力、因缺资金致贫的分别占 36.9%、10.5%、10%、12.8%①。

2019 年末，恩施州年末留存贫困人口 7981 人，贫困发生率 0.23%，三次产业结构比为 15.6：25.8：58.6。2019 年度累计实现 GDP 约 1159.37 亿元，其人均 GDP 约 3.42 万人民币元，按年平均汇率换算约合 0.50 万美元，约为全国年人均水平一半（2019 年全国人均 GDP 约合 1.03 万美元），二者仍然有巨大差距②。具体来看，2019 年，恩施市、来凤县、鹤峰县、咸丰县、利川市、巴东县、建始县、宣恩县的人均 GDP 分别为 0.7、0.49、0.48、0.45、0.44、0.43 万美元，都远远低于全国人均水平③。这说明虽然恩施州脱贫攻坚虽取得突破性进展，大部分县已经脱贫摘帽，但是扶贫未富、脱贫未富和脱贫返贫的现象还广泛存在，大多数民族地区农户仍未达到小康水平，要达到 2020 年全面建成小康社会的目标，恩施州还需要继续稳定地推进扶贫工作。

3.4.4　扶贫实践

1. 特色资源产业扶贫

（1）加大财政投资，建设特色产业基地

2019 年，恩施州加大对产业扶贫工程的投资，全年投入资金 16.39 亿元，新增产业基地面积 40 万亩，全州特色产业基地面积达 675 万亩，农民人均达 2.1 亩；发放扶贫小额信贷 4.64 亿元，帮助 1.09 万户贫困户发展脱贫产业④。

（2）龙头企业带销，商场超市直销

2019 年恩施州先后向州内各大商超、批发市场推送了 100 多家州内农产品生产企业和专业合作社，指导全州商超市场拓展采购渠道，迅速落实采购计划，签订采购协议，促进本地农产品销售。同时，依托东西部扶贫协作，对接

---

① 荆楚扶贫网．恩施州脱贫攻坚：累计减贫近 60 万人居湖北第一 [EB/OL]．http：//hbfp.cnhubei.com/2017/1019/376380.shtml，2017-10-19．

② 恩施州人民政府网．2019 年政府工作报告 [EB/OL]．http：//www.enshi.gov.cn/2019/0131/701018.shtml？mobile＝yes，2019-01-31．

③ 2019 年度湖北恩施州各区县市人均 GDP 数据最新排位，恩施市第一！[EB/OL]．https：//baijiahao.baidu.com/s？id＝1670805772186285527&wfr＝spider&for＝pc，2019-06-30．

④ 恩施土家族苗族自治州人民政府．恩施州扶贫办 2019 年工作总结 [EB/OL]．http：//www.enshi.gov.cn 20200109984156.shtml，2020-01-09．

杭州市外销恩施州农特产品；通过商务部九省联保联供机制，与商务部市场运行司协调恩施州大宗农产品外销问题①。

（3）推进招商引资，健全上下游产业链

2018 年上半年，恩施州招商引资到资超 200 亿元，同比增长 30%，新签约项目 89 个，投资总额 420 亿元；新开工项目 68 个，投资总额 240 亿元；新投产项目 18 个，投资总额 17 亿元②。截止到 2018 年末，恩施州新签约千万元以上项目 247 个，合同金额 1042 亿元；新开工千万元以上项目 237 个，投资总额 492 亿元，招商引资实际到资 375 亿元③。

2019 年，恩施全年招商引资引进省外资金 181 亿元，增长 14%；新开工亿元以上产业项目 92 个、新投产亿元以上产业项目 41 个，分别增长 18% 和 24%④。47 家浙商在恩施投资兴业，吸纳贫困人口就业 1103 人；共建产业园区 17 个，引导 28 家企业入驻园区，吸纳贫困人口就业 670 人。2019 年，恩施引进了动力电池生产项目并签署正式投资协议，这是恩施招商引资以来引进的最大项目，总投资约 20 亿，初步预计年收入 40 亿以上⑤。除此之外，恩施在 2019 年还引进了金属再生资源回收加工、硒香薯、1.5T 磁共振及数字血管造影机配套设备等项目，同时与红太阳集团、中铁磁浮交通投资建设有限公司、远翔等企业签署正式投资协议。

2. 电商扶贫

作为偏远崎岖的民族山区，恩施州发展特色农业的难点在于寻找合适的销售市场，这就需要电子商务平台的牵线搭桥。但由于恩施州属于"老、少、边、山、库"区，技术、资金、基础设施以及人员方面的不足，使得电子商务发展缓慢。基于此，近年来，当地政府加大电子商务扶贫推进力度，助推民

① 恩施土家族苗族自治州扶贫开发办公室．消费扶贫的商务担当［EB/OL］．http：//fpb. enshi. gov. cn/2020/0616/1005092. shtml，2020-06-16.

② 搜狐网．上半年恩施州招商引资到资超 200 亿元［EB/OL］．https：//m. sohu. com/a/239557595_267787，2018-07-06.

③ 恩施新闻网．栽好招商引资"梧桐树"［EB/OL］．http：//www. enshi. cn/2019/0131/700753. shtml，2019-01-31.

④ 恩施土家族苗族自治州商务（招商）．2019 年 1-12 月商务经济运行快报［EB/OL］．http：//swj. enshi. gov. cn/2020/0205/955309. shtml，2020-02-05.

⑤ 钜大锂电．湖北恩施引进的最大工业项目——动力电池生产项目［EB/OL］．http：//www. juda. cn/news/57353. html，2019-01-14.

族山区特色农业发展,恩施州始终把消费扶贫作为重点工作,积极对接中国电子商务中心、省商务厅和杭州市商务局等,组织开展电商助农系列活动,支持消费扶贫。

(1)助推直播带货

恩施州借助直播平台为特色农产品开辟新销售渠道,恩施市、利川市、建始县已经成为"湖北省淘宝直播村淘第一批试点县"。2019年,多名副市长、副县长参与了湖北省农村电商发展峰会暨淘宝直播村播活动,县市政府领导在线向网友推荐恩施当地特色农产品,3个半小时直播吸引52.64万人在线观看和下单购买,展现了强大的流量变现能力。2019年3月30日,利川作为全国首批淘宝直播样板创建县,成为首个落地阿里巴巴"村播计划"的县域。截至2019年,利川市共有1099名农民接受网红培训,网红累计发布作品1716件,作品吸引粉丝37.2万人,作品累计播放2.4亿次,利川市被阿里巴巴评为全国首个农民网红县①。这些农民网红通过淘宝直播的方式,把恩施土特产和丰富的旅游资源推荐给广大的网友们,带货能力强的农民网红甚至能在一个小时之内卖出几千单,大大助力了恩施农产品的上行。

(2)加强与头部电商企业合作

自2015年以来,恩施积极发挥电商扶贫优势,与阿里巴巴、京东商城、苏宁易购、供销e家、邮乐网等各类传统电商、社交电商平台、"电商扶贫联盟"服务平台以及"暖心"系列网络直播等新平台建立合作关系,推动农产品上行,助力脱贫攻坚。

(3)打造电商消费扶贫模式

聚焦东西部扶贫协作任务,持续打造"硒品入杭""1+8+X"消费扶贫模式,推进硒品进杭州。采用"请进来"和"走出去"相结合的方式,开展"电商助农·杭州行动"系列活动,与浙江蓝犀信息技术有限公司对接合作,扩大恩施特色农产品在浙江市场销售份额。组织开展杭州专题招商活动,吸引一批优质企业到恩施投资兴业,带动我州产业发展,力争全州东西部扶贫协作消费扶贫金额突破10亿元,带动贫困群众持续增收②。

(4)积极开展电商培训

---

① 搜狐网.快围观!恩施县市领导直播间卖货52万粉丝观看、下单[EB/OL].
https://www.sohu.com/a/359198105_187560,2019-12-08.

② 恩施州扶贫开发办公室.恩施州商务部门聚焦脱贫攻坚四大任务结硬账[EB/OL].http://fpb.enshi.gov.cn/2020/0513/980141.shtml,2020-05-13.

近年来，恩施州先后邀请淘宝直播、抖音、快手、有播等20余家电商平台，谦寻、如涵、蚊子会、遥望科技、藤椒互娱等5家机构积极参加恩施州农特产品直播推介，与恩施州本地电商、运营商对接，开展电商运营培训，为电商扶贫赋能①。

3. 公共服务扶贫

2019年恩施州立足贫困生源义务教育全保障，全年共发放教育资助资金2.69亿元，惠及贫困学生23.4万人次，实现全州义务教育阶段入学率100%、巩固率98.48%；深入实施"草根创业就业提升计划"，大力促进有劳动能力的贫困人口就地就近就业创业，累计组织产业就业免费培训2.59万人次，20.29万贫困人口实现外出就业、16.1万贫困人口实现就近就业；大力加强基本医疗有保障，认真执行"四位一体"医疗保障政策，严格落实"分级诊疗"、"先诊疗后付费"、"一站式、一票制"等制度，贫困人口基本医疗保险参保率达到100%，实现贫困人口大病保险、补充保险、医疗救助全覆盖；积极保障住房安全，扎实推进易地扶贫搬迁和农村危房改造，完成24.28万人易地扶贫搬迁任务，实施"四类"重点对象危房改造1.88万户、非"四类"对象危房改造近3万户，基本实现农村"人不住危房、危房不住人"。积极解决饮水安全问题，巩固提升31.26万农村人口饮水安全，实现安全饮水问题"清零"与此同时，恩施州立足兜住底线，精准落实兜底政策，2019年发放各类兜底保障资金12.03亿元，惠及贫困人口22.4万人②。

4. 基础设施扶贫

2019年，全州县级脱贫攻坚项目库共入库项目8508个，实施项目7518个，新建农村公路3998公里，实现村村通硬化公路目标；新建及改造10千伏线路2374公里、配变台区2066个、增容21.5万千伏安，与此同时加大光伏扶贫政策落实力度，共实施光伏扶贫项目309个，电站容量4.08万千瓦，全部申报纳入国家补贴，惠及贫困村367个、贫困户6979户③，全面解决了农

---

① 恩施州扶贫开发办公室. 消费扶贫的商务担当［EB/OL］. http：//fpb. enshi. gov. cn/2020/0616/1005092. shtml，2020-06-16.

② 恩施土家族苗族自治州人民政府. 恩施州扶贫办2019年工作总结［EB/OL］. http：//www. enshi. gov. cn 20200109984156. shtml，2020-01-09.

③ 恩施土家族苗族自治州人民政府. 恩施州扶贫办2019年工作总结［EB/OL］. http：//www. enshi. gov. cn 20200109984156. shtml，2020-01-09.

村低电压和生产生活用电卡口问题；加强通信设施建设，新建 4899 个移动基站，实现村村通有线宽带和 4G 网络。此外，恩施州深入实施生态补偿扶贫工程，落实生态扶贫补助资金 2.25 亿元，惠及贫困人口 44.8 万人。

5. 社会扶贫

自 2015 年以来，恩施州深度挖掘自身各类优势资源，通过大力开发特色旅游，聚焦特色产业编撰了完整的《恩施州产品信息名录》。同时大力对外宣传恩施名片，建立客户档案，加强恩施与外界社会的联系，动员与激励广泛的社会力量深度参与恩施州扶贫工作中。

2019 年恩施州全力推进携手奔小康行动，扎实推进"名誉村长走亲连心 1+5 行动"，211 家杭州企业和社会组织与恩施州 238 个贫困村结对，131 位企业家和社会组织负责人担任 166 个贫困村的"名誉村长"，并深入推进"千企帮千村"行动，1631 家民营企业结对帮扶 1134 个村，729 个贫困村实现全覆盖，共投入帮扶资金 17.34 亿元，带动 25.58 万贫困人口脱贫。此外健全留守儿童、留守妇女、留守老人和特困残疾人关爱服务体系，动员组建扶贫志愿服务团队 109 支，4.9 万名志愿者与爱心人士积极开展志愿服务。恩施州通过建立贫困留守儿童数据库，9155 名志愿者与 4388 名贫困留守儿童实行结对帮扶，筹集善款 468.7 万元，解决了一大批农村留守贫困老人与残疾人关爱帮扶难题①。

---

① 恩施土家族苗族自治州人民政府 . 恩施州扶贫办 2019 年工作总结 ［EB/OL］. http：//www.enshi.gov.cn 20200109984156.shtml，2020-01-09.

4　民族地区电商扶贫模式与机理分析

新中国成立以来，我国民族地区的扶贫政策经历了一系列重大演变，从最初的救济式扶贫发展到如今的精准扶贫，扶贫政策的针对性、科学性和有效性不断提升，脱贫减贫工作取得了巨大进展。然而，由于民族地区历史和现实的特殊性，致贫因素复杂多样，不少地区脱贫任务依然艰巨，恩施州即是一个典型例子。就破解民族地区多维贫困难题而言，创新扶贫模式势在必行。电商扶贫是我国脱贫攻坚工作所采取的新手段和新模式，其助力民族地区反贫困的作用尤为突出，因而研究其运作机制和扶贫机理具有重要意义。本章首先从理论上分析了民族地区电商运行机制，从不同角度梳理总结不同的电商扶贫模式，随后从增收、减支、赋能三方面分析了电商扶贫机理，并系统梳理了湖北省恩施土家族苗族自治州电商扶贫实践情况。

4.1　电商扶贫的缘起和运行机制

4.1.1　国家和地方政府的政策支持

1. 国家层面支持农村电商发展

在互联网的催化作用下，我国电子商务蓬勃发展。在消费升级和市场下沉的带动下，我国电子商务逐渐延伸到农村地区，加上国家对农村电商发展一直以来的支持，农村电子商务快速发展壮大。在扶贫攻坚的背景下，电商扶贫作为一种新型扶贫手段，已经上升到了国家战略的高度。国家对农村电商发展的支持早在 2010 年和 2012 年的中央一号文件中就有所体现，随后在 2014 年中央一号文件也指出了加快建设农村电子商务平台的重要性，提出要将农产品更迅速、深入地推送至城市消费者。此后，国家陆续出台相关政策规划，支持和推动农村电子商务的发展，相关政策如表 4-1 所示。

表 4-1　　**2014—2016 年国家层面涉及农村电商发展的政策汇总**

发布时间	发布单位及文件名
2014 年 2 月 27 日	商务部等 13 部门《关于进一步加强农产品市场体系建设的指导意见》
2015 年 1 月 9 日	中华全国供销合作总社《关于加快推进电子商务发展的意见》（供销经字〔2015〕1 号）
2015 年 2 月 1 日	中共中央、国务院《关于加大改革创新力度加快农业现代化建设的若干意见》（中发〔2015〕1 号）
2015 年 2 月 16 日	交通运输部、农业部、供销合作总社、国家邮政局《关于协同推进农村物流健康发展加快服务农业现代化的若干意见》（交运发〔2015〕25 号）
2015 年 4 月 2 日	中共中央、国务院《关于深化供销合作社综合改革的决定》（中发〔2015〕11 号）
2015 年 4 月 7 日	共青团中央办公厅、商务部《关于实施农村青年电商培育工程的通知》（中青办联发〔2015〕5 号）
2015 年 5 月 7 日	国务院办公厅《关于大力发展电子商务加快培育经济新动力的意见》（国发〔2015〕24 号）
2015 年 6 月 2 日	财政部关于印发《农业综合开发推进农业适度规模经营的指导意见》的通知（财发〔2015〕12 号）
2015 年 7 月 4 日	国务院《关于积极推进"互联网+"行动的指导意见》（国发〔2015〕40 号）
2015 年 8 月 7 日	国务院办公厅《关于加快转变农业发展方式的意见》（国办发〔2015〕59 号）
2015 年 8 月 21 日	商务部等 19 部门《关于加快发展农村电子商务的意见》（商建发〔2015〕306 号）
2015 年 9 月 6 日	商务部等 10 部委印发《全国农产品市场体系发展规划》
2015 年 9 月 29 日	农业部、国家发展改革委、商务部印发《推进农业电子商务发展行动计划》
2015 年 8 月 31 日	国务院办公厅《关于推进线上线下互动加快商贸流通创新发展转型升级的意见》（国办发〔2015〕72 号）
2015 年 11 月 9 日	国务院办公厅《关于促进农村电子商务加快发展的指导意见》（国办发〔2015〕78 号）

续表

发布时间	发布单位及文件名
2015 年 11 月 29 日	中共中央、国务院《关于打赢脱贫攻坚战的决定》
2015 年 12 月 31 日	中共中央、国务院《关于落实发展新理念加快农业现代化实现全面小康目标的若干意见》（2016 年中央一号文件）
2016 年 1 月 11 日	农业部办公厅《关于印发农业电子商务试点方案的通知》（农办市〔2015〕1 号）
2016 年 1 月 18 日	农业部《关于扎实做好 2016 年农业农村经济工作的意见》（农发〔2016〕1 号）
2016 年 3 月 17 日	商务部等六部门《关于印发全国电子商务物流发展专项规划（2016—2020）的通知》（商流通发〔2016〕85 号）
2016 年 4 月 21 日	国务院办公厅《关于深入实施"互联网+流通"行动计划的意见》（国办发〔2016〕24 号）
2016 年 6 月 6 日	农业部、国家发展改革委、中央网信办等 8 部门联合印发《"互联网+"现代农业三年行动实施方案》（农市发〔2015〕2 号）
2016 年 10 月 29 日	中央网信办、国家发展改革委、扶贫办联合印发《网络扶贫行动计划》
2016 年 11 月 23 日	国务院扶贫开发领导小组办公室、国家发展改革委、农业部等 16 部门联合出台《关于促进电商精准扶贫的指导意见》（国开办发〔2016〕40 号）

资料来源：笔者整理

2. 国家层面支持电商扶贫

从 2011 年开始，我国学者就提出了电商扶贫这一方式，2014 年电商扶贫首次被正式纳入我国主流的扶贫政策和工作体系中。2015 年电商扶贫被确定为精准扶贫的十大工程之一。同年，《中共中央国务院关于打赢脱贫攻坚战的决定》明确强调要从扩大通讯网络覆盖力度、完善物流配送设施、发展农村企业、培养电商专业人才、财政补贴和贷款支持、提高金融服务水平等方面来加大对电商扶贫的支持，从而加快电商扶贫的进程，增强脱贫效果。

除了出台政策指导外，国家也将电商扶贫政策落实到实际中。2015 年，国务院扶贫办在甘肃陇南设立扶贫试点。同年，国务院扶贫办与苏宁集团进行战略合作，先后开展两批电商扶贫试点，扶贫试点规模从第一批的 100 个增加到第二批的 104 个，覆盖 18 个省份。2016 年 1 月，国务院与电商龙头企业签订协议，将以 200 个贫困县作为扶贫试点，力图帮助 200 万贫困人口脱离贫困现状。同年 11 月，由 16 个中央部门联合印发的《关于促进电商精准扶贫的指导意见》强调了在开展电商扶贫的过程中要逐渐实现对有条件贫困地区的三个全覆盖：一是对有条件的贫困地区实现电商进农村综合示范全覆盖；二是对有条件发展农村电商的贫困地区实现电商扶贫全覆盖；三是第三方电商平台对有条件的贫困地区实现电商扶贫全覆盖。该文件指出，要帮助贫困县逐渐完善电商扶贫的行政推进、公共服务、配套政策、配送系统、人才培养等体系，在 2020 年建设 6 万个以上的农村电商扶贫点，扶持电商扶贫示范网店 4 万家以上，贫困县农村电商的年销售额达到 2016 年的两倍以上。

3. 民族地区政府支持农村电商与电商扶贫发展

现阶段农村电商在我国民族地区的发展相对滞后，一系列农村电商发展的政策于《中共中央国务院关于打赢脱贫攻坚战的决定》之后相继出台（见表 4-2）。以贵州省为例，为进一步贯彻落实省委、省政府《关于坚决打赢扶贫攻坚战确保同步全面建成小康社会的决定》等文件，贵州省创新扶贫模式，将电子商务扶贫作为新的扶贫手段，并制定电商扶贫方案，将 56 个国家级、省级电子商务进农村综合示范县为重点区域，9000 个贫困村作为重点对象，1970 个少数民族特困地区和 65 个人口数量较少民族贫困村作为精准扶贫对象，重点以政府为主导，通过完善市场机制、配套基础设施建设来增加贫困农户收入和增收渠道。具体而言包括：从 2015 年到 2017 年，建设一批农村电子商务服务点；鼓励涉农企业进行线上销售，培育农村电子商务企业；加强对农户电商技能的培训；打造适合互联网销售的农产品品牌；构建贫困村公共服务联盟体系，为贫困户实现电商创业就业提供平台；完善农村配送体系，降低商品流通成本。贫困户得以享受电商服务，方便网上销售产品及购买生产生活所需；力争到 2020 年，村级电子商务服务点覆盖率达到 90%。

表 4-2　　　　　　　民族八省区支持农村电商发展的政策汇总

民族八省区	政 策 名 称
内蒙古	《内蒙古自治区加快电子商务发展的若干政策规定》
宁夏	《宁夏回族自治区人民政府办公厅关于实施农村电子商务筑梦计划的意见》
西藏	《2016 年西藏扶贫攻坚实施方案》

民族八省区	政 策 名 称
新疆	《新疆维吾尔自治区关于深入推进农村电子商务工作的指导意见》
广西	广西壮族自治区人民政府办公厅关于印发《2015—2017年全区农村电子商务工作实施方案》的通知
青海	《青海省加快电子商务发展的政策措施》
云南	《云南省人民政府关于促进电子商务及跨境电子商务发展的实施意见》
贵州	《贵州省人民政府关于大力发展电子商务的实施意见》

资料来源：笔者整理

4.1.2 电商扶贫运行机制

电商扶贫是在政府主导支持下，通过电商平台和贫困户两大主体利益联结的方式推进运行的。其中，贫困户可以通过电商平台获取市场信息、购买质优价廉的生活用品和生产资料、进行产品销售，进而降低交易成本、增加收入助其脱贫。电子商务能够通过"消费品下乡"和"农产品+旅游服务"上行获得农村的庞大消费市场和供给资源，进而构建农村电子商务市场生态系统。政府可以借助社会参与提升扶贫精准度，从而提高扶贫效率，促进不同社会主体间资源共享和互助。具体而言，电商扶贫的运行机制主要体现在以下几方面。

1. 外部资源注入机制

资源的匮乏是农村贫困产生的根本原因，农村资源的贫乏不仅仅体现在资金、技术和人才等方面，更体现在农户根深蒂固的传统封闭思想上。封闭思想阻碍了农户对社会资源的接纳，导致农村与市场资源"脱嵌"，形成市场和信息孤岛。缺乏交易市场和市场信息，农户只能通过出售初级未加工产品来获得少量的收入。而电商扶贫正是将城市资源引入农村的承载体，帮助农户打开城市新市场，同时也能推动城市帮扶农村、缩小城乡差距和驱动农村劳动力就近创业就业。此外，政府机构、社会公益组织和爱心人士等组织或个人对电商相关资源的注入进一步激发了电商扶贫的活力，促进电商扶贫的持久运行从而巩固脱贫效果。

2. 强智赋能内驱机制

电商扶贫通过给贫困群体提供劳动素养、电商技能、经营理念等方面的培训，能够再造贫困群体的市场意识，提高其学习和认识能力，有利于实现能力脱贫。电子商务在贫困地区的推广，可以让贫困群众在思想上得到新的认识，意识上得到新的提升，已有成功案例能起到很好的示范作用。电商扶贫免费培训体系和电商公共服务等相关举措能提高贫困农户信息技术能力，增加其信息获取渠道，降低了信息的不对称性，帮助贫困地区优质特色资源的变现，实现电商扶贫由"授之以鱼"向"授之以渔"的转变。同时，在参与电子商务的过程中，贫困农户的思想观念也会得到改变，使得其对电商相关技能的学习更加积极主动。此外，电子商务在帮助贫困群体销售产品的过程中也培养了其品牌意识，提高了其人力资本水平。

3. 多元化帮扶机制

电商扶贫的多元化帮扶主要体现在两方面：一方面，电商系统拥有开放、平等的系统结构，贫困农户在电商系统内可与大企业拥有对等的市场地位，并可能通过自身努力成为电商市场系统内的重要节点甚至是中心；另一方面，扶贫力量也更加多元化，电商扶贫模式改变了以往扶贫以政府为主体的传统模式，开创了政府、电商企业、工商资本、社会群体和贫困群体等共同参与的农村扶贫新模式，从而可以发挥社会力量的扶贫潜力，最大限度地提高扶贫效率。

4. 市场桥接机制

空间贫困理论指出，农村家庭的收入和消费支出与其所处的地理环境具有显著相关关系，地理资本的匮乏会导致"空间贫困陷阱"的产生。与此同时，随着信息技术在各领域内的不断渗透，不同群体间的信息贫富差距逐渐出现，这种信息差距常被称作"信息鸿沟"（吴成杰，2018）。由于民族地区多处于山区等地理条件复杂区域，先天的地理劣势是其致贫的重要成因。同时，由于语言、习俗等存在差异，民族农村地区与外界缺乏足够的信息交流，导致了其与城市间的信息鸿沟。民族地区与市场的脱节是导致其贫困状态的重要原因之一，而电子商务能在二者间起到衔接作用。农村电商作为信息和市场载体，连接了民族地区与城市市场间的贸易往来，并且相对于传统城乡交易中的"批发转零售"形式，电商能使交易成本最小化，从而帮助农户获取最大效益，改善空间与信息劣势所造成的贫困状态。具体来说，电子商务在民族地区与城市市场间的桥接作用主要体现在主动促进和被动刺激两方面：一方面，电子商务帮助农户突破市场的时空限制，将小规模的农户与广阔的市场相连接，从而促使农村电商规模的扩张；另一方面，电商系统的开放性和平等性将使农户面临的市场竞争加大，这将刺激农户创新发展思路，深度融入电商产业链。总而言之，电子商务作为桥梁连接农户等各类市场主体，促进电商扶贫产业链的持续升级。

5. 获得感增强机制

扶贫的最终受益者是贫困户，扶贫效果评估的重要标准之一就是贫困群体对扶贫方式的认同。通过利用相对公平开放的互联网平台，电商扶贫能将原本垄断的资源进行均等分配，为农户提供一种可得性强、门槛低、成本低的创业途径和兼业打工渠道，帮助贫困农户实现物质脱贫。电商扶贫的包容性和公平性特征削弱了传统市场环境对贫困农户创业就业的排斥，在此环境下产生了一大批创业脱贫致富的乡村榜样，为贫困农户群体树立了脱贫信心，有助于帮助贫困户实现精神脱贫。在农村这一"熟人社会"网络中，较先通过参与电商扶贫实现脱贫致富的乡村榜样会带动更多亲朋好友加入电商扶贫中，从而帮助其克服缺乏知识、机会和资本的心理恐惧门槛，鼓舞其通过电商扶贫自食其力而不是依赖救助实现脱贫。也就是说，电商扶贫通过提高贫困农户参与度和自信心来增强其获得感，进而激发其积极参与电商扶贫的内在动力。

6. 脱贫长效机制

公共经济学认为，贫困的主要表现是资源的稀缺，资源配置过程中资源欠缺的即为贫困者，而资源富足的即为富裕者。据此观点，扶贫实质上是通过政府调节和市场机制来分配扶贫资源、疏通流通渠道，促使资源再分配的公平。从长远来看，确保资源分配公平是帮助民族地区脱贫的重要途径。福利经济学强调外部干预对资源配置公平性的重要作用，电商扶贫的干预主要通过以下几种方式：其一，电商平台积聚了培训与融资等各种资源，一定程度上缩小了贫困地区农户与发达地区的资源差距；其二，电商创业和兼业提高了贫困地区农户的就业率，有助于提高其收入水平，从而促进收入分配公平；其三，电子商务使贫困地区农户与外界联系加强，贫困地区能获得与外界同等的社会服务。同时，贫困地区居民通过网络消费享受到更多便利，改变以往假冒伪劣商品充斥农村市场的局面，公平地消费与城市市场同质同价的商品和服务。

4.2　民族地区电商扶贫模式分析

4.2.1　基于生计资本的电商扶贫模式分析

1. 特色产业网络嵌入模式

特色产业网络嵌入模式是深度挖掘民族贫困地区特有资源和特色资源，依托电商打造特色产业链，从而实现提升民族地区贫困户"自然资本"的目标。具体来说，特色产业网络嵌入模式主要涉及四个方面内容：第一，立足本地农业资源优势。作为一种线上销售渠道，电子商务通常需要线下产业来支撑，因此民族地区电子商务扶贫应立足本地优势农业资源，对接本地特色产业，充分利用本地农村资源优势，做大做好本地产业来保障充足的产品上行。第二，以电商引导产业升级。随着区域产品知名度的提升，为了获得最大利益，农户容易采取产品以次充好、隐瞒虚假信息等机会主义行为，严重破坏市场交易秩序和农村电商生态系统。此外，线上交易无法接触真实产品，更加助长了劣质产品的交易。这就亟须民族地区政府对电商产业进行科学的规划、引导和监督。第三，线上线下融合发力。民族地区电商扶贫应充分利用信息技术，提升农业信息化水平，提高资源配置效率。第四，建立稳定的利益关系。在民族地区农村电商扶贫过程中，考虑到农户自身素质和能力的欠缺，单纯依靠农户自身很难顺利参与互联网市场。这就需要农户和各类帮扶主体建立稳定的利益关系，明确分工和合作。农户负责农产品的种植和生产，龙头企业和电商平台等帮扶主体对农户进行帮扶和引导，负责农产品的收购、品牌塑造和包装销售，定期对农户进行农技、营销知识以及信息技术的培训，积极鼓励农户利用互联网推广产品。

2. 电商人才助推模式

电商人才助推模式是通过电子商务知识的普及，引导民族地区贫困农户参与电商创业和就业，增加贫困农户增收渠道，从而提升"人力资本"。电商人才助推扶贫模式运作的关键在于首先要过程中要精准识别电商脱贫培训对象，并强调培训的内容的差异化和培训形式的多样化。电商扶贫首先需要将扶贫对象放在文化水平较高、有互联网交易经验的贫困户，然后由接受过扶贫的贫困户来带动未接受扶贫的农户参与到电商扶贫中。因此必须考虑贫困户的受教育程度、互联网接触程度、自我效能等因素，从而为有能力的贫困户提供电商创业和就业免费培训。与此同时，针对不同的电商扶贫参与主体，应进行差异化的专业化技能培训。对扶贫干部而言，强调对电商政策的学习；对电商创业者而言，强调电商运作理念和市场推广、品牌经营等方面知识的培训学习；对电商打工兼业者而言，应强调电商物流、包装和加工等方面知识的培训学习。与此同时，在培训过程中，应考虑线上线下多种培训形式相结合，线下通过授课的方式定期集中开展新型职业农民培育、返乡人员创业培训、农村实用人才带头人培训等，或者由相关部门举办电商论坛或者会议向农户普及电商知识；线上组织农户对其进行农技培训和农产品品牌推广等营销方式的学习。此外，采取基础培训、针对培训和订单培训相结合的形式，培养本地化的美工、客服、运营、软文等电商专业人才。

3. 公共服务能力提升模式

公共服务能力提升模式主要侧重于物质资本的提升，其作用是为电商扶贫加快工业品和农资下乡、农产品进城双向流通提供基础设施和服务保障，例如扶贫贴息、小额信贷、信息服务、电子政务等公共服务。公共服务能力提升模式应强调政策扶持和行业资源相结合。一方面，地方政府和扶贫办应专门成立电商发展办公室，结合当地资源和产业发展的实际情况，制定电商产业发展政策和规划，并负责项目招商。另一方面，重视行业资源的作用，鼓励和支持电商协会、供货联盟协会、农副产品研发协会、速递物流协会等行业协会的组建，将行业服务资源与地方扶贫政策相结合。同时，公共服务能力提升模式应着重依托公共服务平台实现产业规模化和专业化发展，通过建立统一的产品网络订制平台，将外地推广和本地生产相结合，统一产品形象、标准、材料供应和售后服务，对农产品进行品牌塑造、包装和推广，为产品的定向营销开拓市场，进一步实现电商产业规模化和专业化。

4. "农社企" 对接模式

随着经济转型和人口社会流动，农村社会阶层逐步分化，有的贫困人群可能丧失原有的社会地位、社会关系和对外交流的机遇，由于缺乏社会资本的支持而陷入"边缘性贫困"，使得扶贫问题变得更加困难。"农社企"对接模式是将合作社与电子商务平台、农业种养基地、农产品营销大户、大型超市以及贫困农户进行对接，从而达到提升贫困人群的社会资本的目的。社会资本的提高需要同时依靠政策、组织保障以及市场的力量。首先，需要组织保障政策、社会扶贫政策、社区管理服务政策等相关政策的指导；其次，利用相关组织来保障电商扶贫工作顺利推进，如政府部门成立电商扶贫领导小组，设立电商扶贫服务中心，并引导和鼓励企业和村镇签订合作签约结，为贫困村农产品销售提供保障。此外，电商企业也可通过发展产业、销售产品、吸纳贫困人口务工等方式帮扶贫困户。

4.2.2 基于利益联结机制的电商扶贫模式分析

电商扶贫通过优化资源分配，直接惠及贫困户或带动其加入电子商务产业链，探寻适合贫困户的脱贫途径。电商扶贫不同途径的差异在于以何种方式将电子商务与贫困户连接起来，概括而言，基于利益联结机制差异分类的电商扶贫模式主要包括电商直接扶贫模式、帮扶主体中介模式、合作社中介模式和龙头企业中介模式等（关洪军，2019）。

1. 电商直接扶贫模式

电商直接扶贫模式是指贫困户通过直接参与电子商务经营或参与电子商务产业分工两种方式直接受惠于电商扶贫的模式。直接参与电商是指贫困户作为电子商务的经营主体直接设立网店从事电商经营活动，而参与电商产业分工是指贫困户通过打工的方式参与到电商产业链分工中去，诸如加工、包装、运输等环节（见图4-1）或者是指贫困户将自己的产品通过其他人运营的电子商务网站进行销售从而间接获得电商红利，受益于电商发展带来整体基础设施和公共服务提升带来的溢出效应。一般而言，直接惠及贫困户模式多指直接参与电子商务经营或产业分工，这就要求贫困户必须具备从事电商活动的技能，相关电商技能和知识的培训就显得尤为重要。此外，对于首次参与电商经营的贫困户来说，适当的资金、技术和场地等方面的支持是鼓励其积极参与电商扶贫的关键。

2. 帮扶主体中介模式

帮扶主体中介模式是指在电子商务与贫困户之间加入了帮扶主体作为中介载体，帮扶主体在二者中起着重要的衔接作用从而更好地帮助贫困户实现脱贫（见图4-2）。根据帮扶主体所帮扶内容的差异，可以将其分为多种帮扶形式，例如，帮扶主体可帮助提供销售对象或对特定群体进行产品推介，从而使贫困户的产品能被更多消费者所接受并形成相对固定的消费群体，并据此以销定产来增加贫困户从事电商经营的收入。同时，帮扶主体也可能是为贫困户提供电

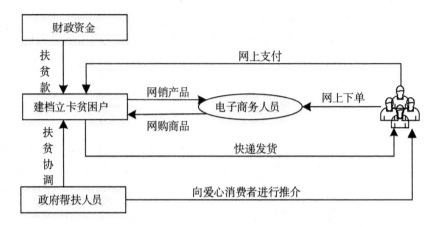

图 4-1　"贫困户+电子商务"的精准扶贫方式

资料来源：关洪军．电子商务精准扶贫研究［M］．经济科学出版社，2019.

商相关知识培训，通过专业指导来帮助贫困户提升电商经营技能或兼业从业技能。此外，帮扶主体还可能是为贫困户提供种子肥料、种养殖技术等，指导贫困户生产出电商适销产品，在提升生产效率的同时也提高产品质量，从而帮助贫困户获取更多农业生产收入。上述帮扶主体的各类帮助能推动贫困户逐渐形成独立自主从事电商经营的能力和胜任电商兼业的就业技能。

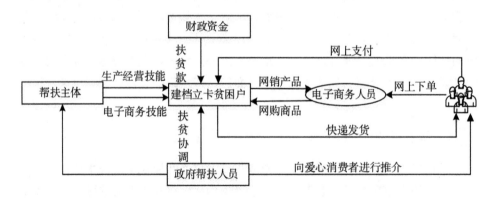

图 4-2　"贫困户+帮扶主体+电子商务"的精准扶贫方式

资料来源：关洪军．电子商务精准扶贫研究［M］．经济科学出版社，2019.

3. 合作社中介模式

合作社中介模式指在电子商务与贫困户之间加入合作社这一中介媒体，贫困户加入合作社能有效解决其产品小批量分散进入市场的困境，增强其组织化程度。合作社基于其自身资源和能力可以将电商市场需求和贫困户产品进行整合和匹配，通过进行统一的产品推介和品牌运作让更多分散的贫困户加入到电商产业链中，共享产业链整体收益的同时也能避免贫困户单独参与市场的风险。此外，合作社通过制定统一的生产标准对贫困户产品的质量进行把关，构建产品的质量安全溯源体系，能有效避免小农户生产可能带来的产品质量问题，从而培育贫困地区产品品牌，提高品牌的知名度，增加产品的附加价值，使更多贫困农户从中受益。如图 4-3 所示。

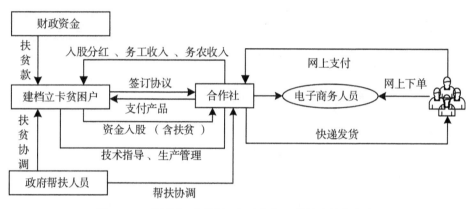

图 4-3　"贫困户+合作社+电子商务"的精准扶贫方式

资料来源：关洪军. 电子商务精准扶贫研究 ［M］. 经济科学出版社，2019.

4. 龙头企业中介模式

龙头企业中介模式是指在贫困户与电子商务间引入龙头企业作为中介，即让贫困户加入到龙头企业的产业链中。由于贫困户在信息来源、生产能力等方面的缺陷，其加入龙头企业的产业链往往需要合作社在其中进行衔接，贫困户与合作社签订合作协议并按时交付产品，再由合作社将产品交由龙头企业进行加工和销售。龙头企业通过吸引合作社进行资金入股来激励其充分发挥中介作用，同时合作社也助力龙头企业的品牌推广和产品销售，提高龙头企业销售收入的同时也实现合作社和贫困户收入的增加。除了合作社，贫困户也可借助政府帮扶主体来对接龙头企业，从而实现产品的电商交易，如图 4-4 所示。不管是直接加入龙头企业的产业链来加入电商扶贫，还是通过合作社或帮扶主体的中介途径加入，都是通过龙头企业与贫困户签订产销合同来保障贫困户参与电商产业链的收益。

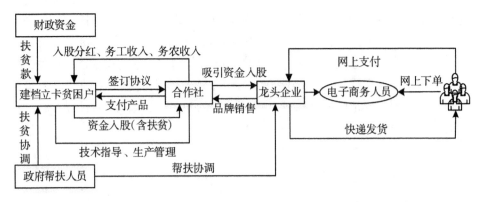

图 4-4　"贫困户+合作社+龙头企业+电子商务"的精准扶贫方式
资料来源：关洪军．电子商务精准扶贫研究［M］．经济科学出版社，2019．

4.2.3　基于帮扶主体的电商扶贫模式分析

1. 电商平台主导的电商扶贫模式

随着乡村振兴战略的贯彻实施和精准扶贫的加速推进，以阿里巴巴、京东和苏宁为代表的电商平台企业在广阔农村的布局更加深入，投入了大量人力、物力，已经成为我国精准扶贫的新生力量，在农村电商扶贫中发挥了巨大能量。

（1）阿里巴巴

阿里巴巴的电商扶贫实践主要可分为四个阶段：第一阶段，大力培养农村网商。自 2008 年开始，阿里巴巴开始推出网商培养计划，并迅速培养了一众贫困地区的青年网商，鼓励其通过电商平台销售当地产品。此后，又通过系统赋能引导贫困地区从事电商经营，催生了大批"淘宝村"。第二阶段，推动电商消贫。在此阶段，阿里巴巴主要是通过"工业品下行"来帮助贫困地区消费者减少支出，缓解贫困地区商品品类不全、假冒伪劣众多、价格虚高等问题。第三阶段，构建农村电商生态。在初步将电商引入贫困地区后，阿里巴巴又提出了"千县万村"的计划，大力推动全国贫困地区农村电商的发展，实现商品下乡和农产品进城的双向流通。电商进村的发展不仅开拓了农村市场、培养了大量农村电商技术人才，同时也吸引了金融资本进入农村电商市场，从而覆盖农村生产生活的各个方面。第四阶段，服务下沉农村。在此阶段，阿里巴巴主要着力于为农村电商发展打造生态服务、创业孵化和文化公益三大中心。生态服务中心强调充分整合平台及其他外部资源来为农村电商服务，切实帮助贫困地区农户解决问题；创业孵化中心重心在于与当地政府一起制定电商发展规划，共同激发贫困地区的电商发展潜力；文化公益中心强调通过农村电商领头人更好的服务农村，并通过阿里巴巴平台推出各种文化公益活动来重塑农村文化。

（2）京东

京东的电商扶贫主要可分为渠道延伸、有序上行和定向扶贫三个阶段。在渠道延伸阶段，京东推出了农资下乡活动，旨在帮助农村消费者以实惠的价格购买到更优质的产品。在有序上行阶段，京东着力于推进工业品下乡、农产品进城和农村金融发展。就农产品进城来说，京东选取了部分地区开展特色产品网销活动，由京东统一采集特色产品，再借助其电商平台的物流优势将产品在网上售出。在定向扶贫阶段，京东与国务院扶贫办公室签订协议，共同发展产业扶贫、创业扶贫和用工扶贫三大途径，借助京东的电商平台优势助推国家精准扶贫战略的实施。根据协议内容，京东将加大对贫困地区生鲜冷链系统的投资力度，要确保贫困地区的生鲜产品能保质保量运送至全国主要消费城市。同时，在全国 800 多贫困县中选取 200 个贫困县作为示范点，针对建档立卡的贫困人口，通过电子商务帮助其尽快实现脱贫。

（3）苏宁

与阿里巴巴和京东有所区别，苏宁的电商平台是由线下门店发展而来，因此其不仅具有强大的电商资源，更具有坚实的线下门店资源。2015 年，苏宁与国务院扶贫办公室签订合作协议，指出双方要在电商扶贫示范行动、电商扶贫展销专区、扶贫购物节和农村电商人才培养方面共同努力。自协议签订以来，苏宁电商扶贫效应已惠及全国大量的贫困地区，多达 230 万贫困家庭受益。此外，苏宁也改变了传统的"输血"扶贫思想，强调电商"造血"扶贫，强化农村电商人才的培养与帮扶。

2. 政府主导的电商扶贫模式

政府是贫困地区电子商务扶贫的主导者，贫困地区经济落后、资金薄弱、开发机会少，在此情形下，完全依靠市场将无法促进当地电子商务活动的开展。政府必须承担组织动员社会力量、注入先期启动资金、出台相应支持政策、启动电子商务扶贫工作的重任。在电子商务扶贫过程中，政府既要承担统筹管理的责任，还要承担着电子商务扶贫相关政策措施的制定任务，以确保贫困地区能在电子商务扶贫中获得发展和收益，实现扶贫目标。具体而言，政府主导的电商扶贫模式应强调政府在完善电商扶贫载体、电商创业就业培训、打造电商扶贫示范样本和培养电商产品供货体系等方面发挥主导作用。

在完善电商扶贫载体方面，政府应依托电商产业园，整合零散的社会资源，集中当地网商、电商平台、流通加工企业及配套企业入驻，利用产业集聚降低电商企业运营成本，促进园区内的合作分工。同时，发挥产业园的综合平台孵化作用，建立集产品供应、质量检测、货物仓储、物流配送、电商培训为一体的电商扶贫服务中心。

在电商创业与就业培训方面，政府可以通过政府购买服务方式，围绕电商创业就业初始培训、日常指导培训和经营能力提升培训等项目，对培训主办方和参与培训的贫困农户给予支持。具体而言，首先，地方政府对贫困户参与培训所需缴纳的学费、书本费等费用进行全额报销或减免；其次，政府对培训项目的场地费、图书资料费、授课费给予部分补助；最后，对参与培训项目后进行电商创业的贫困户给予定额奖励，也对参与培训项目后与企业签订用工合同的贫困户给予定额奖励，从而调动贫困农户参训积极性，激发其脱贫致富的内驱力。

在打造扶贫示范样本方面，地方政府在与阿里巴巴、京东、苏宁等头部电商企业合作，寻求其电商平台资源的帮扶之外，还应对于开设网店或从事电商活动的贫困户，按照电商交易额的一定比例提供免抵押融资，财政对贷款利息进行补贴，鼓励本地实体企业对电商贫困户进行担保，从而全力扶持和打造本地电商脱贫致富的典型，以期发挥电商扶贫先富者的领头羊示范作用，带动更多贫困农户加入电商创业大军或进入当地电商产业链分工中去。

在培育电商产品供货体系方面，地方政府应大力通过税收优惠、信贷支持和土地审批等方式支持地域品牌创建，培育适合电商的产品和产业成长，突出地域产品中具有的绿色、健康、环保概念，形成区域公共品牌和产业优势。此外还应支持电商企业设立地方特色扶贫展馆，鼓励本地电商企业建立扶贫生产基地。

3. 农户自发的电商扶贫模式

近年来，在信息技术高速发展的背景下，我国农村电子商务规模化和专业化水平不断提高，年销售额逐年上升，吸引了众多农户自发参与电商经营活动，各地结合自身特点和资源优势形成具有地方特色农村电子商务发展模式，农村电商扶贫模式越发多样化（姚庆荣，2016）。

①浙江遂昌模式。本地电子商务综合服务商组织零散农户，将本地农业及农产品加工业逐步实现电子商务化，促进传统产业转型，带动全县电子商务生态发展。遂昌模式的特点是通过中介组织，转变传统农户为电子商务经营者，在电子商务发展政策的催化下，形成"电子商务综合服务商+电子商务+传统产业"的运营模式，探索出适合本地发展的县域电子商务发展道路。

②江苏沙集模式。该模式强调利用电子商务先行者的成功案例，通过示范和引导农户纷纷效仿学习，从而实现电子商务整体发展。这种模式诞生于江苏北部的沙集镇，从简单的家居制作开始，通过自发式效仿，使得废旧塑料回收加工形成产业，最终升级为产、供、销、运一条龙的电子商务模式。与遂昌模式由协会、公司等中介服务机构有组织推动发展不同，沙集模式的一个重要特点表现在自发发展、自发组织进而形成一定的产业规模推动发展。

③河北清河模式。有"中国羊绒之都"之称的河北省清河县出产的羊绒市场占有率是全国的75%、世界的60%。依托当地羊绒产业优势和羊绒市场丰富的资源，借助于电子商务对接全国市场，通过细化产业分工和差异化经营，提升本地开展电子商务的竞争力，解决传统专业市场领域局限所导致的销售难题。与前两者相比，清河模式更注重专业电子商务市场的重要性。

④浙江义乌模式。该模式是通过利用当地的小商品丰富货源基础开展电子商务的一种模式。义乌模式是传统产业改造升级的样本，借助电子商务这一先进技术，结合物流园区和会展经济的发展与完善，实现传统商贸向电子商务贸易的成功转型，使义乌从草根经济发展为立体的现代化产业集群地。

4. 企业主导的电商扶贫模式

企业一直是经济发展的领头羊，对地方经济的增长起到重要支柱作用。在开展农村电子商务扶贫计划中，企业能充分运用其资金、技术、品牌、管理方面的优势，通过共建共享、投资兴业、提供就业、捐赠扶贫、消费扶贫等多种形式参与到电商扶贫的进程中，以此焕发市场活力，发挥辐射以及联动作用。企业主导的电商扶贫模式中比较典型的就是"褚橙""柳桃"和"潘苹果模式"。"褚橙"为红塔集团原董事长褚时健的二次创业项目，褚时健将"褚橙"售卖到生活网站，掀起巨大浪潮。近年来，联想集团将企业发展延伸到农村，结合电商平台，相继推出蓝莓、猕猴桃以及"褚橙柳桃"的组合产品。2014年，SOHO中国有限公司董事长潘石屹亲自为"潘苹果"代言，并在北京望京的一家超市上市。褚橙、柳桃、潘苹果的出现，为贫困山区的农产品品牌化营销带来新的思路，也迅速引发了一系列模仿潮流。

4.3　电子商务扶贫机理

结合电子商务活动的特征，电商扶贫的效应可以概括为增收、减支和赋能三方面。增收主要表现为增加贫困户的家庭收入，既包括贫困户通过电商平台直接销售产品获取的收入、参与电子商务供应链而获得的劳务收入，也涵盖了因电商发展而带来的基础设施和公共服务等升级所产生的溢出效应。减支表现为贫困户家庭开支的减少，这些支出既包含购买价格低廉的日常用品等生活开支，也包括购买质优价廉的生产资料的生产支出。赋能则体现在贫困户获取脱贫致富的能力方面，这些能力包括因学习技能而提升自身综合素质从而实现脱贫的能力、拥有更多信息来源从而扩展增收渠道的能力，也包括电商脱贫致富领头人的示范作用而激发的贫困户脱贫的思路和潜力。

4.3.1　增收扶贫

农村电子商务发展通过带动当地产业的发展，形成本地特色的产业体系，实现贫困地区群众收入增加，其作用途径主要有以下三种（见图4-5）。

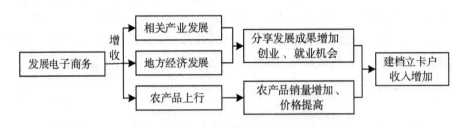

图4-5　电子商务发展促进贫困主体收入增加

1. 产品上行增收

电子商务扶贫通过电子商务和当地产业的融合为民族地区精准扶贫提供了新的增收思路，它的核心就是通过电子商务实现民族贫困地区各类产品上行。民族地区往往具有独特的自然风光、特色的民俗活动、传统的工艺品以及绿色无公害的农产品，但由于交通和市场等多重条件的限制，资源优势尚未转变为经济优势。民族贫困地区贫穷的重要引致因素之一便是交通和通讯落后，农户无法畅通对接市场或者完全独立于市场，容易诱发无序生产和渠道闭塞。农村电商的充分引入，则可以利用各类电商平台精准对接外部市场，广开销路，拓展消费群体，使农户、消费者和市场可以直接在电商交易平台上交换信息并实现交易，让原来远离市场的民族地区产品走出去，增加贫困群体收入。在这种情形下，贫困农户既可通过将产品提供给电商公司等，借助网络平台售卖自身的产品，也可亲自在电商平台上建立网店在线售卖农产品和各类特色工艺制品等（唐超，2019）。

同时由于直接面对广阔的消费者市场，电子商务减少产品从生产者到消费者之间的许多环节，有助于降低交易成本（于文博，2018）。此外，也减少了交易中的信息不对称，使得农户能够及时收集市场信息，提高反应速度和应对效率，能及时根据消费者对产品的需求，调整生产结构，增强面对市场风险的能力，使得产品卖得出、卖得好，从而大幅提高贫困地区群众的收入。

2. 创业与就业机会促进收入增加

农村电商的一个特点就是市场准入壁垒低，技能标准没有别的行业高，能够激发贫困户的自主性和积极性。电子商务的出现让农村创业者在很大程度上降低了市场开发、渠道建设、营销推广等方面的费用，大大降低了创业门槛，让很多贫困户获得了创业的机会。同时，由于电子商务在农村的快速发展，农村电子商务体系逐渐形成，涵盖产品生产、加工、仓储、检验、包装、分销等环节的电子商务产业链进一步完善，从而带动物流快递行业、房地产行业、餐饮行业、教育培训行业、电商服务行业等相关产业的发展。这些都极大地带动当地经济的发展，依托电子商务形成当地特色产业或产业集群，也为当地贫困人员直接或间接地参与到与之有关的产业中提供了更多的创业和就业机会，通过创业和就业实现贫困地区群众收入的增加。

3. 产业整体发展获得收益

农村电商的发展能带动配套产业完善，促进交通通信、金融信贷、文化娱乐等配套服务设施的完善，促进高速公路、高铁、水电、网络等基础设施建设，为农产品打开市场奠定硬软件基础，在为贫困农户创造大量的就业岗位和收入来源的同时，无论是自营网店还是参与电商服务，均能有效带动地区富余劳动力扩产增收（李璐，2018）。同时也会促进土地和房屋租赁价格的提高，从而使未能直接从事电商行业的农户也能享受到好处。此外，也能改善村民的生产生活软硬件环境，让民族贫困地区群众享受到电商产业发展的溢出效应，从而使民族地区广大群众受益。

4.3.2 减支扶贫

电子商务扶贫在帮助民族地区贫困农户拓宽收入来源的同时还可以帮助农户降低家庭生产和生活支出。也就是说，电子商务扶贫助力农户节约生产和生活成本也是电商扶贫取得预期效果的关键所在。

1. 农村电商的发展降低农户生产支出

除了直接增加农户收入，农村电商还能够为民族地区农户供给更为丰富多样的生产资料。通过农村电子商务的发展，民族地区群众不出家门就可以买到质优价廉的农业机械、化肥、农药、种子等生产资料，突破了以往只能在本地农贸市场上购买的局限，拓宽了农户采购渠道，丰富了农户购买选择。电子商务扁平化的采购途径削减了中间环节费用，通常价格比民族地区当地市场售价低，还可以方便农户对所需农资商品进行比质比价，从而遴选出质优价廉的农资产品，削减家庭农业生产费用，从而在农产品市场上塑造竞争优势。此外，农村电商产业化能有效促进不同类型产业的互补发展，提升产业链运作水平，提高整体生产率，释放规模效应，进一步削减物流运输费用，节省农户生产成本。

2. 农村电商的发展降低农户生活支出

农村电商逐渐渗透到民族贫困地区人民的日常生活中，贫困群体的消费潜力与购买意愿被电商充分激发出来，随着电商和物流的发展，农村市场格局也在悄然转换。由于电商购物方式逐渐普及，农民在电商平台的购物选择也日益丰富。由于电子商务基础设施的逐渐完善，民族贫困地区群众逐渐可以通过网络享受相对便利的网上购物。农户通过电子商务平台，或者通过阿里巴巴、苏宁等在农村的电商服务站，可以方便浏览所需购买生活用品的价格，货比三家选择更加丰富实惠的日用商品，在丰富多变的需求得到满足的同时还可以买到性价比更高的物品，既节约了外出置办生活品的时间，又减少了家庭生活开支（周莉莉等，2018），电子商务扶贫极大地方便了民族贫困地区群众，降低了贫困农户家庭生活成本（见图4-6）。

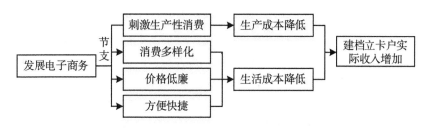

图 4-6　电子商务发展对贫困主体节省开支的促进作用

4.3.3　赋能扶贫

长期来看，通过资金帮扶与补贴只会助长贫困户对扶贫援助方式的依赖，而通过强化知识技能和就业培训，帮助贫困户打造自身专业技能，增加就业岗位和机会并引导贫困群体主动创业就业，让精神脱贫驱动物质脱贫，则可以从源头消除贫困，真正实现致富。党的十九大报告也指出，扶贫过程中要"注重扶贫同扶志扶智相结合"，因此，解决贫困问题的关键手段在于提高贫困人群的能力，建立以能力为导向的赋能机制。电子商务通过提升贫困地区的信息化能力，搭建贫困群体和消费者之间的沟通机制，助推贫困群体能力发展，其具体的作用机理体现在以下三个方面。

1. 提升参与市场的能力，破除内源性贫困

电子商务扶贫的本质是通过电子商务带动产业实现扶贫，通过电子商务的引入，让贫困地区的群众切实提升参与市场竞争的能力。过去的扶贫开发由于存在贫困地区群众和市场之间的脱节，造成严重的信息不对称，扶贫项目带动产出的产品往往得不到市场的认可，未能有效打通与市场的阻碍，无法保证民族贫困地区群众的实际收益，最后严重挫伤其参加扶贫事项的意愿。而电商扶贫则可以避免该弊端，通过有效渠道增强贫困农户市场参与能力，从根本上激

活其内在驱力, 从而消除内源贫困。具体而言, 贫困群体可以发挥电商平台的中介作用, 在纷繁复杂的市场上快速定位自身需求, 同时对自身产品进行准确地定位, 从而获取更大的赢利空间, 激活民族贫困地区的创业潜力, 破解内源性的贫困。由于电子商务技术的引入, 民族贫困地区群众可以通过电子商务平台参与到市场经营中, 根据市场机制来实现生产产品到商品的过渡, 收回成本实现利润, 从而减轻经济贫困程度。通过参与电子商务扶贫培训, 民族贫困地区贫困农户的能力获得增长, 通过自身能力获得更多财富的可能性增加, 由此带来内心的满足感也不断增加, 真正实现脱贫并有效预防返贫。

农村电商的发展也为民族地区贫困农户带来了更多的学习机会, 推动农户积极主动进行商业竞争, 出售自身特色产品和服务, 增强自身知识和技能。政企等外部力量则通过强化电商知识和技能培训, 为民族地区贫困农户创造了更多的学习机会。此外, 农村电商有利于农户同外界展开沟通交流, 进一步拓展眼界提升能力。同时, 由于电商发展促进了网络条件改善, 带来即时通信、平台购物、在线学习等全新生活形式, 农户参与市场能力得到提升。总之, 农村电商可以解决信息不畅难题, 促进贫困农户自有资源的价值变现, 实现由"输血式"扶贫向"造血式"扶贫转变。

2. 提升信息化能力, 搭建供需沟通桥梁

电子商务在农村的广泛应用与推广, 提升了民族贫困地区农户的信息化能力。信息化能力可以从连接能力和分析能力两个维度进行解析。连接能力表示农户通过电子商务连接市场的能力, 例如, 民族贫困地区的电子商务经营者可以将自己的产品发布到电商平台上, 方便网上的消费者及时发现和了解这一需求并做出是否购买的决策。电子商务扶贫的连接功能为处于不同地理位置的贫困户和消费者搭建了便捷沟通的桥梁。而分析能力则是将现有数据转换为产品见解和可操作指令的能力, 随着电子商务应用的深入, 电商经营者的供需预测力和洞察力也不断发展, 使其更能适应复杂且竞争激烈的市场, 学会积极主动地与客户互动并利用潜在商业机会。

3. 加快信息感知和响应, 实现价值共创

电子商务增强了民族地区电商从业者和消费者在资源和流程上的相互作用, 并通过这种交互来共同创造价值, 这种价值的创造过程是通过感知机制和响应机制来推动的。感知机制使得电子商务从业者学会识别、评估和解决特定的消费者的需求, 电子商务强大的信息化功能使得从业者能捕捉到消费者的个

性化需求。通过电子商务交易可以收集大量关于消费者购物行为的信息。由于能深入了解消费者的深层需求，这有助于加强与消费者的进一步深入沟通。响应机制是通过信息化能力进一步实现价值共创的机制，响应机制需要电子商务从业者能快速、主动地响应消费者不断变化的新需求，以便能够参与价值共创。在充满活力的市场环境中，消费者具有快速变化的产品需求。信息化功能使电子商务从业者能够灵活应对不断变化的环境和运营需求，而这些需求为新的商机创造了机会。同时，电子商务通过互联网本身的各种优势，将广阔的外部市场作为资源引入本地，使当地资源进一步优化配置，借助电子商务平台为电子商务扶贫创造了重要的市场生态环境。

4.4　湖北恩施自治州电商扶贫实践与进展

湖北省恩施土家族苗族自治州是典型的"老、少、边、山、穷"地区，农特产品销售渠道不畅是长期困扰当地农村群众脱贫致富的一大难题。2015年，恩施州委州政府积极贯彻落实国务院和湖北省人民政府关于发展电子商务的相关文件精神，出台《恩施州电子商务"十三五"发展规划》，着力改善农村电商发展环境，大力培育农村电商主体，打造了一批州级农村电商示范园区、省级或州级农村电商领军企业、电商进村综合示范县（市）和农村电商示范村镇，推动农村电商深入发展。到2016年，恩施州已建成乡镇电子商务服务站60个，村级电子商务服务站3107个，其中多数贫困村已建立电子商务服务站。当地多数农特产品都能在线售卖，吸纳了许多贫困村的专业合作社集聚发展，推动数万贫困农户进入电商行业就业，平均每人年增收超过3000元。在州委、州政府的领导下，全州积极发展电商产业，推动电子商务发展同扶贫事项紧密结合。截至2017年9月，全州电商市场主体超过3000个，电商服务平台数目增至75个，同年上半年，当地电商交易总额达到12亿元，其中在线零售总额占比高达56.7%。目前湖北恩施州农村电商已进入一个良性健康的发展通道，在助推农村经济结构转型与产业升级、精准扶贫与脱贫方面，扮演着极为关键的角色。因此，探究恩施自治州农村电商的发展路径及其成效，具有重要的意义。

4.4.1　政策保障有力

为了营造一个良好的农村电商发展环境，恩施州政府相继推出系列政策，强化政府保障，加大政策服务有效供给，努力确保全部县（市）进入电商进村综合示范项目。2014—2017 年三年时间内，当地六个县市进入国家电商进村综合示范县，一个则进入本省电商进村综合示范市，共得到政府电商扶贫项目资金 1 亿多元，地方政府也拿出配套资金鼓励年轻群体返乡创业，推动本地电商发展。其中，2015 年湖北恩施州鹤峰县委县政府将"互联网+精准扶贫"作为改变农村贫困落后面貌的一大抓手，先后出台了一系列优惠政策，支持和鼓励电商就业者和创业者。这些政策包括设立贫困户电子商务创业支持资金，实行贫困户就业奖补、贫困户产品销售奖补、企业电商转型与发展奖补、村镇电商发展奖励等。截至 2016 年，该县已建成 5 个 O2O 体验中心，完成村级电子商务服务网点硬件建设 89 家，电子商务交易额已破 2 亿元。

4.4.2　物流体系增强

由于恩施州山高路远、地形复杂，加之农产品的生鲜特殊性和农村物流基础设施薄弱，减弱了农村电商扶贫增收效应。因此恩施州委州政府全力建成三级服务网络构架体系，从而解决农村的工业消费品下行"最后一公里"和农产品上行"最初一公里"的物流"难"、物流"贵"的问题。恩施州农村物流体系的增强不仅大大减少产品买卖的中间环节，而且有力推进了电商扶贫后续工作的开展。为疏通电商物流的最后一公里，2015 年州供销系统与州交通运输局联合，开展"村村通"客车代运小件快递业务，此后相继启动各类农村物流基础设施建设，逐步完善以县、乡镇、村三级物流节点为支撑的农村物流网络体系。在 2017 年，湖北恩施州的县市级公共运营服务中心超过二十个，下级综合服务网点超过两千五百个，EMS、菜鸟和淘实惠等物流企业已经是当地主导的物流力量。例如，恩施州来凤县为了打通电商运输渠道，加快电商发展助力精准扶贫，成立物流仓储分拣配送中心，吸引多家物流企业进入，八个乡集镇均已建立配送网点，EMS 和菜鸟物流等均在各乡镇设点运营，实现了每日配送至村。同时，各村或社区便民服务点提供快递寄收服务，实现快递全覆盖。

4.4.3　人才培养集聚

对于贫困地区而言，相对于自然条件，人力资本尤其是人的能力与素质是决定贫富的关键因素。在民族地区，由于受到传统理念和低教育水平的影响，贫困农户对于新事物的接受程度较低，并且对现代化技术的应用能力水平也较低。所以培养当地电商人才、吸纳外来电商人才，除了有利于提升民族地区贫困户脱贫能力，还能通过人才集聚功能，实现农户增收，促进农村经济发展。

一方面恩施州的各个县（市）邀请各高校专家对当地政府机关、电子商务公司、合作社和创业群体等，以电商思维、技术、模式和营销等为主题与大型电商平台合作设立相关人才培养与实践点，引导农户进行电商创业，对电商管理者与就业者展开全面培养。每年累计开展培训60场，参训人员20000余人；另一方面，恩施州以电商扶贫为契机，成立专业化网络运营团队，讲授开网店方法，传授策划管理、客户服务和代理运营等电商知识，鼓励支持贫困户开网店、搞电商，培养农村电商领头人，大力推销地方农产品，带动贫困村农业产业化发展。2014年以来，州供销社先后投入近百万元资金，在全州供销系统实施农村电子商务人才培训工程，对电子商务村级服务站业主、网格员等上千名电商人才进行培训。2015年全州实施农村电商人才培训工程，把网格员、村级综合服务社业主、返乡大学毕业生、大学生村官、农村青年致富带头人培训成为网店店主和网货买手，参训人员达到2500人次，初步缓解了恩施州农村电商发展人才瓶颈问题。2017年，当地有关部门开始有计划地培养电商领军人才，旨在各县市培育成批的电商精准扶贫，到同年上半年，已对三个县市共进行两场培训，受训者达到六百人。

4.4.4 杭恩帮扶有力

恩施州有不少优质农特资源，但品牌建设和销售运营经验匮乏、人力资本缺失、品牌塑造不够系统化已成为当地农特产品打开销路的关键阻滞因素。而解决这个问题的最佳方法就是采用东西部协作方式来提高扶贫成效。2016年恩施州首次被纳入国家东西部扶贫协作范畴，与杭州开展结对帮扶。杭州市充分发挥"电商之都"的优势，首先建立杭恩电商帮扶项目制度，杭州具备资金、技术和人才等多方面的优势，恩施州则具备良好的生态条件、独具特色的民族文化以及丰富优质的农特资源等优势。为了融合结对双方各自的优势，增强产业"造血"功能，杭州全面动员浙商参与东西部扶贫协作，出台了电商结对帮扶具体方案，在打造园区、培育人才、联合基金等多个层面细化举措，并分步骤有计划地推进工作安排。2018，杭州共向恩施州拨付到位财政援助资金2.839亿元，安排实施项目331个，又相继在生态文化旅游、生物医药、食品精深加工等方面等领域投资一批产业项目，帮助6.42万贫困人口脱贫，带动当地产业升级，增强发展新动能。到2019年1月，杭州市共计三十多个电商公司进驻恩施，在产品层面进行原产地直接供货，使产品品质有保障；在物流方面进行"批量存储、集中运输、交通补贴"，利用规模效益等削减物流费用；在品牌方面实施重新定位，进一步深挖品牌价值，打造品牌优势；在渠道建设方面线上线下相结合，破解了恩施州当地农特资源销路不畅、渠道选择少、流通环节复杂、售价低等难题。2019 年，结对工作助力恩施农特产品在杭销售总额突破 5.9 亿元，促进本地 1.8 万贫困户收入提升并实现脱贫。其次建立恩杭两地互访互通沟通机制，2018 年，杭州向恩施州共派出 20 名挂职干部，成立了杭州市帮扶恩施州工作队，在扶贫第一线开展协作工作，实现每个结对县（市）有 2 名挂职干部全覆盖。同时杭州通过人才帮扶的方式，向恩施州选派 261 名专业技术人才来解决恩施州难脱贫的问题。2018 年，杭恩两地商务部门合作开展恩施州电商人才系列培训，举办场次近 150 次，培育电商致富领头者 1.2 万余人。这样一方面增加了农特资源营销渠道，另一方面也打造了一支能打硬仗的本土电商人才军。

4.4.5 做大做强本土电商平台

电子商务平台具有扩大市场、数字化商务流程以及整合信息资源等优势，恩施州委州政府通过企业牵头，贫困户参与，做大做强本土电商平台，从而集约式、成规模运用农业资源，开展批量高效生产，并借助电商网络进一步打开销路，形成产、供、销紧密衔接的产业链。恩施州以各县市供销社为主体，建设县级电子商务运营中心，扶持建立本土电商平台，既为电商企业、中小网商等电商主体提供培训、办公、产品、仓储等服务，又将农民、种养大户、农民专业合作社、涉农企业组织起来与本土电商平台对接，让生产者享受更多利益。例如，2016 年 9 月投入运营的鹤峰县农特产品电商平台"土家购"截至 2019 年招商入驻公司超过一百多家，在线销售产品超过五百款，年在线销售收入超六百万元。该县通过本土电商平台"土家购"，邮政系统"邮乐购"电商平台等本土电商平台将鹤峰生态富硒、有机的茶叶、箬叶、葛仙米、腊肉、土豆、蜂蜜、豆制品、鼠曲儿粑粑等农产品销往全国各地，实现"工业品下乡"和"农产品进城"的双向流通。本土电商平台通过"电商企业+贫困村+贫困户""电商企业+合作社+基地+贫困户""公司+合作社+基地+农户+交易平台"等多种合作模式，帮助和吸引贫困户参与电子商务交易。截至 2017 年，鹤峰县茶叶、蔬菜、林果业、药材等特色农产品板块基地达 157 万亩，人均 7.9 亩，20 家开展电商业务的本土企业电商销售农产品交易额近 5000 万元。

5 民族地区贫困农户电商 扶贫参与行为研究

在国家和地方政府政策的大力支持下，我国电商扶贫取得重大进展，电商扶贫模式也多种多样。对民族地区贫困农户而言，电子商务扶贫能否取得预期的增收、减支和赋能效应在很大程度上取决于农户参与电商扶贫的意愿及参与方式。近年来农村电子商务快速发展，民族地区越来越多的农户正在以不同的方式参与电商扶贫。有些农户可能积极寻找机会甚至是放弃在外打工，返乡进行电商创业；还有一些农户除了从事家庭农业生产外，也可能会考虑寻找当地电商产业链兼业机会，期望实现"在家门口就业"。本章从电商创业和当地电商兼业两个方面来探讨民族地区贫困农户电商扶贫的参与问题，在对贫困农户电商创业意愿和兼业选择进行理论分析的基础上，以湖北恩施土家族苗族自治州为调研区域收集数据，分别对民族地区贫困农户电商创业意愿和当地电商兼业选择意愿及其影响因素进行了实证研究，以期为民族地区政府动员贫困农户参与电商扶贫和提升农户主动参与意愿提供决策借鉴。

5.1 贫困农户电商创业意愿与行为研究

5.1.1 贫困农户电商创业意愿的影响因素分析

农户电商创业意愿受到的影响来自多方面，其中既包括农户的自身因素，也包括外部因素。从农户自身角度来说，影响农户电商创业意愿的因素主要包括农户生计资本、创业自我效能和风险感知。马泽波（2017）基于边疆地区630户农户的资源禀赋、区域环境、电商扶贫参与意愿进行调查研究后发现，农户的人力资本、物质资本、政治资本和社会资本等生计资本是影响农户电商创业意愿的主要因素，其中人力资本中的农户年龄、文化程度对农户电商创业意愿的影响较大，其次是物质资本，如耕地面积、生产性资本和非生产性资本等，最后是政治与社会资本，比如是否为党员干部也会对农户电商创业意愿产生显著影响。Nicole Leroux（2016）的研究也发现，农户进行电商创业的意愿与农户的文化及其对电商创业的认知水平有关。关于自我效能对农户电商创业意愿的影响研究，鲁钊阳、廖杉杉（2016）认为，不少农户没有接触过电商，更没有电商创业成功的经验可借鉴，对自己能否通过电商创业成功持怀疑态度，从而影响其电商创业意愿。关于风险感知对农户创业意愿的影响研究，杨隽萍等（2017）认为，农户对创业所面临的各种风险通常不能够做出正确的判断，无法感知风险对创业的影响程度，甚至是低估创业风险，而社会网络能够弥补创业者在识别风险过程中的信息劣势。向丽等（2019）研究发现，风险感知水平高的农户更倾向于参与电商扶贫，其中新生代农民参与电商扶贫意愿受到风险感知的影响更明显。

从外部环境角度来说，影响农户电商创业意愿的因素主要包括政府扶持、社会参与、创业氛围、创业机会和社会信任等。Henderson 等（2004）通过对英国农村电子商务投入进行调查研究后认为，制约农户电商创业意愿的客观因素是农村互联网基础建设投入不足，网络安全、网络速度等都无法得到有效保障，进而影响了农户的电商创业意愿；潘鹏和刘莲花（2019）认为农村基础设施建设滞后，农产品标准化规范化生产经营体系尚未建立，特色资源产品待开发等，都急需政府出台支持政策，加大对农户电商创业的扶持力度。徐鹏（2019）等人运用 Logistics 模型分析各种因素对农户电商创业意愿的影响，发现农户电商创业意愿除受到农户思想观念影响外，还被外部环境氛围影响，主要包括社会参与、创业氛围、创业机会及社会信任等方面的影响。如果农户所居住的村庄有农户通过电商创业成功，实现脱贫致富，那么其他农户的电商创业意愿也会增强；反之如果贫困农户所处环境中没有人通过电商创业成功，创业氛围不浓，电商创业机会不多，可能会降低农户的电商创业意愿。万媛媛（2020）从社会信任角度对当前农户电商创业影响因素进行分析，认为农户对在线交易环境及支付方式缺乏信任，交易过程又较为复杂，相比之下农户更热衷于"一手交钱一手交货"的交易方式，最终呈现出电商创业"上面热、基层冷，城市热、农村冷"的局面。曹静宇（2020）认为农户的电商创业意愿不高主要是由于创业氛围不浓，电商创业缺少宣传推广造成的，不少农村偏远地区在宣传农户电商创业上的力度还不够。这是因为一方面部分乡镇政府没有深刻认识到电子商务发展对地方发展的重要意义，认为可有可无，甚至认为电商对实体商业有冲击所以不支持其发展。政府在推动农户电商创业扶贫工作方面存在的消极思想,影响了当地农户电商创业意愿的提升。另一方面还有部分乡镇政府片面地认为农户的电商创业就是推动农产品上行,从而忽略了工业品下行或网购对推动农村互联网应用普及、丰富农村生活、节约生活成本、提高消费品质的重要作用。在实际过程中农产品上行也由于产品质量、快递物流等多种原因没达到预期效果,特别是有的农户电商创业失败对其他农户的电商创业意愿也带来一定的负面影响。

综上所述,国内外学者对农户的电商创业意愿影响因素的研究可以归纳为农户自身因素和外部因素两方面。其中,农户自身因素包括生计资本、自我效能、风险感知等因素,外部影响因素包括政策扶持、社会参与、创业氛围、创业机会、社会信任等因素。上述研究为本研究提供了丰富的理论基础。然而已有的研究成果中,学者们主要考虑单一因素对农户电商创业意愿的影响,综合考虑各方面影响因素的文献较少,并且没有考虑少数民族地区贫困农户的独特性,另外关于农户电商创业意愿研究定性分析居多,定量研究相对缺乏。

恩施土家族苗族自治州作为湖北省典型的少数民族聚居区,有很多贫困农户生计资本薄弱,文化程度不高,对电商既不了解,也不懂操作,更没有尝试。特别是不少贫困农户在农村经济发展中还存有传统农耕意识,认为农户做电商是不务正业,投入资金进行电商创业会面临更大风险,给电商扶贫开展带来较大阻力。基于此,本课题以湖北省恩施州为例,采用问卷方式深入调查恩施州贫困农户的电商创业意愿情况,从而为政府精准识别和动员贫困农户进行电商创业从而提升农户电商创业意愿和创业成功概率提供参考依据。

5.1.2 研究设计

1. 问卷设计

本研究首先通过对近年关于农户电商创业的文献进行梳理,提取出可能影响农户电商创业意愿的因素及其测量题项,形成初步的测量问卷。然后结合本研究的目标和内容,请教数位农村电子商务方面的专家学者和电商创业农户,共同对问卷的测量题项进行修改与调整。最终确定农户生计资本、自我效能、政府扶持、风险感知、社会参与、创业氛围、基础设施、创业机会和社会信任等9个主要的影响因素,共计45个题项,因变量为农户电商创业意愿，各变量的测量情况如表 5-1 所示。问卷绝大部分题项采用李克特五分量表。

表 5-1 电商创业意愿影响因素变量设置

变量		变量描述	变量赋值
因变量	电商创业意愿	我很想尽快电商创业	完全不同意=1；比较不同意=2；一般=3；比较同意=4；完全同意=5
		我很满意电商创业	
		我很乐意推荐别人进行电商创业	
		如果电商创业失败，我打算以后继续电商创业	
自变量	农户生计资本 人力资本	年龄	30岁及以下=1；31~40岁=2；41~50岁=3；51~60岁=4；61岁及以上=5
		文化程度	1=小学及以下；2=初中；3=高中/中专技校；4=大专；5=本科及以上
	物质资本	土地面积	实际观测数值（亩）
	政治资本	是否村干部	0=否；1=是
		是否党员	0=否；1=是
	社会资本	我的亲朋好友中，事业成功的人的数量	实际观测数值
		去年过年期间与我相互拜访的亲朋好友的数量	
		我的亲朋好友中，在政府机构工作的人的数量	
		我的亲朋好友中，在事业单位工作的人的数量	
		我的亲朋好友中，居住在城市的人的数量	
	自我效能	只要我努力，我相信自己总能解决电商创业中的问题	完全不同意=1；比较不同意=2；一般=3；比较同意=4；完全同意=5
		当我电商创业遇到问题时，我能找出几个解决办法	
		我具有解决电子商务运营突发事件的能力	
		别人在电商创业中能做到的，我努力也能做到	

续表

变量		变 量 描 述	变量赋值
自变量	政府扶持	政府在村民中大力宣传电商创业	完全不同意=1；比较不同意=2；一般=3；比较同意=4；完全同意=5
		政府对电商创业的农民提供较高奖励或补贴	
		政府特别鼓励各类组织服务贫困农户电商创业	
		政府大力扶持电商服务组织发展，比如提供补贴或降低贷款利率	
		政府对电商创业人员提供场地租金、税收减免和贴息	
		整体而言，政府比较扶持贫困农户电商创业	
	风险感知	大多数情况下我不满足我家目前的收入状态	完全不同意=1；比较不同意=2；一般=3；比较同意=4；完全同意=5
		如果我不试着创业，我们家经济条件难以改善	
		虽然电商创业可能会失败，但总比维持现状要好	
		虽然我也担心创业失败的损失，但我还是想试试	
		目前我家的经济状况比周边邻居朋友差很多	
	社会参与	我非常愿意参加村里的各类活动	完全不同意=1；比较不同意=2；一般=3；比较同意=4；完全同意=5
		我非常愿意参加各种农村合作社或行业协会	
		我所在村的村民会集体帮助村内有突发困难的村民	
		我所在村的村民根据实际需要集体谋划公共事务	
	创业氛围	熟人中电商创业者数量	很少=1；较少=2；一般=3；较多=4；很多=5
		周边人电商创业行为对我的影响程度	
		家人支持我电商创业的程度	
		媒体宣传电商创业对我的影响程度	
	基础设施	交通状况	很差=1；较差=2；一般=3；较好=4；很好=5
		通讯状况	
		物流状况	
		金融状况	
		卫生环境状况	
		治安状况	

变量		变量描述	变量赋值
自变量	创业机会	我能筹集到资金进行电商创业	完全不同意=1；比较不同意=2；一般=3；比较同意=4；完全同意=5
		我拥有很多可以帮我的朋友	
		我喜欢冒险	
	社会信任	我信任周围邻居传播的电商创业信息	完全不同意=1；比较不同意=2；一般=3；比较同意=4；完全同意=5
		我信任电子商务单位传播的电商创业信息	
		我信任网络电视等大众传媒传播的电商创业信息	

2. 样本和数据收集

本研究所用数据来源于 2017 年 6 月至 9 月期间对湖北恩施州下属 8 个县市贫困农户的问卷调查。在各县商务局扶贫办和当地村委会的帮助下，累计发放问卷 600 份，回收问卷 386 份，问卷回收率为 64.3%。在删除未答、漏答、回答有前后逻辑错误等无效问卷后，最终得到有效问卷 301 份，问卷有效率 78.0%，并且有效问卷数量满足 Nunnally 等的建议要求，即样本数量超过调研题项总数的五倍（唐立强，2019）。样本分布情况见表 5-2。通过样本农户家庭的年人均纯收入数据，不难发现高达 66.6% 的被调查农户家庭属于 2017 年国家贫困户（年人均纯收入低于 3335 元），另外还有为数不少的农户是处于相对贫困状况。

表 5-2　　　　　　　　　　　**样本基本情况分布表**

项目	指标	占比（%）
性别	男	49.2
	女	50.8
年龄	30 岁及以下	62.5
	31~40 岁	15.3
	41~50 岁	11.0
	51~60 岁	6.3
	61 岁及以上	5.0

续表

项目	指标	占比（%）
民族	汉族	27.4
	土家族	23.2
	苗族	17.1
	侗族	14.3
	回族	10.6
	其他民族	7.4
文化程度	小学及以下	15.3
	初中	19.3
	高中/中专技校	8.6
	大专	9.6
	本科及以上	47.2
收入来源	以农业为主	64.9
	打工为主	12.2
	小本生意	10.3
	低保救济	3.0
	其他	9.6
是否村干部	否	92.4
	是	7.6
是否党员	否	91.6
	是	8.4
土地面积	1 亩及以下	19.9
	2~4 亩	22.3
	5~8 亩	18.6
	9~15 亩	19.9
	16 亩及以上	19.3

续表

项目	指标	占比（%）
人口数量	3 人及以下	19.6
	4 人	28.2
	5 人	23.3
	6 人	15.6
	7 人及以上	13.3
城镇距离	3 公里及以下	24.9
	4~6 公里	15.6
	7~12 公里	21.9
	13~27 公里	17.6
	28 公里及以上	19.9
年人均纯收入	1200 元及以下	27.2
	1201~2400 元	15.0
	2401~3200 元	24.6
	3201~6000 元	12.6
	6001 元及以上	20.6
年人均农业收入	400 元及以下	23.3
	401~800 元	19.6
	801~1600 元	17.3
	1601~3200 元	20.3
	3201 元及以上	19.6

数据来源：笔者整理

5.1.3　贫困农户电商创业意愿实证分析

1. 信效度分析

本研究使用 SPSS23.0 对 301 份有效问卷分别进行了量表的信度和效度检验。其中，因子分析结果如表 5-3 所示。首先，各潜变量的 Cronbach's Alpha

值均大于 0.8, 组合信度均大于 0.8, 表明量表具有良好的信度。其次, 所有变量的 KMO 值均大于 0.6, 适合进行因子分析, 且各变量因子载荷均在 0.7 以上, 各变量的 AVE 值均大于 0.5, 表明量表具有良好的收敛效度。

表 5-3   因子分析结果汇总

变量	因子载荷	Cronbach's α	组合信度 (CR)	AVE
电商创业意愿	0.936	0.956	0.968	0.884
	0.942			
	0.935			
	0.948			
自我效能	0.932	0.946	0.962	0.862
	0.916			
	0.919			
	0.946			
创业氛围	0.899	0.917	0.942	0.801
	0.903			
	0.879			
	0.899			
风险感知	0.899	0.934	0.950	0.793
	0.876			
	0.881			
	0.895			
	0.901			
社会参与	0.807	0.831	0.888	0.665
	0.831			
	0.880			
	0.738			
创业机会	0.887	0.825	0.896	0.742
	0.902			
	0.791			

续表

变量	因子载荷	Cronbach's α	组合信度（CR）	AVE
基础设施	0.890	0.955	0.964	0.816
	0.900			
	0.911			
	0.886			
	0.919			
	0.913			
政府扶持	0.872	0.933	0.947	0.748
	0.891			
	0.802			
	0.841			
	0.889			
	0.892			
社会资本	0.881	0.926	0.945	0.773
	0.896			
	0.885			
	0.870			
	0.864			
社会信任	0.932	0.881	0.927	0.809
	0.874			
	0.891			

此外，为研究量表的区分效度，首先计算各变量间的相关系数，得到相关系数矩阵；其次，根据旋转后的因子载荷量和项目数计算各变量的 AVE 值即平均方差提取量；最后以 AVE 值的平方根替换相关系数矩阵对角线上的值，得到 AVE 系数矩阵，结果如表 5-4 所示。由表 5-4 可知，所有变量

AVE 的平方根值均大于该变量与其他潜变量之间相关系数，说明量表区分效度良好。

表 5-4 区分效度检验结果

	采纳意愿	自我效能	创业氛围	风险感知	社会参与	创业机会	基础设施	政府扶持	社会资本	社会信任
采纳意愿	0.940									
自我效能	0.881	0.928								
创业氛围	0.740	0.793	0.895							
风险感知	0.877	0.861	0.781	0.890						
社会参与	0.315	0.307	0.255	0.321	0.814					
创业机会	0.212	0.162	0.147	0.203	0.609	0.860				
基础设施	0.748	0.760	0.771	0.776	0.278	0.179	0.903			
政府扶持	0.679	0.658	0.722	0.711	0.313	0.275	0.708	0.865		
社会资本	0.831	0.854	0.813	0.857	0.321	0.202	0.833	0.725	0.879	
社会信任	0.506	0.493	0.513	0.533	0.337	0.364	0.528	0.702	0.576	0.899

2. 回归分析

将性别、年龄、文化程度、风险偏好、收入来源、信贷排斥、是否村干部、是否党员、土地块数、土地面积、劳动力数量、人口数量、城镇距离、人均年收入、人均农业年收入共 15 个特征变量作为控制变量，对自我效能、创业氛围、风险感知、社会参与、创业机会、基础设施、政府扶持、社会资本、社会信任等自变量与因变量农户电商创业意愿之间的关系进行层次回归分析，回归结果如表 5-5 所示。其中，模型一包含性别、年龄、文化程度等控制变量，R 方统计量为 0.217；模型二则加入了待研究的自变量，R 方统计量为 0.850，相较前者变化量为 0.633，显著性水平为 0.00 小于 0.05，说明排除控制变量的影响，单独由自变量所解释的差异为 63.3%，具有统计学意义。

表 5-5   回归分析结果

模型		未标准化系数		标准化系数	t	显著性	R 方
		B	标准误差	Beta			
1	（常量）	2.767	0.444		6.234	0.000	0.217
	性别	−0.028	0.117	−0.013	−0.236	0.814	
	年龄	−0.030	0.070	−0.033	−0.431	0.666	
	文化程度	0.096	0.055	0.142	1.755	0.080	
	收入来源	−0.036	0.052	−0.042	−0.699	0.485	
	是否村干部	0.622	0.203	0.193	3.067	0.002	
	是否党员	0.433	0.154	0.169	2.813	0.005	
	土地块数	0.032	0.059	0.046	0.547	0.585	
	土地面积	0.028	0.062	0.037	0.451	0.653	
	劳动力数量	0.192	0.060	0.231	3.185	0.002	
	人口数量	−0.056	0.061	−0.067	−0.904	0.367	
	城镇距离	−0.103	0.041	−0.140	−2.474	0.014	
	年人均纯收入	0.079	0.047	0.113	1.677	0.095	
	农业人均年收入	−0.046	0.057	−0.063	−0.805	0.421	
2	（常量）	−0.186	0.221		−0.842	0.400	0.850
	性别	−0.062	0.052	−0.029	−1.177	0.240	
	年龄	0.043	0.032	0.047	1.347	0.179	
	文化程度	0.030	0.025	0.045	1.225	0.222	
	收入来源	−0.010	0.023	−0.011	−0.414	0.679	
	是否村干部	−0.132	0.094	−0.041	−1.412	0.159	
	是否党员	0.088	0.070	0.035	1.260	0.209	
	土地块数	0.039	0.028	0.055	1.406	0.161	
	土地面积	−0.057	0.028	−0.075	−2.014	0.045	
	劳动力数量	0.058	0.027	0.070	2.127	0.034	
	人口数量	−0.004	0.028	−0.005	−0.140	0.889	
	城镇距离	−0.047	0.019	−0.064	−2.460	0.015	

模型		未标准化系数		标准化系数	t	显著性	R 方
		B	标准误差	Beta			
2	人均年收入	0.005	0.022	0.008	0.254	0.800	0.850
	农业人均年收入	−0.004	0.026	−0.005	−0.150	0.881	
	政府扶持	0.110	0.052	0.096	2.124	0.035	
	自我效能	0.477	0.057	0.447	8.337	0.000	
	创业机会	0.026	0.030	0.030	0.863	0.389	
	社会参与	−0.015	0.030	−0.016	−0.481	0.631	
	社会信任	−0.051	0.039	−0.045	−1.293	0.197	
	基础设施	0.038	0.051	0.034	0.739	0.460	
	创业氛围	−0.062	0.053	−0.055	−1.161	0.247	
	社会资本	0.104	0.071	0.089	1.458	0.146	
	风险感知	0.414	0.062	0.369	6.727	0.000	

由模型2可知，在个体特征变量中，性别、年龄、学历等对贫困农户电商创业意愿无显著影响。在家庭特征变量中，人口数量和年人均纯收入对农户电商创业意愿无显著影响，而土地面积对贫困农户电商创业意愿有着显著的负向影响（系数为−0.075，$p = 0.045 < 0.05$），表明拥有不同物质资本的农户电商创业意愿存在显著差异，且土地面积小的农户意愿要强于土地面积大的农户；劳动力数量对贫困农户电商创业意愿有着显著的正向影响（系数为0.070，$p = 0.034 < 0.05$），表明家庭劳动力数量不同的农户电商创业意愿存在显著差异，且家庭劳动力数量多的农户电商创业意愿要强于家庭劳动力数量少的农户意愿；城镇距离对农户电商创业意愿有着显著的负向影响（系数为−0.064，$p = 0.015 < 0.05$），表明城镇距离不同的农户电商创业意愿存在显著差异，且距离城镇近的农户意愿要强于离城镇较为偏远地区的农户。

政府扶持、自我效能和风险感知对贫困农户电商创业意愿具有显著正向影响，而创业机会、社会参与、社会信任、基础设施、创业氛围和社会资本等对农户电商创业意愿影响却并不显著。其中，政府扶持对贫困农户电商创业意愿有着显著的正向影响（系数为0.096，$p = 0.035 < 0.05$），这说明政府对于电商创业的利好政策支持对于农户电商创业的意愿具有促进作用。其原因可能是，政府提供的支持越多，农户进行电商创业的成本也越低，并且感知到关于创业

结果的不确定性更低，从而其创业热情和意愿会得到提高。自我效能对农户电商创业意愿有着显著的正向影响（系数为 0.447，$p = 0.000 < 0.05$），这说明农民感知到自身在电商创业中的可行动能力越强，其电商创业的意愿也就越强。可能的原因是，自我效能感强的农户认为自己有足够的经验和技能去应对电商创业过程中可能面临的问题，相信自己只要努力就一定能够创业成功。风险感知对农户电商创业意愿有着显著的正向影响（系数为 0.369，$p = 0.000 < 0.05$），这说明农户对电商创业的风险具有较好的感知时，会更愿意电商创业。其原因可能是，农户只有并不满足自己家庭现状，并意识到电商创业过程中所存在风险，才能更好地权衡利弊，在自身感受到风险可控的情况下，为了改善家庭现状而选择电子商务创业，因此表现出较强的电商创业意愿。此外，创业机会、基础设施和创业氛围等变量对农户电商创业意愿的影响并不显著，这可能与当地电子商务创业的基础不牢固，配套的基础设施不完善、电商创业氛围不足以及可获得的创业机会不够相关，从而导致农户对这些方面因素的感知较弱，没有表现出对电商创业意愿的显著影响。

5.1.4　结论与建议

本研究采用湖北恩施州的 301 份调查数据来探究民族地区贫困农户通过电商创业参与电商扶贫的意愿及其影响因素。实证分析结果显示，贫困农户的家庭特征变量（土地面积、劳动力数量、城镇距离）以及政府扶持、自我效能、风险感知等因素会对其电商创业意愿带来显著影响。因此一方面，民族地区政府应加大对贫困农户电子商务创业的扶持力度，提升农户的电商创业意愿。通过大力宣传电商创业的利好政策，以及对创业服务组织和创业者提供相应的补贴，降低农民对电商创业的不确定性感知，充分激发其创业热情。另一方面，加强农户有关电子商务知识与运营技能的培训，提升农户自我效能感与风险感知能力，以增强其电商创业的信心，从而产生更强的意愿进行电商创业。

5.2　贫困农户当地电商兼业选择研究

5.2.1　贫困农户当地电商兼业的理论分析

1. 农户兼业动因

自 1978 年改革开放后，农户兼业已经成为我国农村地区重要的经济现象

（彭欣欣等，2018）。农户兼业是指农户既从事农业生产活动又从事非农经济活动，按照农业收入在农户总收入中的比重，把以农业收入为主要家庭收入的称为第一种兼业农户，把以非农收入为主要家庭收入的称为第二种兼业农户。20世纪80年代末，我国学者开始注意到农户兼业现象并探讨农户兼业行为产生的动因（胡杰和佟光霁，2015）。总体来看，学者认为农户兼业行为产生的原因主要跟农户因素、农业因素和其他社会因素相关。

①农户因素。首先自改革开放后，我国农户开始取得自主经营的权利，能够独立做出家庭投资、从业行业选择等决策，不再受其他体制因素的束缚。其次，随着时代的进步，我国农村劳动力素质在不断提高。劳动力素质较高的农户能够很快适应外界环境，当获得比农业收入高的非农就业机会时，对收入增长的追求会使其向非农领域转移（吕保利，2011）。最后，学习新技能新知识、认识更多人、更换生活环境等原因也会使农户对从事非农产业产生强烈的愿望。

②农业因素。首先，我国人多地少的国情造成了农村劳动力剩余的现象，为了家庭生计，这些剩余劳动力不得不寻找非农兼业机会（陈群利等，2010）。其次，农业生产技术的提高和农业机械化的普及提升了农业生产效率、缩短了农业作业时间，这使得农户有了更多剩余时间，为了充分利用农业空闲时间，农户会从事农业生产之外的工作。最后，农业生产本身存在季节性的特点，其生产过程和劳动过程不一致，因此农业收入极不稳定。而农户家庭的子女教育支出、医疗支出、住房支出等均属于集中性的刚性支出，不稳定的农业收入无法承受这些大额支出，因此非农就业成为了大多数农户的必要选择。

③社会因素。首先，近些年我国城镇化和工业化速度在不断加快，使得非农产业迅速发展，给农村劳动力创造了大量的就业岗位，因此农户有了更多的就业选择。而且城乡巨大的工资水平差异也吸引农村剩余劳动力进入非农领域，以获得更高的经济收入。其次，家庭联产承包责任制和土地流转制度在很大程度上解放了农村劳动力，使农户重新拥有土地经营权，因此农户可以根据家庭和土地的实际情况来进行家庭内部分工，以提高农户收入。最后，城乡户籍制度的改革促进了农民身份的转变，并且为农民就业转移到城市提供了制度保障，因此农民愿意进入城镇中从事非农经济活动。

2. 农户兼业空间和行业选择

很多学者将农户非农就业划分为"离土"和"离乡"两种类型。其中，

"离土"型兼业是指在当地从事非农活动，"离乡"型是指离开家乡去外地务工（刘魏和张应良，2018）。在农户兼业的初始阶段，大多数农户选择的是"离土不离乡"模式，即就近从事非农兼业活动，具体有两种形式：第一种是在农忙时从事农业经营、在农闲时从事非农业经营；第二种是在乡镇企业就业（李小云，2006）。"离土不离乡"的模式既有利于农户利用自身资源创造新的收入来源同时又兼顾到农业生产（郑俊敏，2007）。但是城乡收入差距的增大，让农村剩余劳动力大量流向城市（陈海真等，2007），"离土又离乡"模式逐渐取代前一种模式的主导地位。其具体有两种形式：第一种是去城市从事非农产业工作并在城市定居，彻底脱离农业；第二种是去城市打工并长期生活在外地，将农业生产交给家庭次要劳动力来完成，只在春节等重大节日才回乡。

现阶段农户兼业行业领域非常广泛，不仅有建筑业、制造业、交通运输仓储及邮电通讯业、住宿餐饮业、批发零售业、电子商务业等市场主导型经济部门，还有教育、文化、卫生、社会福利、水电供应等政府主导型经济部门，其中建筑业是农户非农就业的主要行业（向其凤和石磊，2012）。电子商务作为农村近年来最流行的新兴行业之一，在很大程度上推动了农户的就业，为贫困农户提供了多样化的电子商务就业岗位，对农户提高家庭收入具有很大的帮助。

3. 贫困农户当地电商兼业的优势

随着互联网经济的快速发展，电子商务已经慢慢进入农村地区，不仅有利于拉动农村消费，而且为农户提供了更多就业选择。越来越多的农户倾向于在当地电商产业链中寻找兼业机会，这可以从两个方面来解释农户的这种兼业选择。一方面，相比外出就业，农户在本地参与非农活动可以减少一些额外的支出，如交通费用、求职与培训费用、证件申办费用等，还可以更便于照料家中老人与小孩，这也符合农村传统的道德准则。同时农户在本地电商产业链兼业可以在提高家庭收入的前提下既维持家庭正常生活又兼顾农业生产，这对农户来说是一种理性的选择。在心理成本方面，外出打工的农户往往会面临与家庭成员分离、人身安全、受到歧视等心理上的压力，相比而言在本地从事非农活动的农户通常具有较低的心理成本（朱农，2004）。农村电商作为一种全新的商业模式，不能仅仅用网上卖东西来定义，要胜任电商岗位，必须具备相应的知识和技能，农户通过参与当地政府组织的电商就业培训可以免费学习到相关知识和技能，并应用到家庭农业生产实践中。同时，在电商行业工作会潜移默化的帮助农户建立农产品质量意识和互联网意识,从而有助于农户优化农业生产决策,最终提升农户可行动能力。

4. 贫困农户选择当地电商兼业的影响因素

农村电子商务是近年才发展起来的新兴领域,且对电商兼业人员的专业知识和技能也有一定的要求,农户受限于自身文化素质,对电商平台的学习接受能力可能受限,难以掌握电商岗位相关的操作和技术,这在一定程度上阻碍了农户进入电商领域就业(孙昕等,2015)。但是随着电商经济的快速发展,农村电商正在潜移默化的改变农户的生活,越来越多的农户投入到电商领域,其中大部分农户对电商的首要理解是开网店卖农产品,但并不是所有农户都会选择开网店。从先前经验角度来说,具有网购经验和个体户经验的农户更有可能选择通过开网店的形式参与电商扶贫(张艳辉等,2020),而众多没有足够电商运营自我效能的贫困农户更可能选择在当地电商产业链上寻找兼业机会,从事电商快递、包装和加工等工作。

农户参与农村电商的意愿受到很多因素的影响,学者已经从许多方面对此进行了研究。在个人与家庭特征方面,谢浩等(2019)基于黔渝两省(市)3个国家电子商务示范县农户的调研数据进行实证分析,发现健康状况、受教育程度、家中是否有村干部、家庭外出务工或经商人数、宽带入户、本地快递点、距县城距离、是否贫困镇等因素均对农户电商参与意愿产生影响。吴正祥(2020)基于阜新市贫困村农户的调研数据分析了农户参与电商意愿的影响因素,表明受教育程度、网络使用经验、主要经济来源、家庭年纯收入等因素均对农户电商参与意愿有显著影响。不仅仅是农户的自身特征以及家庭特征影响其农村电商参与意愿,信息获取对农户电商参与意愿也具有很大的影响,农户可以通过社会资本拓展农户获取电商领域相关信息的渠道和来源,从而影响农户电商参与行为(唐立强、周静,2018)。电商基础设施也会影响农户电商参与意愿。许应楠和刘忆(2019)基于技术接受模型、计划行为理论,探究了电商平台有用性、电商平台易用性、基础设施、电商氛围等因素对农户电商参与意愿的影响。农户对农村电商的认知程度也会影响农村电商参与意愿,现阶段农户对农村电商的整体认知度偏低(马泽波,2017)。曹翔(2019)对霍山县石斛种植户的调研数据显示该地区农户对电商认知程度不高,并发现年龄、学历、种植年限、上网年限、上网熟练度、是否能熟练进行网上交易、是否使用智能手机等因素对农户参与农村电商产业链分工具有显著影响。也有学者对农户参与农产品电商渠道的意愿进行了研究。李光健等(2018)发现受教育程度、网购经验、拥有电脑与网络、快递物流数量、电商宣传培训都会对农户参与电商销售渠道分工决策产生正向显著影响。张益丰（2016）基于烟台大樱桃产区农户的实地调研数据，发现农户种植规模、物流便利程度、接受电商培训经历、网购经验对农户参与电商销售渠道分工具有正向作用，而农户加入合作社却产生负向作用。

5.2.2 研究设计

1. 数据来源和变量定义描述

本研究与贫困农户电商创业意愿研究的数据来源同一次调研活动所获得，为了探究民族地区贫困农户本地电商兼业选择的影响因素，以湖北省恩施州贫困农户为调查对象，共回收有效问卷 330 份。样本基本情况见表 5-6，具体变量定义如表 5-7 所示。

表 5-6　　　　　　　　　　　　**样本基本情况**

变量	类别	样本数	占比	变量	类别	样本数	占比
兼业类型	当地其他行业兼业	174	53.7%	健康状况	非常不好	6	1.8%
	当地电商产业兼业	110	33.3%		比较不好	11	3.3%
	外出打工	46	13.9%		一般	100	30.3%
性别	男	106	32.1%		比较好	161	48.8%
	女	224	67.9%		非常好	52	15.8%
民族	汉族	24	7.3%	党员	是	9	2.7%
	苗族	101	30.6%		否	321	97.3%
	土家族	98	29.7%	兼业经验	有	54	16.4%
	侗族	33	10%		无	276	83.6%
	回族	30	9.1%	村干部	是	7	2.1%
	其他民族	44	13.3%		否	323	97.9%

数据来源：笔者整理

从表 5-6 中可以看出，在 330 份有效样本中，有 24 人是汉族，占总样本的 7.3%，有 101 人是苗族，占比 30.6%，有 98 人是土家族，占比 29.7%，有

33 人是侗族，占比 10%，有 30 人是回族，占比 9.1%，有 44 人是其他民族，占比 13.3%；选择当地电商兼业的有 110 人，占总样本的 33.3%，选择当地其他行业兼业的人数占比最大，占总样本的 52.7%，考虑外出打工的有 46 人，占比为 13.9%；参与问卷调研的大多是男性，占比 67.9%，女性占比 32.1%；有非农就业经验的占总样本的 16.4%，没有非农就业经验的占比 83.6%；其中有 7 人担任村干部一职，占比 2.1%，没有担任村干部的有 323 人，占比 97.9%；有 9 人是党员身份，占比 2.7%，321 人是普通群众，占样本总数的 97.3%；大部分人的身体处于健康状态，身体好的农户共占比 64.6%，身体状况一般的占比 30.3%，身体状况不太好的共占比 5.1%。

表 5-7 变 量 定 义

变量名		变量含义	变量说明
兼业选择		兼业类型	1＝当地其他行业兼业；2＝当地电商产业兼业；3＝外出打工
生计资本	物质资本	土地面积	实际观测数值
	人力资本	年龄	实际观测数值
		家庭劳动力数量	实际观测数值
		受教育年限	实际观测数值
		身体健康状况	1～5 非常不好～非常好
		兼业经验	1＝有；2＝无
	政治资本	是否为村干部	1＝有；2＝无
		是否为共产党党员	1＝有；2＝无
	社会资本	1. 过年期间我经常去亲戚朋友家拜年	1＝完全不同意；2＝比较不同意；3＝一般；4＝比较同意；5＝完全同意
		2. 过年期间我经常给亲戚朋友发送拜年短信	
		3. 我有很多在当地电商企业工作的亲戚朋友	
		4. 我有很多自己独立做生意的亲戚朋友	
		5. 我有很多去外地工作的亲戚朋友	

变量名	变量含义	变量说明
自我效能	1. 我不喜欢墨守成规，喜欢尝试新事物	1 = 完全不同意； 2 = 比较不同意； 3 = 一般；4 = 比较同意；5=完全同意
	2. 我认为电商企业工作简单，我能够很快胜任	
	3. 我能够熟练的掌握工其他作内容，并从中获益	
	4. 根据我的能力，我能够克服工作中的问题	
	5. 只要我努力总能得到就业机会	
	6. 当我面临就业困难时，我能找出几个解决方案	
兼业比较优势	1. 我认为农业生产和非农就业的收入具有很大差异	1 = 完全不同意； 2 = 比较不同意； 3 = 一般；4 = 比较同意；5=完全同意
	2. 我认为农业生产经常因为遭受自然灾害而减产	
	3. 我认为农业季节性周期性导致家庭收入不稳定	
	4. 我认为非农就业的收入比较稳定	
	5. 我认为非农就业能够更快的获得收入	
区域环境	1. 我认为当地经济快速发展提供了很多就业机会	1 = 完全不同意； 2 = 比较不同意； 3 = 一般；4 = 比较同意；5=完全同意
	2. 我认为当地电商产业发展比较迅速	
	3. 我认为当地电商产业发展前景比较好	
	4. 我家距离最近的县城很近	
	5. 当我要去县城时，可以选择多种交通工具	

2. 模型选择

Logistic 回归模型主要是对自变量为分类数据、因变量为分类数据或连续数据进行回归分析。由于本文被解释变量的三个选项"当地其他行业兼业""当地电商产业兼业""外出打工"为无序多分类变量，因此选择无序多分类 Logistic 回归模型来进行实证研究。设被解释变量有 j 个类别，则需建立 $j-1$ 个模型，被解释变量取第 i 个类别时 Logistic 回归模型设为：

$$\text{LogitP} = \ln\left(\frac{p_j}{1 - p_j}\right) = \beta_0 + \sum_{p=1}^{n} \beta_i X_i$$

其中，p_j （j=1，2，3）代表个体 i 选择兼业类型 j 的概率，X_i 为解释变量，包括物质资本、人力资本、政治资本、社会资本、自我效能、兼业比较优势以及区域环境多个变量。按照兼业类型的选择占比由大到小，本书以外地打工作为参照进行回归，得到当地电商产业兼业、当地其他行业兼业关于外地打工的就业选择；为了方便比较，也以当地其他行业兼业作为参照进行回归，得到当地电商产业兼业关于当地其他行业兼业的就业选择。

5.2.3 贫困农户当地电商兼业选择的实证分析

本书运用 SPSS21.0 对样本数据进行多元 Logistic 回归分析，当前模型的 -2 倍对数似然值为 576.381，似然比卡方值为 69.328，Cox & Snell R^2 为 0.189，Nagelkerke R^2 为 0.221，概率 p 值为 0.000，说明解释变量全体与广义 LogitP 之间线性关系显著，模型拟合效果良好。

模型 1 和模型 2 的基准方案为"外地打工"，模型 3 的基准方案为"其他行业兼业"。最终模型的回归估计结果如表 5-8 所示。

表 5-8　　　　　　　**兼业渠道选择的多元 Logistic 模型回归结果**

		模型 1 (其他行业兼业/ 外地打工)		模型 2 (电商兼业/ 外地打工)		模型 3 (电商兼业/ 其他行业兼业)	
		B	Exp(B)	B	Exp(B)	B	Exp(B)
	常数项	−2.916		−4.997		−2.081	
物质资本	土地面积	0.063 **	1.065	0.066 *	1.069	0.004	1.004
人力资本	年龄	0.078 *	1.081	0.106 **	1.112	0.028	1.029
	家庭劳动力数量	0.000001	1.000	0.000009 *	1.000	0.000008 ***	1.000
	身体健康状况	−0.487 *	0.614	−0.396	0.673	0.092	1.096
	受教育年限	0.012	1.013	0.013	1.013	0.001	1.001
	兼业经验	−0.827	0.437	0.158	1.172	0.985 **	2.679
政治资本	是否为村干部	1.346 **	3.841	0.810	2.249	−0.535	0.585
	是否为党员	0.088	1.092	−0.279	0.757	−0.367	0.693
	社会资本	0.920 ***	2.510	0.944 **	2.570	0.024	1.024
	自我效能	0.067	1.069	0.490 **	1.633	0.424 ***	1.528
	兼业比较优势	−0.504	0.604	−1.130 ***	0.323	−0.627 *	0.534
	区域环境	0.277	1.319	0.666 *	1.946	0.389	1.476

续表

		模型1 （其他行业兼业/ 外地打工）		模型2 （电商兼业/ 外地打工）		模型3 （电商兼业/ 其他行业兼业）	
		B	Exp(B)	B	Exp(B)	B	Exp(B)
模型拟合信息	−2倍对数似然值	576.381					
	似然比卡方	69.328					
	显著水平	0.000					
	Cox & SnellR²	0.189					
	Nagelkerke R²	0.221					

注：*、**、***分别表示在10%、5%、1%的水平上显著。

1. 生计资本对贫困农户兼业选择的影响

（1）物质资本

物质资本因素，即土地面积对贫困农户当地电商产业兼业选择、当地其他行业兼业选择具有显著的影响。土地面积的系数在模型1和模型2中都为正且显著，说明相对于外地打工，在其他因素不变的情况下，土地面积越大，农户越倾向于当地其他行业兼业或当地电商产业兼业，且在当地电商产业兼业选择中影响更强。土地面积较大时，农户更愿意留在当地，这可能是因为家中农业生产收入在家庭收入占比中较大，留在当地兼业可以兼顾家庭农业生产，从而保障家庭收入来源与总额相对稳定。土地面积的系数在模型3中为正但不显著，说明在电商产业兼业和当地其他行业兼业之间进行选择时，较大的土地规模有助于农户选择当地电商产业兼业，但这种影响并不显著。

（2）人力资本

在人力资本因素中，年龄、劳动力数量、兼业经验对贫困农户当地电商产业兼业具有显著的影响，年龄、健康状况对贫困农户当地其他行业兼业具有显著的影响，受教育程度对贫困农户兼业选择的影响不显著。具体来说：①年龄的系数在模型1和模型2中都为正且显著，说明相对于外地打工，在其他因素不变的情况下，年龄越大的农户越显著的倾向于当地兼业，且选择当地其他行业兼业的可能性更大。年龄的系数在模型3中为正但不显著，说明在电商产业兼业和当地其他行业兼业之间进行选择时，较高的年龄有助于农户选择当地电商产业兼业，但这种影响并不显著。②劳动力数量的系数在模型 2 和模型 3 中都为正且显著，说明相对于当地其他行业兼业和外地打工，在其他因素不变的情况下，劳动力数量越多的农户家庭越显著的倾向于当地电商产业兼业。这是由于家庭中已经有一部分劳动力负责农业生产活动，因而存在剩余劳动力，为了增加家庭收入，这些剩余劳动力会选择农业生产之外的工作，并且更可能从事发展前景较好的电商产业相关的工作。劳动力数量的系数在模型 1 中为正但不显著，说明在外地打工和当地其他行业兼业之间进行选择时，劳动力数量较多有助于农户选择当地其他行业兼业，但这种影响并不显著。③健康状况的系数在模型 1 中为负且显著，说明相对于当地其他行业兼业，在其他因素不变的情况下，身体越健康的农户越倾向于外出打工。这可能是因为经济发展更好的城市平均收入水平更高、就业机会更多，去外地打工能够提高农户的工资水平。健康状况的系数在模型 2 中为负且不显著，在模型 3 中为正也不显著，说明在这三种兼业方式之间进行选择时，健康状况越好，农户选择兼业类型的顺序为外地打工>当地电商产业兼业>当地其他行业兼业，但健康状况对这种选择顺序的影响并不显著。④兼业经验的系数在模型 3 中为正且显著，说明相对于当地其他行业兼业，在其他因素不变的情况下，曾经有过兼业经验的农户显著倾向于当地电商产业兼业。这可能是因为农户在经过各种各样的非农工作尝试后，最终发现电商产业相关的工作可能比其他行业的工作要好。兼业经验的系数在模型 1 中为负且不显著，在模型 2 中为正也不显著，说明在这三种兼业方式之间进行选择时，具有兼业经验的农户选择兼业类型的顺序为当地电商产业兼业>外地打工>当地其他行业兼业，但兼业经验对这种选择顺序的影响并不显著。

（3）政治资本

在政治资本中，是否担任村干部对贫困农户选择当地其他行业兼业具有显著的影响，是否为共产党党员对贫困农户兼业选择的影响不显著。村干部变量的系数在模型 1 中为正且显著，说明相对于去外地打工，在其他因素不变的情况下，担任村干部的农户显著倾向于当地其他行业兼业。这可能是因为村干部的见识更广、在当地认识更多的人，因此留在当地工作有更多更好的收入机会，并且就近工作有助于及时解决所在村庄里突发的状况，从而兼顾自己政治资本的维系。村干部变量的系数在模型 2 中为正且不显著，在模型 3 中为负也不显著，说明在这三种兼业方式之间进行选择时，担任村干部的农户选择兼业类型的顺序为当地其他行业兼业>当地电商产业兼业>外地打工，但村干部变量对这种选择顺序的影响并不显著。

119

（4）社会资本

社会资本对贫困农户当地电商产业兼业选择、当地其他行业兼业选择具有显著的影响。社会资本变量的系数在模型1和模型2中都为正且显著，说明相对于外地打工，在其他因素不变的情况下，家庭社会资本的增加有助于农户选择当地其他行业兼业或当地电商产业兼业，且对当地电商产业兼业的促进作用更大。这可能是因为农户的社会资本越丰富，其人际交往范围就越大，从而可以在当地获得更多的就业机会，特别是新兴行业。社会资本的系数在模型3中为正但不显著，说明在当地电商产业兼业和当地其他行业兼业之间进行选择时，丰富的社会资本有助于农户选择当地电商产业兼业，但这种影响并不显著。

综上所示，在生计资本中，土地面积、年龄、劳动力、兼业经验以及社会资本对贫困农户选择当地电商产业兼业具有显著的正向影响作用；土地面积、年龄、健康状况、是否为村干部以及社会资本对贫困农户选择当地其他行业兼业也具有显著的影响作用，其中土地面积、年龄、是否为村干部以及社会资本为正向影响作用，而健康状况为负向作用。

2. 自我效能对贫困农户兼业选择的影响

兼业自我效能对贫困农户选择当地电商产业兼业具有显著的正向影响，对选择当地其他行业兼业的影响却不显著。自我效能的系数在模型2和模型3中都为正且显著，说明相较于其他两种兼业类型，在其他因素不变的情况下，自我效能感越强的农户越倾向于当地电商产业兼业。这可能是因为电商产业兴起的时间相对来说较晚一些，农户自我效能感较强，愿意去尝试新事物，并且认为只要努力就能够熟练的掌握电商产业岗位的相关技能，因而选择电商产业兼业。自我效能的系数在模型1中为正但不显著，说明在外出打工和当地其他行业兼业之间进行选择时，较强自我效能有助于农户选择当地其他行业兼业，但这种影响并不显著。

3. 兼业比较优势对贫困农户兼业选择的影响

兼业比较优势对贫困农户选择当地电商产业兼业具有显著的负向影响。兼业比较优势的系数在模型2和模型3中都为负且显著，说明相较于当地电商产业兼业，在其他因素不变的情况下，兼业比较优势越明显，农户越倾向于当地其他行业兼业或外地打工。这可能是因为农户通过比较这三种兼业类型的优劣势，发现当地电商产业兼业可能在工资水平、收入稳定性等方面比另外两种兼业方式更差些。兼业比较优势的系数在模型 1 中为负但不显著，说明在外地打工和当地其他行业兼业之间进行选择时，较明显的兼业比较优势有助于农户选择去外地打工，但这种影响并不显著。

4. 区域环境对贫困农户兼业选择的影响

区域环境对贫困农户选择当地电商产业兼业具有显著的正向影响。区域环境的系数在模型 2 中为正且显著，说明相较于外地打工，在其他因素不变的情况下，当地产业发展越好，农户越倾向于当地电商产业兼业。这可能是因为电商产业作为一个新兴行业，在当地发展的速度较快且未来有更好的发展前景，这给当地农户提供了很多的就业机会。区域环境的系数在模型 1 和模型 3 中都为正且不显著，说明在这三种兼业方式之间进行选择时，区域环境发展越好，农户选择兼业类型的顺序为当地电商产业兼业>当地其他行业兼业>外地打工，但区域环境变量对这种选择顺序的影响并不显著。

5.2.4 结论与建议

本书利用湖北省恩施州贫困农户的样本数据分析了民族地区贫困农户兼业选择的影响因素。分析结果表明，土地面积、年龄、劳动力、兼业经验、社会资本、兼业自我效能以及区域环境对贫困农户选择当地电商产业兼业具有显著的正向影响作用，兼业比较优势对贫困农户选择当地电商产业兼业具有显著负向作用。

根据上述定量研究结论，就促进民族地区贫困农户选择当地电商产业兼业提出以下几点建议：①贫困农户家庭应该积极积累家庭社会资本，为进入电商行业工作提供人脉支持；②农户要努力提升自我效能感，积极参与电商相关的技能培训，掌握电商相关的专业知识，提高自身的非农就业能力，为进入电商行业做好充足的人力资本准备；③政府要加强对农村电商的支持，将农村电商扶贫落到实处，让更多的贫困农户参与到农村电商产业链分工中去，既解决贫困农户的就业问题，也促进农村电商的进一步发展；④大力加快农村基础设施建设，加大对农村道路的修整力度，为农户参与农村电商扶贫提供便利条件。

6 县域视角民族地区电商扶贫效率分析

随着电商扶贫工程被纳入国家扶贫政策体系，民族地区越来越多的贫困农户参与电商扶贫，在利用电子商务创业和兼业上进行了有益的探索和尝试，这一扶贫模式脱贫致富的效果也日益凸显。然而，从县域视角深入对民族地区电商扶贫效率进行测度的研究仍然较少，对民族地区各县电商扶贫产生多大的成效以及存在怎样的差异尚不清晰。基于此，本章在厘清电商扶贫效率概念与内涵的基础上，运用非径向超效率 DEA 模型对湖北省恩施自治州的 8 个民族县市的电商扶贫效率进行评估，并采用灰色关联度模型对其电商扶贫效率影响因素进行研究，与此同时将恩施自治州和其比邻的宜昌市下属 8 个县市进行横向比较，从而更加明确掌握恩施自治州各县电商扶贫效率空间格局及其引致因素，以期为湖北民族贫困地区电商扶贫发展决策提供参考依据。

6.1 电商扶贫效率的内涵与测量

电商扶贫不同于传统的精准扶贫手段，这是一次创新之举，因此更需要走集约化道路，以更好地提高扶贫工作效率。在对湖北恩施自治州电商扶贫效率进行测度前，需准确界定电商扶贫效率的概念与内涵，从而科学选择测量方法。

6.1.1 基本概念

关于"效率"一词的概念，《辞海》中的定义是劳动的消耗量与所得到的劳动成果的比值，即投入与产出的比值。西方的经济学辞书中对效率所下的定义是将资源配置结果看作效率，即在有限的技术条件和资源下，尽可能使得经济的运行满足人类的需要。

电子商务效率是指在特定的时间范围内，电子商务业发展过程中单位生产要素投入能够实现产出的度量，它包含所有利益相关者得到的总剩余。由此可知，电商扶贫效率是指在一定时间内，在准确度量电商扶贫各类投入要素的基础上，评估其经济产出的主要指标，也是考核贫困地区电商扶贫与脱贫效果的重要方面。电子商务扶贫效率的核心思想是强调以较少的资源投入，获得较高数量和质量的经济产出，即电商扶贫效果最大化。

6.1.2 电商扶贫效率的测量

为衡量电商扶贫效率，一般需要构建投入和产出两大类指标，投入角度一般是指电子商务发展水平，产出角度往往是指经济发展水平。从产出角度来说，衡量扶贫效果的产出指标一般有人均 GDP、农村居民人均可支配收入、城镇居民可支配收入、非贫困发生率等（杨雪云、时浩楠，2019；唐红涛等，2018）。从投入角度来说，对电子商务发展水平的衡量指标则多种多样，年志远等（2019）基于 DEA 分析方法选取在线销售农产品数来衡量农产品电商发展水平；柳思维等（2019）以移动电话年末用户数来衡量我国地级市的电子商务发展程度；张俊英和唐红涛（2019）基于修正后的 Feder 模型将电商扶贫效率分解为直接效应和间接效应，并以各省电子商务交易额数据作为电子商务发展水平指标代入模型求解。

除用单一指标衡量电子商务发展水平外，更多学者选取多个指标来测度电商发展水平。穆燕鸿和王杜春（2016）依据国际经济合作与发展组织（OECD）的评价方法提出测量农村电子商务发展水平的 3 个一级指标，分别为就绪度、应用度和影响度，所属二级指标一共有 14 个，其中就绪度是指前期为发展农村电子商务而进行的相关准备工作，如物力、人力和基础设施等；应用度主要反映农村电子商务的运营情况，包括涉农电商企业数量、农村电商交易额、农村电商交易频率等；影响度体现在农村电子商务发展对当地政治、经济、就业等多方面带来的影响。陈云帆和曹玲（2018）借助阿里巴巴发布的电子商务发展指数、县域网商指数、县域网购指数以及电商交易额占全省GDP 比重、淘宝村占全国淘宝村总数比例等 5 个指标衡量省域电子商务发展水平。类似地，杨书焱（2019）依据清华大学发布的《中国电子商务发展指数报告》，以一级指标电商发展指数和四类子指标（电商应用渗透、电商发展规模、电商支撑环境和电商成长潜力）来反映农村电子商务发展水平。

6.2 湖北省民族地区电商扶贫成效

恩施州是湖北省唯一的少数民族自治州，也是湖北省唯一享受国家西部大开发政策的地区，在区域中发挥着"承东启西"的作用，因此在湖北的"中部崛起"战略中大有作为。近年来，湖北省民族地区电商扶贫逐渐形成了理论与实践结合创新机制，形成了扶贫工作新局面，为民族贫困地区及贫困农户家庭攻坚脱贫树立了信心，作为湖北省脱贫攻坚的重点地区，恩施州在党中央及省政府的高度重视下，不断地推进电商扶贫工作，取得了一定的成效，这将对减小地区发展差距，维护民族地区社会稳定产生重要意义。

6.2.1 湖北省恩施州电商扶贫整体成效

近年来，恩施州把"互联网+"应用作为扩大开放的重要途径，将互联网基础上催生的电商产业纳入经济社会发展的大局，实行严格的部署和推进工作，全州电子商务得到了快速发展。2014年以来，全州抢抓农村电子商务试点机遇，加大推动农村电子商务发展力度，并取得了一定的成效。其中来凤县、鹤峰县、咸丰县相继被纳入"全国电子商务进农村综合示范县"，恩施市被纳入"全省电子商务进农村综合示范县"，而湖北萌族电子商务有限公司、湖北中天亿信科技股份有限公司，被省商务厅列入2014年、2015年全省电子商务示范企业；赶街、火凤凰、淘实惠、居无忧、集群E家等一批新兴电商企业涌现，"云上恩施""土家购""硒可商城"等一批本土电商平台企业茁壮成长，电子商务市场主体不断增多和壮大；电商应用在第三产业中占比超过60%，覆盖18个国民经济门类，相关企业通过自建平台或使用第三方电商平台来构建线上线下交织的销售网络，电商进农村深入推进，畅通了工业品下乡和农产品进城双向通道，全州电子商务应用覆盖更加广泛。

2015年全州电商交易额达28.6亿元，其中，网络零售交易额为8亿元，同比增长50%。截至2015年全州已建成乡镇电子商务服务站70个，村级电子商务服务站3206个，其中729个贫困村共建立电商服务站472个，覆盖率达到64.7%。全州大多数特色农产品均能进行线上销售，近500个贫困村的100个专业合作社抱团发展，辐射带动近万名贫困人口从事电商产业，人均年增收可达万元以上。此外，在第三届武汉国际电子商务暨网络商品博览会中，建始食达好腊制品、恩施硒多宝藤饮、巴东俏巴人豆干、利川龙泉竹筒酒等产品受到热烈欢迎，现场达成产品销售合作协议2680万元，电商线上交易额突破86.8万元，电子商务扶贫成效明显。

预计到2020年底，恩施州的电商产业将在现有基础上得到长足发展，预计全州将实现电子商务交易额累计达200亿元，占社会消费品零售总额比重达26%以上，其中电子商务网络零售交易额累计达100亿元；中小企业电子商务应用普及率超过70%，规模以上企业电子商务应用普及率达到90%；力争8个县市全部被纳入全国电子商务进农村综合示范县；规划建设 1 个州级电子商务产业园区，建立州级电子商务大数据中心；培育 8 个县级农村电子商务公共服务中心，打造 2~3 个在全国具有一定影响力的电子商务公共服务平台；带动直接或间接就业 50 万人以上，帮助 40 万建档立卡贫困户脱贫。恩施州近年来电子商务扶贫主要成效情况见表 6-1。

表 6-1 **恩施州电商扶贫主要成效**

时间	成 效
2015 年	全州电商交易额达 28.6 亿元
	实现网络零售交易额为 8 亿元，同比增长 50%
	建成乡镇电子商务服务站 70 个
	建成村级电子商务服务站 3206 个
	729 个贫困村已建立服务站 472 个，覆盖率约为 64.7%
	带动近 10000 名贫困人口从事电商产业，人均年增收可达 10000 元以上
截至 2016 年 9 月	全州电子商务服务平台、电子商务示范园区和电子商务运营服务网点累计达到 3644 个
	从事电商市场主体 3277 个
	直接和间接就业人员近 2 万人
	全州规模以上电商企业达 100 多家，产业规模近 38 亿元
截至 2017 年 9 月	全州从事电子商务市场主体 3125 个
	已建立电子商务服务平台 75 个，服务站 472 个
	辐射带动 20 万贫困人口精准脱贫
	全州电商快递物流企业达到 125 家，分拨物流配送中心 36 个，仓储面积 30000 平方米，从业人员 12000 余人，实现乡镇快递全覆盖
2017 年	140 个重点贫困村顺利出列，3.9 万户、12.2 万人脱贫销号，7.4 万人易地扶贫搬进新居，贫困发生率由 14.8% 下降到 11.6%
	电商交易额突破 30 亿元，增长 40%
2018 年	电商交易额突破 50 亿元，同比增长 36%

数据来源：笔者从政府官网发布的相关内容中整理所得。

6.2.2 湖北典型民族县市电商扶贫成效

作为湖北省典型的民族贫困地区，恩施州在电商扶贫中取得了一定的成绩，展现了电商扶贫在推动民族地区经济社会发展的强劲动力。这得益于各县市因地制宜，以电商扶贫政策为依托，深度挖掘自身的特色，发扬自身优势，形成了特色鲜明的区域电商扶贫发展模式，并取得了显著成效。

1. 鹤峰县

鹤峰县位于湖北省西南部，地属恩施州，先后被定为国家一类老区县和国家扶贫开发重点县。全县辖 5 镇 4 乡 1 个经济开发区，205 个行政村 12 个社区共 22.4 万人。地处武陵山腹地的鹤峰，借助"互联网+"东风，依托电商平台，将盛产的硒茶、硒土豆、红薯、豆皮、蜂蜜等优质农产品远销全国各地。2015 年，鹤峰县成功申报国家电子商务进农村综合发展试点。截至 2016 年 4 月，该县已建成 1 家县级电子商务公共服务中心，集优、鑫农、青翠园、金阳、八峰等 5 大 O2O 体验馆，8 个乡镇仓储配选服务站，132 个村级电子商务服务点，51 个重点贫困村实现了村级服务站全覆盖。同年，该县采取"政府引导、企业主体、高校参与"的"政企校"模式，推动社会力量融入电商扶贫发展，建成鹤峰本土电商平台——"土家购"。该平台上线后，服务入驻企业 100 余家，上线产品 300 余款，硒茶、硒土豆、红薯、豆皮、蜂蜜、菜籽油、腊货等鹤峰土特产，通过平台走出大山远销全国。

近年来，鹤峰县电商交易额逐年上升、不断实现新突破，仅在 2016 年全县网络零售市场交易规模超过 1.2 亿元，电子商务交易额更是突破 3 亿元，51 个重点贫困村农产品销售额达 2100 万元，硒土豆销售额达 800 万元，带动 1800 余户贫困户脱贫。2017 年，全县电商交易额突破 4 亿元，高达 4.18 亿元，比 2016 年增加 1.18 亿元，增长 39.3%，全县 20 家开展电商业务的涉农企业在网上销售农产品 4141.58 万元，带动 16037 名贫困对象人均增收 1736 元。2018 年全县电商交易额突破 5 亿元，2019 年 1—10 月达 5.49 亿元，同比增长 21%。鹤峰是湖北省唯一荣获"全国互联网+农业十大最具特色县域奖"的县市，电商发展模式受到国家商务部、省商务厅高度肯定。鹤峰县主要电商扶贫成效情况见表 6-2。

表 6-2　　　　　　　　　　　**鹤峰县电商扶贫主要成效**

时间	取 得 成 效
2015 年	成功申报国家电子商务进农村综合发展试点
截至 2016 年 4 月	建成 1 家县级电子商务公共服务中心
	建成集优、鑫农、青翠园、金阳、八峰等 5 大 O2O 体验馆
	建成 8 个乡镇仓储配选服务站
	建成 132 个村级电子商务服务点
	51 个重点贫困村实现了村级服务站全覆盖
	发展企业网商 100 家、个人网店 500 家
	培育年交易额亿元以上电子商务企业 1 家，年交易额 3000 万元以上 5 家
2016 年 10 月	鹤峰本土电商平台"土家购"服务入驻企业 100 余家，上线产品 300 余款
2016 年	全县电子商务交易额突破 3 亿元
	网络零售市场交易规模突破 1.2 亿元
	51 个重点贫困村农产品销售额达 2100 万元
	硒土豆销售额达 800 万元
	带动 1800 余户贫困户脱贫
2017 年到 6 月底	入驻"土家购"企业 124 家，上线产品 520 款，线上交易额达 3874.2 万元，其中仅茶叶交易额就达 3394.6 万元
	全县电商销售额达 2.11 亿元
截至 2017 年 9 月	累计开展电商培训 7000 余人次
2017 年	全县电商交易额突破 4 亿元，高达 4.18 亿元，比 2016 年增加 1.18 亿元，增长 39.3%
	全县 20 家开展电商业务的涉农企业在网上销售农产品 4141.58 万元，带动 16037 名贫困对象人均增收 1736 元
2018 年	全县电商交易额突破 5 亿元
2019 年 4 月	经湖北省人民政府批准，退出贫困县序列
2019 年 1—10 月	电商交易额达 5.49 亿元，同比增长 21%

数据来源：笔者从政府官网发布的相关内容中整理所得。

2. 利川市

利川市地处湖北西南边陲，是恩施土家族苗族自治州面积最大、人口最多的县级市，辖 2 街道、7 镇、5 乡，总人口 91.37 万人。2018 年，全市电商市场主体达到 2048 个，其中有 50 家企业入驻电商产业园，52 家企业入驻线上平台，该市搭建的 10 余个电商平台打通了农产品销售渠道，让 330 多种产品成功实现线上销售。2018 年利川已建成市级电子商务公共服务中心 1 个、县域电商运营服务中心 3 个和仓储配送中心 1 个、乡镇电商综合服务站点 13 个、村级电商服务站点 530 个，电商服务网点已覆盖 82 个贫困村。同年，该市农产品上行金额达 5.1 亿元，同比增长 46%，被评为全州唯一的"中国电商示范百佳县"。电商扶贫累计服务建档立卡贫困户 34270 人，其中带动 110 名贫困户就业，带动 640 人创业。同年，为扩大农产品上行半径，全市 16 家企业入驻电子商务线下体验馆，10 余家企业产品上线阿里巴巴 1688 平台；该市与银联商务达成战略合作协议，特色农产品利川山药、茶叶、莼菜、土豆和魔芋等全面入驻其"全民惠农"平台；淘宝利川特色馆正式开馆运营，累计达到 400 万元销售额；此外，该市还组织企业参加第五届中国（杭州）国际电子商务博览会，总销售额超过 2000 万元。截至 2019 年 8 月，该市新建和整合村级电商服务站点 259 个，其中贫困村新建站点 120 个，贫困村覆盖率 85%，累计实现农产品上行 4.73 亿元。利川市主要电商扶贫成效情况见表 6-3。

表 6-3　　　　　　　　　　　**利川市电商扶贫主要成效**

时间	取得成效
2016 年	建成农村电商服务网点 466 个
2018 年	电子商务万人培训计划共培训 2319 人次
	全市电商市场主体达到 2048 个，电商产业园入驻企业 50 家，线上平台入驻 52 家，330 余款产品上线销售
	建成市级电子商务公共服务中心 1 个
	建成村级电商服务站点 530 个
	乡镇电商综合服务站点 13 个
	县域电商运营服务中心 3 个
	县域仓储配送中心 1 个

续表

时 间	取 得 成 效
2018 年	电商服务网点已覆盖 82 个贫困村
	农产品上行金额达 5.1 亿元，同比增长 46%
	全州唯一被评为"中国电商示范百佳县"
	累计服务建档立卡贫困户 34270 人，带动 110 人就业，640 人创业
	特色馆开馆运营，累计销售额达 400 万元
	16 家企业入驻萧山线下体验馆，10 余家企业产品上线 1688 平台
截至 2019 年 8 月	新建和整合村级电商服务站点 259 个，其中贫困村新建站点 120 个，贫困村覆盖率 85%
	累计实现农产品上行 4.73 亿元
2019 年	城镇、农村常住居民人均可支配收入 31238 元、11415 元，分别增长 8.4%、9.6%
	贫困发生率下降至 0.25%
	农产品网上交易额突破 10 亿元
2020 年 4 月	经湖北省人民政府批准，退出贫困县序列

数据来源：笔者从政府官网发布的相关内容中整理所得。

3. 巴东县

巴东县位于湖北省西南部，地属恩施州。全县辖一个开发区和 12 个乡镇，截至 2018 年，户籍总人口达 48.8 万人。近年来，巴东县将电子商务作为转型升级、促进农民脱贫致富、农村经济快速发展的重要抓手。2015 年，巴东县已建成"淘实惠"农村网点 71 个、淘宝店 100 多个、多业态电商企业 20 余家，全县电子商务企业网络交易额超过 1200 万元，与 2014 年相比成倍增长。截至 2016 年 3 月巴东已建成多业态电商企业 28 家，现有 5000 余人开了 200 多家网店、近千家电商微店，2015 年销售额达 4000 多万元。2017 年巴东县入选国家级电子商务进农村示范县，截至 2017 年 8 月，全县已建设和提升村级电子商务服务站 120 个，其中建档立卡贫困村服务站 70 个，招募"农村淘宝"合伙人 80 家。到 2019 年 5 月，全县已建成电商服务站点 102 个，淘实惠村级网点 226 个，投入 205 亿元建成电商产业园，12 个乡镇特色店（馆）入驻电商产业园,拥有 1485 个电子商务市场主体,网络交易额达 7 亿元,并对接了 3280 户建档立卡贫困户精准实施电商扶贫。到 2019 年 11 月底,全县已建成乡(镇)电商综合服务站点 11 个,村级电商综合服务站点 176 个;开展电商普及培训 34 期,站长培训 1 期,培训总人数 2166 人次,其中贫困户 1037 人次。

同时,巴东县积极打造农产品电子商务供应链体系,分别与湖北硒绿源生态农业有限公司、巴东神羽茶叶有限公司、恩施硒海棠生物科技有限公司、巴东桂琼食品加工厂、大野印象、施梅酒业等 8 家中大型企业和合作社达成战略合作,注册成功 2 个品牌:"秘境巴都"和"巴土鲜礼"。截至 2020 年 4 月,巴东县电子商务普及培训共培训 57 期,站长培训 5 期,普及培训总人数 3571 人次,其中贫困户 1429 人次,开展创业培训 8 期,创业培训报名人数 513 人次,创业培训总人数 232 人次,其中贫困户 70 人次。巴东县近年来主要电商扶贫成效情况见表 6-4。

表 6-4 巴东县电商扶贫主要成效

时　间	取　得　成　效
2015 年	已建成"淘实惠"农村网点 71 个、淘宝店 100 多个
	多业态电商企业 20 余家
	全县电子商务企业网络交易额超过 1200 万元,全年网络销售额 4000 多万元
截至 2016 年 3 月	有 5000 余人开了 200 多家网店、近千家微店
2017 年	入选国家级电子商务进农村示范县
截至 2017 年 8 月	已建村级电子商务服务站 120 个,其中建档立卡贫困村服务站 70 个
	招募"农村淘宝"合伙人 80 家
到 2019 年 5 月	全县已建成电商服务站点 102 个,淘实惠村级网点 226 个
	投入 205 亿元建成电商产业园,12 个乡镇特色店(馆)入驻
	累计发展电子商务主体 1485 个,电商主体与 3280 户建档立卡贫困户实现对接
	网络交易额达 7 亿元
到 2019 年 11 月	全县已建成乡(镇)电商综合服务站点 11 个,村级电商综合服务站点 176 个
	开展电商培训 34 期,培训总人数 2166 人次,其中贫困户 1037 人次

续表

时间	取 得 成 效
截至 2020 年 4 月	普及培训 57 期，普及培训总人数 3571 人次，其中贫困户 1429 人次，创业培训总人数 232 人次，其中贫困户 70 人次
	湖北省人民政府批准巴东县退出贫困县

数据来源：从政府官网发布的相关内容中整理所得。

4. 建始县

建始县位于湖北省西部恩施州境内，属于武陵山集中连片特困地区，曾是国家级贫困县。该县下辖 10 个乡镇共 368 个村，2016 年末总人口 51.46 万人。近年来，建始县大力发展农村电子商务，将农村电商发展思路确定为"以销代产、以产促业、以业脱贫"。截止到 2016 年，该县建成 2 个县级电商运营和体验中心，10 个乡镇示范店和服务中心，800 多个村级电商服务站，电商快递物流企业 18 家。在电商平台体系建设方面，建始县发展出三大本地电商平台——淘实惠、邮乐购和裕农电商，与此同时主流电商平台例如淘宝天猫店、京东恩施馆、微商、微店等也在不断加入，本土专业化电商企业如金辰电子商务公司、骄旭电子商务公司等也在不断孵化培育当中，可以明显看出，"互联网+"农村电商的新业态正在逐步形成。2016 年，全县工业消费品下行线上销售额达 2.15 亿元，而土豆、红提、猕猴桃、植物油等 20 多种农产品上行线上交易额为 1.27 亿元，带动大约 1.6 万贫困户实现增收。为了更好更快地发展农村电商，建始县开始推进农业生产企业转型发展电商营销，这其中涌现出一批如米工坊食品公司、食达好现代农业公司等电商转型代表性企业，仅 2016 年当年就有 35 家涉农企业涉足网络营销，年营销额超过 5000 万元。

建始县自 2017 年被国家商务部批准为第四批国家电子商务进农村综合示范县以来，将绿色生态、富硒食品作为产品突出特点，将"一中心两网络三体系"作为重点建设对象，将平台链、供应链、服务链作为电商完善链条，始终坚持走利用绿色农产品借助电商平台实现脱贫致富的道路。全县的电商发展态势持续向好，交易额持续攀升。到 2018 年底，全县电商交易额突破 3 亿元大关，同比增长 50.2%，进出快递单量达到 738 万单。目前建始县"互联网+"农村电商已经进入一个良性健康的发展通道，在助推农村经济结构转型与产业升级、精准扶贫与脱贫方面起到了关键作用。建始县近年来主要电商扶贫成效情况见表 6-5。

表 6-5　　　　　　　　　　建始县电商扶贫主要成效

时间	取得成效
截至 2016 年 7 月	成功签约 571 个村级电商综合服务网点
	411 个行政村淘实惠电商服务全覆盖
	建成店子坪、槐坦、马子峡、铜锣 4 个淘实惠农村电子商务示范村
截至 2016 年底	建成 2 个县级电商运营和体验中心、10 个乡镇示范店和服务中心和 800 多个村级电商服务站
	培育出淘实惠、邮乐购、裕农电商 3 大本地电商平台和金辰、骄旭等本土专业化电商企业
	电商快递物流企业达 18 家
	全县工业消费品电商下行营销额 2.15 亿元，20 余类农产品上行网络营销额 1.27 亿元
	全县约 1.6 万贫困人口从中增收
	35 家涉农企业涉足网络营销，当年营销额即超过 5000 万元
2017 年	被国家商务部批准为第四批国家电子商务进农村综合示范县
2018 年	全县电商交易额突破 3 亿元，同比增长 50.2%
	进出快递单量达到 738 万单
	城镇、农村居民人均可支配收入分别达到 27275 元、10428 元，分别增长 8.5%、9.5%
	19 个重点贫困村、21546 人实现脱贫
2020 年 4 月	经湖北省人民政府批准，退出贫困县序列

数据来源：从政府官网发布的相关内容中整理所得。

6.2.3　湖北省民族地区电商扶贫存在问题分析

2014 年以来，我国不断推出新的电商扶贫政策，民族地区电商扶贫工作也取得了长足进展，不仅贫困区域的基本状况得到了很大改变，贫困户的家庭基本状况也得到极大改善，民族地区及贫困户的经济收入得到了显著提升。但是从目前来看，湖北省民族地区电商扶贫工作任务前期布局虽已基本完成，但依然存在一些问题。

第一，电商人才仍较为缺乏。开展农村电子商务，需要农民"卖家"精通电子商务运营技术，同时要有一定的农业生产经验和电商产品知识，对市场信息的搜集和把握也有一定要求，需要了解农产品特点和市场行情，并能及时解答网络购物客户提出的问题。这都对民族地区电商人才教育和培养提出了更高的要求。加之广大少数民族地区群众文化程度偏低，受传统农业生产观念的束缚，对电子商务仍持观望态度，主动学习电商运营相关知识的积极性有待进一步提升，使得已经建成的电子商务服务网点利用率不高，给电商扶贫工作造成了阻碍。

第二，农产品特性制约了电子商务扶贫工作的开展。湖北民族山区特色农产品，如高山蔬菜、水果、水产品等容易腐烂损毁，对冷链物流设施条件要求较高。储存时间短，需要保鲜，无形中提高了物流成本，使得电子商务扶贫工作不仅要搭建电子商务平台，还要建设高成本的冷链存储和加工设施，不断改善物流运输和仓储加工条件给民族地区电商扶贫工作带来了较大的挑战。此外，农产品的季节性生产使得销售呈周期性波动，一年中很大一部分时间可能都处于赋闲状态，造成人力与设施设备的极大浪费，而农户每年仅在固定时间点营业，难以长时间留存店铺客户，顾客忠诚度也无从建立。

第三，同质化竞争弱化了电商扶贫效果。随着电商扶贫工作的展开，越来越多的农户到网上销售农产品和手工艺制品，出于生产规模和品牌的影响，各大农民网商开始争相效仿成功案例，忽视创新和研发的重要性，纷纷上线销售同类产品，且存在价格严重不一，评价参差不齐的情况。激烈的内部竞争使得那些贫困农户的盈利空间进一步缩小，劣币驱逐良币的现象愈演愈烈。同时，过度的竞争严重削弱了产品质量的可信度，导致顾客无法有效辨别产品品质好坏，自然也就难以建立起有影响力的民族地区电商产品品牌，这将不利于电商扶贫长远发展。

第四，产品标准化意识缺乏，电商规模难以进一步扩大。民族地区贫困农户往往对产品购销环节认识不足，对按产品等级分类销售存在诸多意见，加之缺乏合作，小户经营居多，难以形成电商产业的抱团式发展，无法发挥规模效应。同时，一些通过电商脱贫致富的贫困户满足于当前的收入水平和经营规模，将大部分通过电商经营获得的收益用于改善生活和娱乐消费，电商经营缺乏持续投入导致难以扩大规模。如此一来，电商创业较早的农户虽然在前些年可能获得较高收益，但在日益激烈的农村电商市场竞争中，很可能很快就会处于劣势，使得电商扶贫成果难以长期稳固。

第五，电商扶贫精准度仍需进一步提升。开展电商扶贫工作的首要任务就是明确扶贫对象，但由于民族地区各级政府的人力和财力有限，难以对所有贫困人口和贫困状况进行统一的入户精细调查，这为电商扶贫工作到村到户，电商扶贫项目精准投放带来困难。同时，由于电商扶贫与其他扶贫方式存在较多的交叉和重叠，导致扶贫帮扶资金监管的难度加大，一些不相关的扶贫项目可能被纳入电商扶贫范畴，或者原来应该投放到电商扶贫中的资源却转而投向其他领域等，这需要政府工作人员加深对扶贫工作和不同行业的了解和认知，不断提升电商扶贫的精准程度。

6.3　湖北民族地区电商扶贫效率评估

从湖北省民族地区电商扶贫的历程来看，电商扶贫已初见成效，但是具体成效有待进一步的实证分析。本章采用数据包络法（Data Envelopment Analysis，DEA）来度量民族地区县域电商扶贫效率。借助 DEA 的投入与产出体系来测度恩施自治州县域电商扶贫效率与各县差距，从而基于县域视角准确评估民族地区电商扶贫的整体成效。

6.3.1　研究方法

目前两种常用的效率测度方法分别是数据包络分析法（DEA）与随机前沿法（Stochastic Frontier Analysis，SFA）。相比较而言，面对多输入与多输出的同类决策单元（Decision Making Unit，DMU）时，DEA 分析方法在进行有效性分析时具有相对优势。民族地区电商扶贫过程中包含着复杂的输入与输出要素，因此本研究采用 DEA 分析方法作为湖北省民族地区电商扶贫效率评价方法。

研究过程中，运用 DEA 模型进行湖北省民族地区电商扶贫的效率评估具有多方面的优势。首先，DEA 模型可以满足对多投入、多产出的分析，避免了传统线性回归方法只能针对单一产出效率进行分析的缺陷，是效率分析较为有效的方法。在湖北省民族地区电商扶贫过程中，其投入和产出变量都不止一个，要对扶贫效率进行较好的评价，DEA 模型可谓不二之选。其次，用 DEA 模型进行效率评价，各投入和产出变量间的计量单位不受统一性影响。DEA 模型在计算电商扶贫效率的过程中，是以决策单元为比较单位进行的，所以只要各变量都是相同性质的，那么目标函数也就不会受此影响。最后，DEA 方法直接采用决策单元投入和产出指标的原始数据计算最优权重，避免了人为赋予权重的主观性，增加了分析结果的客观可信度。

DEA 分析方法自提出后其理论与应用均得到了多方面发展。单从模型角度来看，最为典型的应属以规模报酬不变为前提的 CCR 模型（Charnaes 等，1978）和以规模报酬可变为前提的 BCC 模型（Banker 等，1984），两者主要的区别就在于规模报酬是否可变。而这两种模型均为径向 DEA 模型，其非有效 DMU 沿到原点的射线方向进行改进，即同比例缩减投入或同比例扩大产出。本研究选择非径向超效率 DEA 模型进行研究，它是在径向 DEA 模型和超效率 DEA 模型的基础上发展而来。一方面，相比径向 DEA 模型，非径向超效率 DEA 模型具备了非径向模型的优点，即非有效 DMU 不必遵循射线方向进行同比例改进，允许决策者偏好不一致以及将非径向松弛变量的影响纳入考察范围内，从而最大化提高改善程度；另一方面，非径向超效率 DEA 模型所测算的效率值可以超过 1，有利于避免多个决策单元具有相同效率值的情况，从而更好地对不同决策单元进行评价和排序，增强了 DEA 的适用程度。非径向超效率 DEA 模型的计算过程如下（杨雪云和时浩楠，2019）：

$$\min\left[\frac{\sum_{i=1}^{m} p_i \theta_0^i}{\sum_{i=1}^{m} \rho_i - \varepsilon\left(\sum_{i=1}^{m} S_i^- + \sum_{r=1}^{m} S_r^+\right)}\right]$$

$$s.t. \sum_{j=1,\ j\neq j0}^{n} \lambda_j x_{ij} + s_i^- = \theta x_{ij0},\ i = 1,\ 2,\ \cdots,\ m$$

$$\sum_{j=1,\ j\neq j0}^{n} \lambda_j y_{rj} + s_r^- = y_{rj0},\ r = 1,\ 2,\ \cdots,\ s$$

$$\lambda 0,\ j = 1,\ 2,\ \cdots,\ n;\ s_i^- 0,\ S_r^+ 0$$

其中，n 为决策单元数，m 为决策单元的输入数，s 为决策单元的输出数，$x_j = (x_{1j},\ x_{2j},\ \cdots,\ x_{mj})^T$，$y_j = (y_{1j},\ y_{2j},\ \cdots,\ y_{mj})^T$，$x_{ij}$ 为决策单元 j 的第 i 输入类型的输入量；y_{rj} 表示决策单元 j 的第 r 输出类型的输出量。s_i^- 和 S_r^+ 分别表示剩余变量和松弛变量，ρ 表示决策者对投入要素的偏好，θ 表示决策单元的有效值，ε 表示非阿基米德无穷小。

6.3.2 研究对象和指标选取

1. 研究对象

湖北省民族地区包括一州两县，以及分散在全省山区的 12 个民族乡（镇）和 37 个民族村（街），主要聚居着土家族、苗族、侗族等少数民族。其中一州两县即指恩施土家族苗族自治州（以下简称恩施州）和宜昌市下辖的长阳土家族自治县（以下简称长阳县）、五峰土家族自治县（以下简称五峰县），自治地方区域面积2.95万平方千米，约占全省总面积的六分之一，均属武陵山区，总体特征是山大人稀，生产生活条件比较恶劣，民族自治地方的10个县市中有9个属国家扶贫开发工作重点县，6个属省级重点县，全部是国家集中连片特困地区范围县市。考虑到数据可得性和完整性，本研究选取恩施民族自治州下属8个县市和宜昌市下辖的长阳土家族自治县以及五峰土家族自治县作为研究对象，同时将宜昌市下属的其他六个非民族自治县市也作为决策单元从而进行比较研究，以便更全面掌握湖北省民族地区电商扶贫效率情况。

2. 指标选取

在指标选取的过程中遵循三个原则：第一，科学性原则，要求投入和产出指标概念科学、含义明确、范围清楚、统计口径一致；第二，可操作性原则，要求指标数据易于获取，并能保障数据质量；第三，代表性原则，要求选取最能代表效率分析内容的指标。根据上述原则，本研究构建的县域视角民族地区电商扶贫效率投入产出指标体系如表6-6所示。一方面，获取县域电商发展水平的数据比较困难，另一方面，考虑到目前国内B2C与C2C电商应用规模最大的电商平台是淘宝网，其在中国电子商务发展中具有较强代表性（杨雪云和时浩楠，2019），因此本研究依据阿里研究院发布的2015年中国县域电商发展指数，选取网商指数和网购指数作为电商扶贫效率投入指标，其中网商指数是由网商密度指数（权重0.3）和网商交易水平指数（权重0.2）计算得来，网购指数是由网购密度指数（权重0.3）和网购消费水平指数（权重0.2）综合计算得出。另外，龙祖坤等（2015）的研究中将电商扶贫效率的产出指标分为三个方面：人均GDP、农村居民人均可支配收入与城镇居民人均可支配收入，本研究以此为基础来构建民族地区电商扶贫效率产出指标体系。

表6-6　　　　　　　　　　电商扶贫效率投入产出指标体系

一级指标	二级指标	指标属性
电商发展水平	网商指数 网购指数	投入指标
经济发展水平	人均GDP 农村居民人均可支配收入 城镇居民人均可支配收入	产出指标

6.3.3 数据来源与展示

本研究中的电商扶贫效率的投入指标数据来源于阿里研究院网站（www.aliresearch.com），产出指标数据来源于《湖北统计年鉴（2016）》。具体指标数据见表6-7。

表 6-7 电商扶贫效率投入产出指标数据

市、州	县市	网商指数	网购指数	人均 GDP（元）	农村居民人均可支配收入（元）	城镇居民人均可支配收入（元）
恩施州	恩施市	3.783	9.711	22338	8274	24226
	利川市	3.28	5.475	14962	7839	22108
	建始县	1.497	4.878	18702	7920	20767
	巴东县	3.274	4.468	20921	7893	21058
	宣恩县	2.602	3.745	18200	7805	20606
	咸丰县	2.165	5.042	21741	7856	20775
	来凤县	1.001	6.209	23592	7794	21388
	鹤峰县	2.351	4.961	23653	8372	21118
宜昌市	远安县	4.913	6.46	101652	14715	25817
	兴山县	1.428	5.152	55639	9610	22478
	秭归县	2.193	4.587	30454	8062	21810
	长阳县	3.134	4.096	31191	8148	22525
	五峰县	1.545	4.794	32046	7880	20508
	宜都市	7.043	7.492	128626	16449	28651
	当阳市	3.103	5.931	92927	16512	27068
	枝江市	3.516	7.261	85768	16697	25955

数据来源：阿里研究院网站（www.aliresearch.com）、《湖北统计年鉴（2016）》。

6.3.4 湖北省民族地区电商扶贫效率实证结果分析

依据非径向超效率DEA模型计算公式，对湖北省民族地区的电商扶贫效率进行计算，并得出其排名，结果如表6-8所示。由表6-8可知，从县域角度来看，当阳市的电商扶贫效率为 1.4213，排名位于所有县市首位。兴山县和来凤县的电商扶贫效率相对较高，排名仅次于当阳市，而恩施市、利川市、巴东县这 3 个县市的电商扶贫效率相对较低，排名位于倒数前三。从地级市域角度来看，排名前 10 的县市中，属于恩施州的只有 3 个，而属于宜昌市的有 8 个，其中宜都市和枝江市并列第 8，而且恩施州的电商扶贫效率均值为 0.8718，远低于宜昌市的电商扶贫效率均值 1.0720，说明相比宜昌市而言，恩施州的电商扶贫效率整体上相对较低。最后，在全部 16 个县市中，电商扶贫效率大于 1 的只有 7 个，不到一半，而其中属于民族地区的县却只有 5 个。也就是说，在湖北省 10 个少数民族自治县中只有 50% 的县电商扶贫是有效率的，因此，来说湖北省民族地区的电商扶贫效率整体上仍相对较低，且县域差异明显。

表 6-8　　　　　　　　　　　电商扶贫效率水平及排名

市、州	县市	电商扶贫效率	排名	均值
恩施州	恩施市	0.5536	16	0.8718
	利川市	0.6850	15	
	建始县	1.0047	7	
	巴东县	0.7958	14	
	宣恩县	1.0781	4	
	咸丰县	0.8302	12	
	来凤县	1.2133	3	
	鹤峰县	0.8135	13	
宜昌市	远安县	0.9024	11	1.0720
	兴山县	1.2604	2	
	秭归县	0.9439	10	
	长阳县	1.0364	5	
	五峰县	1.0113	6	
	宜都市	1.0000	8	
	当阳市	1.4213	1	
	枝江市	1.0000	8	

6.4　湖北民族地区电商扶贫效率影响因素分析

通过采用非径向超效率 DEA 模型对湖北省十个民族自治县的电商扶贫效率进行评估后发现湖北民族地区县域电商扶贫效率难尽如人意，且恩施自治州与邻近的宜昌市电商扶贫效率差距显著。也就是说，湖北省民族地区电商扶贫存在投入冗余或产出不足的低效问题，很有必要进行电商扶贫效率因素分析，从而明确改进方向。

6.4.1　研究方法

因素分析过去主要采用回归分析等方法。但回归分析一方面要求大样本量，试图从大量的数据中得到量化的规律，这使得很多缺乏足量样本数据支撑的因素分析问题难以得到解决；另一方面，回归分析还需要样本具有良好的分布规律，但现实情况往往并非如此。灰色关联度分析方法根据因素之间发展态势的相似或相异程度来衡量因素间关联的程度，对样本量的要求较低，也不需要样本具有典型的分布规律，与传统因素分析方法相比具有较大的优势，因此灰色关联度分析法被广泛应用于变量的影响因素分析。本研究聚焦于湖北省民族地区的县域电商扶贫效率，湖北省在此方面的样本量极少，只有十个民族自治县，因此适合采取灰色关联度模型进行影响因素的分析。灰色关联度的计算公式如下（杨雪云和时浩楠，2019）：

$$\gamma_{0i} = \frac{1}{n} \sum_{k=1}^{n} \frac{\min_i \min_k |X_0(k) - X_i(k)| + \rho \max_i \max_k |X_0(k) - X_i(k)|}{|X_0(k) - X_i(k)| + \rho \max_i \max_k |X_0(k) - X_i(k)|}$$

其中，γ_{0i} 为序列 X_0 与序列 X_i 的关联度，$X_0 = \{X_0(1)$，$X_0(2)$，$X_0(3)$，$\cdots$，$X_0(k)\}$、$X_i = \{X_i(1)$，$X_i(2)$，$X_i(3)$，$\cdots$，$X_i(k)\}$，ρ 为分辨系数，一般取值为 0.5，$k=1$，2，3，$\cdots$，n；$i=1$，2，3，$\cdots$，m。

6.4.2　指标选取及数据来源

1. 指标选取

依据可靠性和可得性原则，借鉴牟秋菊（2017）、杨雪云和时浩楠（2019）等学者的研究成果，本研究主要从财政支持力度、人力资本水平、交通基础设施水平、金融环境水平、集聚经济效益、通信设施水平 6 个方面分析湖北省民族地区电商扶贫效率的投入冗余或不足情况。其中，财政支持力度主要用地方政府的公共财政支出作为衡量指标，由于高等教育机构在民族地区县域范围设立较少，对人力资本水平的衡量指标采用每万人在校中学生数，县域交通基础设施水平主要采取县域等级公路通车里程（含高速公路、一至四级公路通车里程）加以衡量，以年末金融机构各项贷款余额来量化县域金融环境水平，集聚经济效益选取人口密度指标进行衡量，而通信设施水平主要用固定电话用户数加以衡量。相关指标及数据如表6-9所示。

表6-9　　　　　　　　　　县域电商扶贫效率的影响因素与数据

县市	财政支持力度	人力资本水平	交通基础设施水平	金融环境水平	聚集经济效益	通信设施水平
	公共财政支出（万元）	每万人在校中学生数（人）	等级公路通车里程（公里）	年末金融机构各项贷款余额（万元）	人口密度（人/平方公里）	固定电话用户数（户）
恩施市	749306	521	2571.7	3160540	203	41536
利川市	506274	444	3901.3	907741	199	42000
建始县	315292	383	2316.2	539856	193	16403
巴东县	331509	427	3500.3	459621	147	26091
宜恩县	262017	366	1880.5	348065	132	23647
咸丰县	235988	390	1920.8	348707	151	25500
来凤县	208135	453	1138.2	510649	247	30810
鹤峰县	229662	300	2094.6	319030	77	22044
远安县	290300	277	1661.6	635886	111	29900
兴山县	261100	293	2050.0	779723	73	12068
秭归县	278500	288	2766.2	793670	157	29600
长阳县	307452	300	2867.2	763304	116	16224
五峰县	221736	229	2047.1	284163	85	13901
宜都市	560566	275	3210.1	1267769	289	47979
当阳市	528834	312	2535.4	1129657	221	49400
枝江市	489682	269	3681.2	1030915	371	58829

数据来源：《中国县域统计年鉴（2015）》《恩施州统计年鉴（2015）》和《宜昌市统计年鉴（2015）》。

2. 数据来源

本研究电商扶贫效率影响因素的数据大部分来源于《中国县域统计年鉴（2015）》《恩施州统计年鉴（2015）》和《宜昌市统计年鉴（2015）》，部分数据来源于各县市 2015 年的国民经济和社会发展统计公报和宜昌市交通运输局发布的交通运输概况（jtj. yichang. gov. cn）。

6.4.3 计算结果与分析

依据灰色关联度模型计算公式，分别以全样本 16 个县、恩施州下属 8 个县、宜昌市下属 8 个县为个案，计算出湖北省县域电商扶贫效率与各影响因素的灰色关联度，所有数据按要求采用均值化法进行了无量纲化处理。具体而言，以全样本为例，首先针对 6 个评价项（财政支持力度、人力资本水平、交通基础设施水平、金融环境水平、聚集经济效益、通信设施水平）以及 16 项数据进行灰色关联度分析，并以县域电商扶贫效率作为"参考值"（母序列），研究 6 个评价项与电商扶贫效率的关联关系，使用灰色关联度分析时，分辨系数取 0.5，计算出全样本关联系数值如表 6-10 所示，同理计算出恩施州和宜昌市关联系数值如表 6-11、表 6-12 所示。

表 6-10 全样本关联系数结果

县市	财政支持力度	人力资本水平	交通基础设施水平	金融环境水平	聚集经济效益	通信设施水平
恩施市	0.519	0.634	0.782	0.334	0.730	0.671
利川市	0.700	0.737	0.657	0.807	0.786	0.706
建始县	0.911	0.958	0.937	0.810	0.955	0.767
巴东县	0.943	0.796	0.738	0.861	0.983	0.977
宣恩县	0.810	0.971	0.819	0.702	0.824	0.832
咸丰县	0.891	0.857	0.949	0.790	0.99	0.992
来凤县	0.708	0.964	0.672	0.720	0.903	0.875
鹤峰县	0.891	0.982	1.000	0.783	0.806	0.937
远安县	0.930	0.928	0.860	0.910	0.850	0.968
兴山县	0.739	0.785	0.772	0.820	0.650	0.644

续表

县市	财政支持力度	人力资本水平	交通基础设施水平	金融环境水平	聚集经济效益	通信设施水平
秭归县	0.891	0.923	0.926	0.992	0.962	0.999
长阳县	0.884	0.892	0.956	0.918	0.804	0.754
五峰县	0.793	0.812	0.879	0.700	0.748	0.736
宜都市	0.757	0.876	0.867	0.766	0.718	0.747
当阳市	1.000	0.745	0.783	0.942	0.897	0.909
枝江市	0.833	0.867	0.788	0.885	0.593	0.642

表6-11　　　　　　　　　　恩施自治州关联系数结果

县市	财政支持力度	人力资本水平	交通基础设施水平	金融环境水平	聚集经济效益	通信设施水平
恩施市	0.521	0.717	0.790	0.334	0.739	0.662
利川市	0.715	0.845	0.660	0.837	0.803	0.700
建始县	0.860	0.880	0.893	0.764	0.996	0.736
巴东县	0.988	0.927	0.750	0.820	0.977	1.000
宣恩县	0.764	0.823	0.779	0.664	0.780	0.798
咸丰县	0.849	1.000	0.912	0.753	0.968	0.967
来凤县	0.666	0.849	0.636	0.675	0.958	0.839
鹤峰县	0.850	0.889	0.962	0.747	0.772	0.911

表6-12　　　　　　　　　　宜昌市关联系数结果

县市	财政支持力度	人力资本水平	交通基础设施水平	金融环境水平	聚集经济效益	通信设施水平
远安县	0.919	0.800	0.740	0.877	0.726	0.871
兴山县	0.554	0.817	0.598	0.704	0.431	0.419
秭归县	0.826	0.798	0.760	0.893	1.000	0.939
长阳县	0.817	0.849	0.811	0.916	0.648	0.555
五峰县	0.630	0.821	0.787	0.489	0.555	0.530

续表

县市	财政支持力度	人力资本水平	交通基础设施水平	金融环境水平	聚集经济效益	通信设施水平
宜都市	0.493	0.921	0.658	0.497	0.455	0.510
当阳市	0.835	0.731	0.622	0.957	0.871	0.737
枝江市	0.591	0.959	0.545	0.658	0.333	0.393

结合上述关联系数结果进行加权处理，最终得出全样本、恩施州和宜昌市关联度值如表6-13所示，基于关联度值针对不同样本评价对象绘制条形图进行评价排序分别如图6-1、图6-2、图6-3所示。其中关联度值介于0~1之间，该值越大代表其与"参考值"（母序列）之间的相关性越强，即意味着其评价越高。

表6-13　　　　　**电商扶贫效率与各影响因素的灰色关联度**

县市	财政支持力度	人力资本水平	交通基础设施水平	金融环境水平	聚集经济效益	通信设施水平
全样本关联度	0.825	0.858	0.837	0.796	0.825	0.822
恩施州关联度	0.777	0.866	0.798	0.699	0.874	0.827
宜昌市关联度	0.708	0.837	0.690	0.749	0.627	0.619

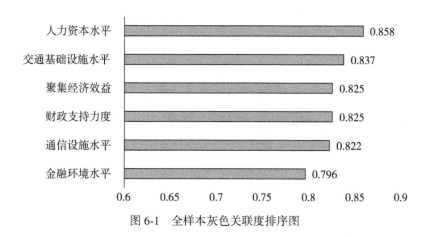

图6-1　全样本灰色关联度排序图

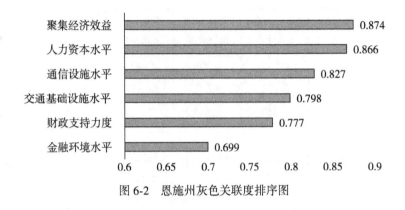

图 6-2 恩施州灰色关联度排序图

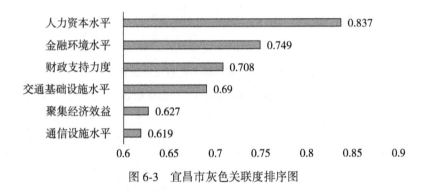

图 6-3 宜昌市灰色关联度排序图

从表 6-13 和图 6-1 可以看出，在 16 个县市的全样本中，人力资本水平和交通基础设施水平和电商扶贫效率的灰色关联度相对较大，而金融环境水平和电商扶贫效率的灰色关联度最小，表明人力资本水平和交通基础设施水平是影响恩施州和宜昌市整体区域电商扶贫效率的主要因素。

由图 6-2 可以看出，在恩施州 8 个民族自治县市样本中，与聚集经济效益、人力资本水平和电商扶贫效率的灰色关联度相比，金融环境水平、通信设施水平、交通基础设施水平、财政支持力度相对较小，这说明了聚集经济效益和人力资本水平是影响恩施州电商扶贫效率的主要因素。

由图 6-3 可以看出，在宜昌市下属 8 个县市样本中，人力资本水平和电商扶贫效率的灰色关联度最高，财政支持力度、交通基础设施水平、聚集经济效益和通信设施水平和电商扶贫效率的灰色关联度相对较小，表明人力资本水平是影响宜昌市电商扶贫效率的主要因素。

综合来看，人力资本水平在湖北省民族地区电商扶贫效率中扮演着极其重要的角色，人力资本水平的提高能够为湖北省民族地区电商人才的储备和培训提供有效保障，为湖北省民族地区电商发展提供智力支持，增强电商扶贫的效果。发展电商物流，交通基础设施是必不可少的，湖北省民族地区处于武陵山区，地形地貌复杂多样，交通基础设施建设非常困难，这给民族地区电商物流的发展造成了很大的阻碍。与东部发达地区相比，民族地区交通条件仍处于相对落后状态，制约了农村电商的进一步发展，因此需要特别注重当地交通基础设施的建设与完善，以提升民族地区的电商扶贫效率。而在恩施州，除了人力资本水平，聚集经济效益对其电商扶贫效率的影响也较大。人口密度在一定程度上能够反映出经济活动的聚集程度，电商产业活动的集聚有利于区域成员之间共享基础设施和公共资源、传播技术知识等，在降低聚集区域创新成本的同时，大大促进了电商产业在民族地区的发展，从而带动民族地区经济实现更快增长，形成一定的规模效应和外部效应，达到强化电商扶贫的积极作用。

7 农户参与视角的民族地区 电商扶贫效应评估

电商扶贫效果体现在宏观和微观两个层面，在从宏观上对民族地区县域电商扶贫效率进行评估后，有必要深入到微观层面从农户参与视角探究民族地区电商扶贫效应。对于民族地区农户而言，电商扶贫主要通过增收、减支和赋能三个途径来实现农户脱贫。就增收而言，农村电商扶贫通过培养贫困农户电子商务技能，提供就业和创业机会，扩大家庭收入来源来提高贫困农户的收入。在减支方面，农村电商扶贫则可以降低贫困农户生活和生产支出。至于赋能，农村电商扶贫则可以通过提升贫困农户的可行动能力，消除内源性贫困，搭建农户与外界联系的桥梁，从而有利于带动贫困农户脱贫致富。除此之外，关注贫困农户对于电商扶贫工作满意度也是考察电商扶贫政策实施效果的一个重要方面。以往电商扶贫工作着重于站在政府和帮扶主体的角度来评估扶贫成效，往往忽略了电商扶贫过程中贫困农户的参与情况和真实感知，因而有必要从农户参与的视角来对民族地区电商扶贫效应进行评估。

基于此，本章将基于电商扶贫效应的三个方面，以电商创业者、电商兼业（从业）者和电商扶贫受益者为研究对象，其中电商扶贫受益者指的是未直接参加电商扶贫但却受益于电商扶贫溢出效应的贫困农户。通过探究电商创业与兼业从业者的收入效应来分析电商扶贫对贫困农户增收是否产生影响，同时评估电商扶贫受益者溢出效应来检验电商扶贫的减支和赋能作用。最后分析民族地区贫困农户电商扶贫满意度的影响因素，有利于指导今后民族地区电商扶贫工作的推进，更有针对性地满足民族地区贫困农户的电商扶贫需求，助力脱贫攻坚。

7.1 农户视角的电商扶贫效应评估准则

电商扶贫就是把电子商务纳入扶贫工作中，一方面利用电子商务平台销售贫困地区农产品和其他各类产品促其上行，以此增加贫困户家庭收入，另一方面利用电子商务平台促进工业产成品下行入乡进村助推农村消费提质升级。电商扶贫效应可以概括为增收、减支和赋能三个方面。首先，电子商务可以通过提高贫困农户的收入水平而发挥减贫效应，即增收。农户增加的收入既包括直接通过网络平台销售产品带来的经营收入、参与电子商务供应链分工获得的劳务收入，也包括由于电子商务发展对基础设施及公共服务升级给贫困群体带来的溢出效应。很多民族地区并不是缺乏自然资源，而是与市场脱节、缺乏市场信息，无法将所持有的自然资本实现增值。电商扶贫首先利用贫困地区拥有的农业资源、自然资源、文化资源和旅游资源，对于适宜发展农村电商的产业进行顶层设计和产业规划，提高贫困农户扩大农业生产规模和调整种植结构的积极性，从而全面推进农业产业化集群发展，实现自然资本的增值。此外，电商扶贫在促进第一产业发展的同时必然涉及农产品加工、物流运输、电商公共服务体系平台建设等环节，这提高了农产品的附加值，延伸了农业产业链条，不同程度地促进了第二、第三产业发展。这无形中就为贫困农户提供了诸多的创业与就业机会，扩大了农户收入来源渠道。另外电商扶贫的发展使得农村网络覆盖、物流基础设施等得到升级，使得贫困农户享受完善的基础设施及公共服务。

电商扶贫的减支功能体现在减少贫困农户的生产和生活支出，使得贫困农户能购买到价格较低的日常用品和优质价廉的生产资料。一方面，农村电子商务的快速发展扩宽了贫困农户获取生产资料的渠道，产品价格更符合农户的预期，降低了贫困农户生产经营成本（陈晓琴和王钊，2017）。另一方面，农村物流与快递设施更加完善，许多快递站点已经渐渐在农村铺设开来，生活在偏远地区的贫困农户也能方便寄取快递，购买网上更优质低价的商品，这在一定程度上减少了贫困农户的生活支出。

提升贫困农户的可行动能力是农村电商扶贫的关键所在。一方面，农村电商能增加贫困农户与外界接触的机会。农村电商进一步带动了网络等基础设施的完善，贫困农户接触外界的机会增多，降低了信息不对称，打破了地域枷锁，扩大了接触范围，进一步提高了农户生产积极性，增强了自身脱贫致富的能力。另一方面，农村电子商务也能给贫困农户带来更多学习机会。农村电商发展能促使贫困农户更积极参与电子商务活动，掌握电子商务相关知识，提升自身可行动能力。同时政府和企业联合提供大量的电子商务技能培训，进一步增加贫困农户的学习机会。

7.2 数据获取和评估方法

7.2.1 数据来源

本部分定量研究的数据来源于 2019 年 6 月到 9 月期间对湖北省恩施州贫困户中电商创业者、兼业从业者以及未参加电商扶贫的农户所开展的问卷调查。湖北省恩施州地处鄂、湘、渝三省（市）交会处，同时其八个县市均为电商示范县。2019 年全年农村常住居民人均可支配收入 11620 元，比上年增加 10.4%，到 2020 年，全州实现电子商务交易额累计达 200 亿元，占社会消费品零售总额比重达 26% 以上，其中电子商务网络零售交易额累计达 100 亿元，湖北恩施州通过发展农村电商产业直接或间接带动就业 50 万人以上，帮 40 万建档立卡贫困户脱贫。同时随着农村电商的发展，生活在本地区的其他未参加电商扶贫的农户生产生活也得到了改善，并获得更多的发展机会。

为了研究电商扶贫对不同群体的扶贫效应，本次调查共设计了从"恩施州贫困农户电商创业调查问卷""恩施州贫困农户电商兼业从业调查问卷"和"恩施州贫困农户未参与电商扶贫调查问卷"。调研范围界定为曾建档立卡的和曾建档立卡但现已脱贫的农户，其中前两类调研中要求包括部分电商创业或兼业的（前）贫困农户，第一类调查中要求排除电商兼业者，第二类调查中要求排除电商创业者，而第三类调查要求完全排除电商创业者和电商兼业者。在恩施州各县商务局和"扶贫办"的帮助下，前两类调查分别发放了 362 份和 373 份问卷，在剔除数据缺失和包含极端值的数据后，关于电商创业者收入效应的有效问卷为 273 份，而关于电商兼业者收入效应的有效问卷为 330 份。为了探究未参加电商扶贫贫困户的扶贫溢出效应，在恩施州部分县市村委员干部的帮助下共发出 400 份问卷，最终收回 355 份有效问卷，问卷回收率为 88.9%。为了研究电商扶贫对恩施州不同贫困农户的整体成效，本研究从农户参与视角以贫困户对电商扶贫满意度来衡量，并从上述三组问卷中各抽取有效问卷数的约 1/3 作为样本数据，由此涵盖了恩施州电商创业者、电商从业者、未参加电商贫困户三大群体，以期全面反映电商扶贫对恩施州不同参与方式的贫困农户的影响效果。

7.2.2 研究方法

在本研究中，贫困农户参与电商创业或者从事电商兼业相关工作能否提高贫困农户自身收入水平是探究电商扶贫效果的关键所在。但农户作为一个"理性人"，其行为活动不是随机性的，而是受到多种内在因素的影响。若采用传统的最小二乘法进行估计则无法解决样本自选择导致的偏误（吴乐，2017），并且这些因素会导致在估计电商扶贫对农户收入的影响时产生内生性问题（Greene J，2012）。因此，本研究采用倾向得分匹配法（Propensity Score Matching，PSM）来估计电商创业者和电商兼业从业者的收入效应，以避免混杂因素的干扰从而高估或低估电商扶贫给贫困户带来的收入效应。本章将进行准随机试验，分别在控制组和处理组中找到一个特征相同的对象，最后得出实验对控制组对象和实验组对象影响的结论，并比较二者的差异。

本章在定量分析时将数据样本分为两组，其中未参与电商创业或兼业从业的贫困农户为控制组，参与电商创业或兼业从业的贫困农户为处理组。假定贫困农户收入状况与其是否为电商创业者或电商兼业从业者的函数为：

$$Z_k = \begin{cases} Z_1, & \text{若 } R = 0 \\ Z_2, & \text{若 } R = 1 \end{cases}$$
$$Y_i = \begin{cases} Y_1, & \text{若 } D = 0 \\ Y_2, & \text{若 } D = 1 \end{cases} \tag{7.1}$$

在公式（7.1）中，Z_1代表着农户未在电商领域创业的贫困农户收入状况，Z_2代表着在电商领域创业后农户的收入状况，R代表农户是否为电商创业者，R=1说明农户是电商创业者，R=0说明农户不是电商创业者。Y_1代表着未在电商领域兼业从业的贫困农户收入状况，Y_2代表着农户在电商领域兼业从业后的收入状况，D代表农户是否为电商兼业从业者，D=1说明农户是电商从业者，D=0说明农户不是电商从业者。本研究首先采用二元Logit回归模型来评估贫困农户进行电商创业或兼业的概率，即倾向得分值（Propensity Score，PS）。

$$PS_i = Pr[D_i = 1 \mid X_i] = E[D_i \mid X_i]$$
$$PS_i = Pr[R_i = 1 \mid X_i] = E[R_i \mid X_i] \tag{7.2}$$

公式（7.2）中R_i为贫困农户是否为电商创业者的状况，取值为1则表示贫困农户是电商创业者，取值为0则表示贫困农户不是电商创业者；D_i为贫困农户是否为电商从业者的状况，取值为1则表示贫困农户是电商从业者；取值为0则表示贫困农户不是电商从业者；X_i为控制变量组。在将研究样本分为控制组和处理组后，接着进行样本匹配。为提高匹配质量，一般只匹配倾向得分接近的样本。核匹配是一种非参数方法，它的原理是构造虚拟对象来匹配处理组，并对现有的控制变量进行权重平均的处理，这样能较好地保证结果的稳定性。除此之外，采用不同的匹配方法来进行检测，以确保能得到稳定的匹配结果。在样本匹配完成后，就下一步开展平衡性检验，目的在于检验完成匹配后两组数据的均值偏误是否减少，以此判定是否消除了二者差异，进行匹配的样本是否可以相互替代。最后比较两组贫困农户的平均处理效应（Average treatment effect for the treated，ATT），得到电商创业者或电商兼业从业者的增收效应。

$$ATT = E(Z_2 \mid R_i = 1, \ P(X_i)) - E(Z_1 \mid R_i = 0, \ P(X_i))$$
$$ATT = E(Y_2 \mid D_i = 1, \ P(X_i)) - E(Y_1 \mid D_i = 0, \ P(X_i)) \tag{7.3}$$

需要注意的是，运用 PSM 方法必须满足以下两个假设：重叠假设和可忽略性，也就是将控制变量 X_i 进行控制后，贫困农户的电商创业或兼业从业情况必须与农户的家庭收入状况互不影响，且控制组与处理组各自的倾向得分取值范围存在一致的部分。运用 PSM 方法来评估电商扶贫给创业农户和兼业农户带来的收入效应的研究步骤如图 7-1 所示。

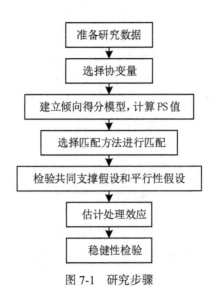

图 7-1 研究步骤

此外，本研究用主成分因子分析法探究影响电商扶贫溢出效应的因素以及影响民族地区贫困户电商扶贫满意度的因素。在对已有相关文献梳理和定性分析的基础上，先是提取出可能影响电商扶贫对未参与者溢出效应的影响因素以及可能影响所有类别贫困对户电商扶贫满意度的因素。随后，进一步通过头脑风暴法细化、筛选和提取出尽可能多的影响因素，对这些因素进行属性归类、重复项合并与删除，最终确定可能的影响因素用于生成问卷条目。在问卷调查后，进行因子分析，然后采用回归分析法掌握各类公共因子对溢出效应和电商扶贫满意度的作用强度与方向。

7.3 电商创业者收入效应评估

农村电子商务是一种全新的市场组织形式，它不仅是中西部农村地区实现经济追赶的好机会，更是民族贫困农村地区实现减贫脱贫目标的好机会。农村电子商务能够有效消除技术、融资以及市场这三大阻碍农村经济发展的壁垒，增加贫困农户创业渠道，进而促进贫困农户增收。

7.3.1 理论阐述

农村电商的快速发展在很大程度上改变了农民的生产生活方式。相对于其他实体产业，电商创业门槛较低、成功率较高的优势对农村经济发展具有很大的意义，能够拉动农村消费、缩小城乡差距。电子商务创业受到农户自身禀赋、家庭情况、社会资本、区域特征等方面因素的影响。首先从农户自身禀赋来看，农户的年龄较小和教育程度较高，其创业成功的可能性越大，掌握先进技术的年轻人更易于抓住市场机会，并快速适应电子商务运行的方式（周应恒和刘常瑜，2018）。在性别方面，男性农户的事业心更强，其创业意愿和创业成功可能性高于女性（张若瑾，2017）。担任村干部的农民选择创业的概率较低，而政治面貌对农户创业选择的影响有显著的正向影响，即农户为中共党员的创业概率高于群众（王金杰等，2019）。在家庭情况方面，农户的收入来源和是否需要贷款会反映农户家庭经济背景，家庭经济背景好的农户能够提供一定的创业启动资金，则选择电商创业的几率更大（石智雷等，2010）。耕种的土地面积小的农户由于收入主要来自于农业生产，所以其创业意愿可能更强。在区域特征方面，距离最近城镇的公里数会直接关系到农户是否能便利的与外界接触和联系，在一定程度上决定了电商物流成本，因此也会影响电商创业决策及其创业成功可能性。在社会资本方面，基于亲缘的网络所产生的家族信任在解决信息不对称和降低交易成本方面起到了非常关键的作用（Shane & Cable，2000），同时社会网络之间的互动使得农户可以获得有助于个体开展创业活动并带来行动优势的资源，提高农户的创业意愿。

7.3.2 样本情况

本章研究电商创业者收入效应所涉及的主要变量描述统计如表7-1所示。其中本章根据"我非常相信周边农户以及亲朋好友之间交流传递的信息"这一问题来衡量社会资本中网络信任以及"我经常与邻居以及亲朋好友吃饭聚会"这一问题来衡量社会资本中网络互动①。从表7-1的均值可以看出，被调查农户近三年的家庭年均收入为29958元，平均年龄在31~40岁，学历主要集中在初中和高中或中专；家庭耕种面积平均在5.575亩；家庭劳动人口数为2人左右；距离最近的城镇的公里数平均值为13.6公里。

表7-1　　　　　电商创业者收入效应主要变量及其解释

变量	变量解释	均值	标准差
近三年家庭年均收入	近三年被调查农户家庭年均收入（元）	29958	7498
是否为电商创业者	电商创业者=1；不是电商创业者=0	0.109	0.312
是否有贷款需要	有贷款需要=1；没有贷款需要=0	0.679	0.468
主要收入来源	务农=1；其他=2	0.836	0.371
是否为党员	党员=1；非党员=0	0.885	0.32
是否为村干部	村干部=1；不是村干部=0	0.833	0.373
性别	男=0；女=1	0.679	0.468
网络信任	社会资本	3.348	
网络互动		3.785	
年龄	30岁及以下=1；31~40岁=2；41~50岁=3；51~60岁=4；61岁及以上=5	1.588	1.019
教育程度	小学及以下=1；初中=2；高中/中专技校=3；大专=4；本科及以上=5	2.591	0.325
耕种的土地面积	实际调查数据（亩）	5.575	6.08
家庭劳动人口数	实际调查数据（人）	2.1	1.394
家庭人口数量	实际调查数据（人）	4.515	1.425
距离最近的城镇的公里数	实际调查数据（公里）	13.623	17.05

---

① 网络信任和网络互动的测量问题均采用李克特五级量表。

7.3.3 模型结果分析

倾向得分匹配法的首要步骤是选择匹配变量并计算倾向得分。该方法的一个前提假设是要满足条件独立性，因此需要将同时影响干预变量和结果变量的混杂因素都视作匹配变量，并且不能漏掉任何一个重要的匹配变量，否则会造成显著的误差（陈强，2014）。本书根据研究区域的代表性和数据的可得性，考虑到社会资本、政治因素、贫困农户家庭特征、生产经营特征等综合影响，选择是否有贷款需要、收入来源、是否为党员、是否为村干部、性别、年龄、教育程度、社会网络、社会嵌入、教育程度、耕种面积、家庭劳动力、人口规模、距离最近城镇的公里数这 14 个变量作为匹配变量计算农户选择电商创业的倾向得分值，运用 Logit 方法，最终得到合适的匹配变量组。Logit 估计结果如表 7-2 所示。从结果中可以看出，是否有贷款需要、是否为党员、社会嵌入、年龄、教育程度、距离最近城镇的公里数对贫困农户是否选择电商创业有显著影响。

表 7-2 农户选择电商创业的 **Logit** 估计结果

电商创业者	系数	显著性	标准差
是否有贷款需要	0.806 *	0.069	0.444
收入来源	0.423	0.467	0.582
是否为党员	1.328 **	0.02	0.572
是否为村干部	−0.218	0.68	0.53
性别	−0.318	0.463	0.434
社会网络	0.039	0.849	0.202
社会嵌入	−0.331 *	0.074	0.185
年龄	−0.778 ***	0	0.222
教育程度	0.328 *	0.093	0.196
耕种面积	0.035	0.294	0.034
家庭劳动力	0.018	0.916	0.171
人口规模	−0.221	0.179	0.164
距离最近城镇的公里数	−0.032 ***	0.001	0.01
_cons	−2.035	0.184	1.531

表 7-3 为采用最近邻匹配、半径匹配和核匹配的方法进行倾向得分匹配的估计结果。通过分析表格中的数据可以发现，这三种方法最终得到的结果非常接近，且 ATT 值都在 5% 的水平上通过了显著性检验，可以得出该匹配结果具有稳健性。从三种匹配结果的平均值来看，进行电商创业的前贫困农户家庭的收入相较于未进行电商创业的农户家庭而言增加了 5.85 万元。实证分析结果证实贫困农户可以通过电商创业的方式增收，并达到电商脱贫致富的效果。

表 7-3　　　　　不同匹配方法计算电商创业者收入效应结果

因变量	匹配方法	处理组/匹配组	处理组	匹配组	Difference	T-stat
家庭年收入	最近邻匹配	36/183	76338.89	21494.44	54844.44	1.72
	半径匹配	34/196	80643.75	19262.88	61380.87	1.73
	核匹配	34/201	78523.53	19338.78	59184.75	1.76
	平均值		78502.06	20032.03	58470.02	1.74

7.3.4　共同支撑域检测

倾向得分匹配法的一个基本假设就是共同支撑假设，也就是控制组与处理组的倾向得分的密度图需要有足够大的重叠区域。采用上面提到的三种倾向得分匹配方法进行分析，最后得到匹配结果并进行共同支撑检验。图 7-2 表明，电商创业的农户与未电商创业的农户的倾向得分密度图之间有较大的重叠区域，说明结果可以通过共同支撑检验。

由表 7-3 可得，如果采用最近邻匹配的方法，通过共同支撑检验的贫困农户共有 219 家，其中，电商创业的处理组有 36 家，未电商创业的控制组有 183 家。如果采用半径匹配和核匹配的方法，通过共同支撑检验的农户分别有 230 家和 235 家。从表中可以得出结论：绝大多数被调查农户家庭样本都可以安全的通过共同支撑检验。半径匹配和核匹配的的匹配前后核密度函数图同最近邻匹配的结果相似，匹配后未参与电商创业的农户与参与电商创业的农户的倾向得分密度图有很大的重叠区域，所以再次证明通过共同支撑检验，且匹配结果稳定性较好。

7.3.5　平衡性检验

经过共同支撑检验后，需要将匹配完成的处理组和控制组样本进行进一步

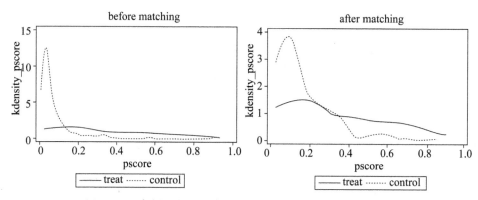

图 7-2 电商创业者收入效应最近邻匹配前后得分密度分布图

检验，即检验实验是否满足随机性要求，检验结果如表 7-4 所示。用三种方法进行匹配后，Pseudo R^2 的值有所降低，P 值都增加且大于 0.1，则说明在 1% 的显著性水平上不显著。三种匹配方法的标准偏差均值从 38.4% 下降到 15.8%~7.8%，标准偏差中位数 41.5% 下降到 14%~7.6% 左右，都得到了大幅度的下降。

表 7-4　　　　电商创业者收入效应不同匹配方法的平行性检验

匹配方法	Sample	Ps R^2	LR chi^2	P>chi^2	MeanBias（%）	MedBias（%）
最近邻匹配	匹配前	0.247	56.29	0	38.4	41.5
	匹配后	0.073	7.28	0.887	15.8	14
半径匹配	匹配前	0.247	56.29	0	38.4	41.5
	匹配后	0.018	1.57	1	8.2	9
核匹配	匹配前	0.247	56.29	0	38.4	41.5
	匹配后	0.028	2.65	0.999	7.8	7.6

同时根据图 7-3 可以看出匹配前后变量误差的削减情况。匹配前，协变量的标准差百分比零散分布在正负标准差 50% 的大范围内。匹配后则都聚集在正负 20% 标准差范围附近，说明匹配后控制组和处理组相关变量的差异性大大降低。综上所述，电商创业收入效应中的处理组和控制组匹配情况满足平行性假设。

155

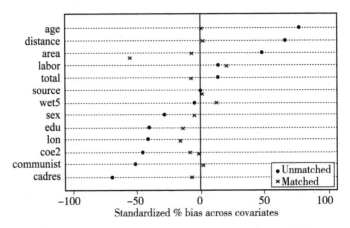

图 7-3 电商创业者收入效应匹配前后变量误差削减情况

7.3.6 结果讨论

电子商务作为精准扶贫的一种创新手段，通过引导贫困农户积极参与，推进电子商务技术与贫困地区传统产业不断融合，为贫困地区脱贫提供了技术支持，促进贫困农户利用互联网技术和渠道来增加创业机会，达到贫困农户增收的目的，进而助力贫困地区社会经济发展，最终实现精准扶贫、精准脱贫。基于湖北省恩施州调查数据的研究表明，贫困农户进行电商创业能够显著增加农户家庭的总收入。另一方面，由于许多贫困农户存在资源限制、主观参与意愿不够、对市场信息捕捉能力较差等问题，所以目前进行电商创业的贫困农户仍是少数。从上面所有的讨论中，可以得到以下几点政策启示：①政府应该在民族贫困地区积极进行电商宣传和培训讲座，大量培育电商人才，增加贫困农户对电商的了解程度，从而激发贫困农户参与电商扶贫的积极性，为其创业活动的开展打下良好的理论基础与知识储备；②优化电子商务扶贫机制，明确电子商务扶贫方向，民族地区电商商务扶贫帮扶主体需立足于贫困农户自身禀赋和当地资源特征来对电商创业的贫困农户因地制宜以户施策进行针对性帮扶；③政府加大电商创业扶持力度，从融资贷款担保和贷款贴息、电商技术与服务支持、创业场地租金减免以及货源供应体系与市场开发等方面为电商创业的贫困农户保驾护航。

7.4　电商兼业者收入效应评估

农村电商扶贫不仅能提供创业机会，还能带动农村地区经济发展，进而创造更多与电商产业相关的就业机会。政府和电商企业通过组织电商技能培训来培养当地电商人才，能够增强贫困农户人力资本，使其能参与电商产业链分工，胜任电商产业兼业工作，进而提高贫困农户的收入水平。

7.4.1　理论阐述

农村贫困地区就业情况受到诸多因素影响，根据文献梳理可以将其归纳为家庭禀赋、个体特征、区域环境和社会资本四大方面。就个体特征而言，农户个体特征直接影响到其获取资源的能力，是影响贫困农户是否进行电商兼业的关键因素。年龄、性别、教育程度、风险偏好和政治面貌等个体特征反映了贫困农户之间的异质性，这种异质性使得贫困农户在兼业选择上存在差异，体现为贫困农户获取就业信息、把握就业机会、稳定工作等方面的能力差异，进而影响农户能否在电商产业链上寻找到兼业机会。从家庭禀赋来说，家庭经济资本、人力资本等资源禀赋是所有家庭成员个人禀赋的集合，各成员通过家庭内部分工，在现有的资源下合理配置家庭劳动力资源，从而实现家庭效益最大化，所以是否选择电商兼业是家庭成员在权衡家庭禀赋后所作出的理性决策（王轶，2017）。而丰富的社会资本能够帮助贫困农户以较低的成本获取可信度更高的信息，从而有助于提高农户寻找工作的效率（林善浪和张丽华，2010）。在农村传统关系网络中，网络内部成员数量越多越有利于贫困农户获得更多的支持和信息来源渠道，从而有助于贫困农户更容易获取就业机会且得到更好的工作岗位（刘一伟和刁力，2018）。此外，区域环境也是影响贫困农户电商兼业的重要因素，其中距离城镇远近对电商兼业产生较大的影响，其原因在于电子商务需要物流、交通等基础设施的配合才能顺利完成，与城市距离较近便于将产品运往城市市场、降低交易成本，从而推动农村电商的发展，进而为贫困农户提供更多电商就业机会。除此之外，政治制度环境也是影响贫困农户是否选择电商就业的重要因素之一。政府采取相应的就业扶持政策助力电商扶贫，号召更多贫困户参与电商就业，通过各种电商技能培训，提高贫困农户的电商兼业就业率。

7.4.2 样本情况

本章研究电商兼业从业者收入效应所使用的主要变量描述统计如表 7-5 所示。其中本章根据"我的亲朋好友中在政府机构工作的人的数量"这一问题来衡量社会资本中网络规模以及"政府部门对农民电商就业提供较高补贴"这一问题来衡量社会资本中政治嵌入①。风险偏好采用"假设您目前手上有1000 元闲钱,您将如何使用它"来衡量②。从表 7-5 的均值可以看出,被调查的农户近三年家庭年均收入 25090 元,平均年龄在 31~40 岁左右,学历主要集中在初高中或中专;家庭耕种面积平均在 10.78 亩;家庭劳动人口数为 3人左右,家庭人口规模为 5 人左右,距离最近的城镇的平均公里数为 18.3公里。

表 7-5　　　　　　　　　　电商兼业者收入效应主要变量及其解释

变量名	变量解释	均值	标准差
近三年家庭年均收入	近三年家庭年均收入(元)	25090	5751
是否为电商兼业者	电商兼业者=1;非电商兼业者=2	0.385	0.487
性别	男=1;女=0	0.498	0.501
年龄	30 岁及以下=1;31~40 岁=2;41~50 岁=3;51~60 岁=4;61 岁及以上=5	1.824	1.203
教育程度	小学及以下=1;初中=2;高中/中专技校=3;大专=4;本科及以上=5	2.41	1.593
风险偏好	不同选择取向	1.916	0.998
家庭收入来源	以农业为主=1;打工为主=2;小本生意=3;低保救济=4;其他=5	1.927	1.232
是否为党员	党员=1;非党员=0	0.238	0.427
网络规模	社会资本	5.018	
政治嵌入		24.212	

① 网络规模和政治嵌入网络互动的测量问题均采用李克特五级量表。

② 风险偏好选项有存起来、购买保本的理财产品、用于 80%可获利 500 元,20%可能亏 500 元的小生意、用于 50%可能获利 1000 元但 50%可能全亏光的小生意、全部用来买彩票,分别用 1~5 来取值。

续表

变量名	变 量 解 释	均值	标准差
耕种面积	实际调查数据（亩）	10.784	12.037
家庭劳动力	实际调查数据（人）	3.176	1.771
人口规模	实际调查数据（人）	4.923	1.688
距离最近城镇的公里数	实际调查数据（公里）	18.267	22.615

7.4.3 模型结果分析

由于选取匹配变量的重要性，本书根据地方区域特征选取性别、年龄、教育程度、风险偏好、家庭收入来源、是否为党员、网络规模、政治嵌入、耕种面积、家庭劳动力、人口规模和距离最近城镇的公里数 13 个匹配变量来计算农户选择电商兼业的倾向得分值。表 7-6 为采用三种不同的匹配方法进行倾向得分匹配的估计结果。表中的数据表明，这三种方法分析得出来的结果相差不大，且 ATT 值都通过了 1% 水平的显著性检验，可以得出该匹配结果具有稳健性。从利用三种匹配方法得到的平均处理效应值来看，选择电商兼业的农户的收入相较于未进行电商兼业农户而言增加了 10994 元。倾向得分匹配分析结果证实贫困农户可通过电商兼业的方式实现增收，反映了农村电商可以在提高贫困户就业率的同时也能扩大贫困农户的收入来源，增加贫困农户的家庭收入，帮助更多贫困农户实现脱贫。

表 7-6 不同匹配方法计算电商创业者收入效应结果

因变量	匹配方法	处理组/匹配组	处理组	匹配组	Difference	T-stat
家庭年收入	最近邻匹配	105/168	27364.305	17313.867	10050.438	2.6
	半径匹配	103/166	27157.938	16057.673	11100.265	3.02
	核匹配	104/167	27749.255	15916.207	11833.048	3.04
	平均值		27423.83	16429.25	10994.58	2.89

7.4.4 共同支撑域检测

由表 7-6 可得，如果采用最近邻匹配的方法，通过共同支撑检验的贫困农户共有 273 家，其中，处理组有 105 家，控制组有 168 家。从图 7-4 中可以得出结论：绝大多数被调查家庭样本都可以安全地通过共同支撑检验，可以明显看出，电商兼业的农户与未兼业农户的倾向得分密度图之间有较大的重叠区域，说明结果可以通过共同支撑检验。

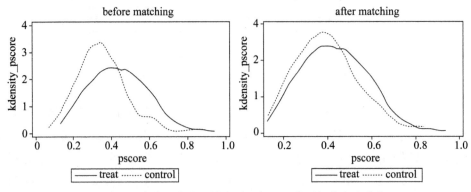

图 7-4　电商兼业者收入效应最近邻匹配前后得分密度分布

由表 7-6 可得，如果采用半径匹配的方法，通过共同支撑检验的贫困农户共有 269 家，其中，处理组有 103 家，控制组有 166 家。从图 7-5 中可以得出结论：绝大多数贫困农户家庭样本都可以安全地通过共同支撑检验。可以明显看出，匹配后未电商兼业的农户与电商兼业农户的倾向得分密度图有很大的重叠区域，但是效果没有最近邻匹配的效果好。

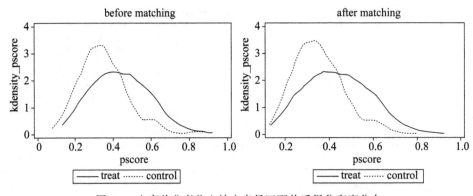

图 7-5　电商兼业者收入效应半径匹配前后得分密度分布

由表 7-6 可得, 核匹配方法中满足共同支撑的农户样本数达到了 271 家, 其中处理组 104 家, 控制组 167 家, 只损失了 2 个样本。核匹配法匹配前后的核密度函数图如图 7-6 所示。

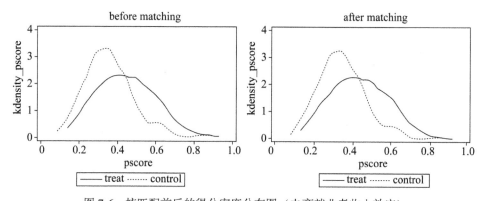

图 7-6　核匹配前后的得分密度分布图 (电商就业者收入效应)

综上所述, 最近邻匹配、半径匹配和核匹配的最终匹配结果都比较好, 匹配后的核密度函数图都可以通过共同支撑检验, 因此共同支撑假设得到满足。

7.4.5　平衡性检验

对于匹配完成的处理组和控制组样本, 需要进一步检验该实验是否为随机性检验, 检验结果如表 7-7 所示。用三种方法进行匹配后, Pseudo R^2 的值有所降低, P 值都明显增大且大于 0.1, 说明在 1% 的显著性水平上不显著。

表 7-7　　　**不同匹配方法的平行性检验 (电商就业者收入效应)**

匹配方法	PsR^2	LR chi2	P>chi2	MeanBias (%)	MedBias (%)
匹配前	0.068	24.7	0.025	18	16.4
最近邻匹配	0.021	6.25	0.936	8.4	8
半径匹配	0.017	4.46	0.985	6.7	5.3
核匹配	0.007	2.08	1	4.6	4.7

根据图 7-7 可以看出匹配前后变量误差削减情况。匹配前协变量的标准差

百分比散乱地分布正负标准差 40% 范围内。匹配后，协变量的标准差百分比都聚集地分布在正负标准差 20% 范围内，说明匹配后控制组和处理组相关变量的差异性大大降低。综上所述，电商兼业者收入效应的倾向得分匹配分析满足平行性假设。

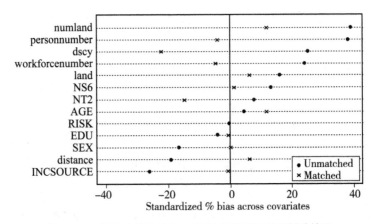

图 7-7　电商兼业者收入效应匹配前后变量误差削减情况

7.4.6　结果与启示

目前我国电子商务已经进入高速发展阶段，农村电商的发展不仅使得贫困农户大量就地就业，而且吸引了城镇农民工回乡就业。基于湖北省恩施州调查数据的研究表明，民族地区贫困农户在电商领域兼业能够显著增加农户收入。上述分析结果对我国民族地区电商扶贫有以下几点启示：首先，民族地区政府应该通过招投标方式加大电商培训服务公共采购力度，将更多优质的社会培训资源纳入电商扶贫体系从而为更多贫困农户提供针对电商不同岗位的技能培训，提升贫困农户电商就业资本；其次，民族地区政府应该通过奖补或税收减免的方式鼓励电商企业招聘贫困农户就业，为贫困农户提供更多电商就业机会，拓宽农户增收途径；最后，政府相关部门要规范电商企业和电商店主长期雇佣和灵活用工的相关制度，制定长期雇佣和灵活用工的分类最低工资制度，不定期检查用工与薪酬支付的规范性问题从而切实保障电商兼业者的切身利益。

7.5　电商扶贫受益者溢出效应分析

民族地区电商扶贫不仅对当地电商创业者和兼业者产生直接影响，还会对未参与电商扶贫的贫困户产生溢出效应。作为一种跨区域、网络化的新型经济活动，农村电子商务可以通过信息共享以及基础设施支持帮助地域上高度分散的个体来高效、协同地完成生产和交易的全过程。这种跨区域特性导致农村电子商务发展呈现出较强的区域关联性，从而使得民族地区电子商务发展在对参与电商扶贫的创业者与兼业者产生影响外，还会对生活在本地区未参与电商扶贫的贫困户产生作用，即民族地区电商扶贫存在着"溢出效应"。简而言之，电商扶贫溢出效应就是指那些既未电商创业也未电商行业兼业的贫困农户也可以享受到当地电商快速发展的成果。农村电商不仅可以直接促进贫困人口增收，还能通过改善农村社会发展环境、提升农民脱贫能力、改造农业生产经营模式、降低农民生产生活成本等方式来间接提升农村社会福利水平，即在发挥传统的增收效应之余还能产生显著的节支和赋能效应。

7.5.1　电商扶贫受益者溢出效应作用机制

随着民族贫困地区电商扶贫的推进，在地理上邻近、有关联性的企业和机构彼此连接形成电商产业集聚。电商产业通过涓滴机制与学习机制发挥作用，降低未直接参与电商扶贫的贫困户生产与生活成本，同时提升其自我学习能力，从而产生溢出效应。

1. 涓滴机制

民族贫困地区电商扶贫的涓滴机制即通过电商创业者和电商兼业业者的发展带动未直接参与电商扶贫的贫困户发展。一方面，民族贫困地区电商扶贫发展会吸引其他地区资金、人才和技术等生产要素流入，助推本地电商产业化，提高企业劳动生产率，增加劳动力收入，而收入的差异会吸引具有专业技能的低收入劳动者前来寻找就业机会。同时，民族地区电商企业普遍具有规模小、门槛低的特征，使得大量的社会闲散资金有机会被投入到相关产业，这将大大促进民族贫困地区生产力和生产要素集聚。另一方面，民族地区电商产业的发展促进了农村宽带网络、物流运输等硬件环境的改善，农民群体可以借助电子商务这种更便捷、更低成本的方式获取日常生产生活所需物资，减少了经济支出，客观上提高了生活水平。电子商务扶贫通过向民族贫困地区输入先进技术、管理经验、价值观念和行为方式等要素，当地未参加电商扶贫的贫困户也能共享发展机会。同时，农村电商市场所蕴藏的巨大商机吸引了一大批农民尤其是青年群体返乡创业，农村开始出现一批"新农人"群体，这有利于缓解当前我国农村社会"空心化"的严峻形势，提升农村社会活力，对农村家庭关系、教育发展和社会网络均会产生积极作用，由此带来农村整体社会福利水平的提升也会惠及未直接参与电商扶贫的贫困农户。

2. 学习机制

民族贫困地区未直接参与电商扶贫贫困户向参与电商扶贫的农户学习生产生活经验，从而降低自身的生产生活成本，提升自身的生产生活能力。新增长理论认为，经济增长的真正源泉在于投资、知识积累和人力资本等方面。民族贫困地区的电商产业化不仅可以吸纳外来资本、激活本地资本、吸收专业人才，而且在知识与技能的传播方面也可发挥重要作用。电商扶贫促进知识和技能的在贫农农户间的传播主要有两种方式，一种是正式的学习，主要是指通过政府和各类电子商务帮扶主体组织开展的各类培训和参观来获取新知识和技能；另一种是非正式的交流，主要通过农户之间以及和其他电商从业人士之间的接触交流来获取经验类知识。对民族地区未参与电商扶贫的贫困农户来说，他们既可以通过参与电商培训讲座等正式学习形式获取新知识，也可以通过网络购物的正式社区交流和亲戚朋友之间熟人网络的非正式沟通掌握新知识和技能。在民族贫困地区电商产业化的推动下，农户之间形成了各种各样的交流网络，他们之间通过相互学习和交流获得各种信息和知识，这些信息和知识在关系网络间迅速传播，形成了电商产业特有的学习氛围，从而推动了电商扶贫溢出效应的产生。

7.5.2　研究设计

1. 问卷设计

在对相关文献梳理和定性分析的基础上，本研究提取出可能影响民族地区电商扶贫溢出效应的因素。随后，进一步通过头脑风暴法细化、筛选和提取出尽可能多的影响因素，对这些因素进行属性归类、重复项合并与删除，最终确定了 16 个影响因素用于生成问卷条目。同时参考相关研究确定了用于测量未参与农户电商扶贫溢出效应的 3 个题项。问卷采用 Likert 五级量表，划分为完全不同意、不同意、不确定、同意、完全同意五个量级，分值依次从 1 分到 5

分。在设计问卷时同时，本研究还考虑将农户个人特征（如年龄、文化程度、政治面貌等）和家庭特征等作为特征题项。未直接参与农户的电商扶贫溢出效应的问卷条目如表7-8所示。

表7-8 **未参与电商扶贫农户溢出效应问卷条目**

题号	影 响 因 素	变量命名
1	电商购物可以让我接触到很多有用信息	X1
2	电商平台上产品种类丰富，而且便宜	X2
3	电商平台上可以购买到生产生活所需的产品	X3
4	物流基础设施完善，出行和运输效率高	X4
5	亲戚朋友教会我电商购物	X5
6	亲戚朋友向我推荐通过电商购物，买东西更便宜	X6
7	与亲戚朋友交流电商，我能学到不少新东西	X7
8	身边好多人都在电商购物	X8
9	电商购物比较方便省事	X9
10	电商购物可以足不出户就能买到需要的东西	X10
11	移动支付普及，支付安全便利	X11
12	快递服务网点分布均匀，收发快递方便快捷	X12
13	网上销售的商品售后有保障，值得信任	X13
14	电商商户信息公开，有资格认证，值得信任	X14
15	物流能在按时运达商品，物流时效值得信任	X15
16	快递服务点及时通知商品到达甚至送货上门，快递服务值得信任	X16
	未参与农户电商扶贫溢出效应	
1	对农村电商减少家庭生产生活开支情况	Y1
2	对农村电商给自己和家人赋能情况	Y2
3	对农村电商发展给自己和家人带来的好处	Y3

2. 调查对象与数据整理

恩施土家族苗族自治州（以下简称恩施州）是湖北省唯一的民族自治州，

包括恩施市、利川市、巴东县、建始县、来凤县、宣恩县、鹤峰县和咸丰县共
8 个县市,总人口在 2018 年达到 401.70 万人。境内除汉族外还居住有土家
族、苗族、满族、蒙古族、侗族和壮族等 28 个民族。恩施州自然资源较为丰
富,有众多特色农业产品,如茶叶、清江鱼、清江肉羊和木瓜等。由于地处鄂
西山区,行政区域内道路交通、给水排水等基础设施落后,经济发展比较滞
后,是民族地区电商扶贫的重点对象。本次调研的对象为恩施州民族地区未直
接参与电商扶贫的(前)贫困农户,这些农户都是在当地政府扶贫工作办公
室已(曾)建档立卡的贫困农户。本次调研时间从 2019 年 7 月持续到 8 月,
调查团队在各村村委会干部的帮助下采用了入户调查的方式,调查内容为未参
与电商扶贫的(前)贫困农户的电商扶贫溢出效应及其影响因素。

为调查该部分贫困农户,首先向各县市扶贫办和当地农商银行的领导人咨
询以了解各县市的涉农产业发展现状,获得了一手的背景资料。然后参考对扶
贫办和电商扶贫项目相关工作人员进行访谈后获取的资料,结合提前准备的相
关各县市的行政区划资料,随机抽取了一部分电商产业发展基础较好的乡镇,
再从这些乡镇中随机抽取一部分作为调研村。此次调查一共发出 400 份问卷,
最终收回 355 份有效问卷,问卷回收率为 88.9%。样本分布情况见表 7-9。

表 7-9　　　　　　　　　　　　　被访者基本信息

被访问者信息	具体条目	样本数	有效百分比	累计百分比
性别	男	185	52.1	52.1
	女	170	47.9	100.0
年龄	30 岁及以下	15	4.2	4.2
	31~40 岁	189	53.2	57.5
	41~50 岁	112	31.5	89.0
	51~60 岁	29	8.2	97.2
	61 岁以上	10	2.8	100.0
学历	小学及以下	52	14.6	14.6
	初中	117	33.0	47.6
	高中/中专/技校	91	25.6	73.2
	大专	80	22.5	95.8
	本科及以上	15	4.2	100.0

被访问者信息	具体条目	样本数	有效百分比	累计百分比
民族	土家族	101	28.5	28.5
	苗族	59	16.6	45.1
	汉族	168	47.3	92.4
	侗族	18	5.1	97.5
	其他民族	9	2.5	100.0

数据来源：自行整理

7.5.3 研究过程与结果分析

1. 信度检验

本研究使用 SPSS26.0 对 355 份有效问卷进行了总体信度检验，其中信度系数 Cronbach's Alpha 值为 0.801，大于 0.6（见表 7-10），通过了信度检验，表明问卷整体具有较高的可信度，因而根据该问卷得到的数据和统计分析结果是可靠的。

表 7-10　　　　　　　　**信 度 检 验**

克隆巴赫 Alpha	项数
0.801	16

KMO 值为 0.837，大于 0.7，Bartlett 球形度检验近似卡方值为 2390.304，自由度为 120 且达到显著性水平（P = 0.000<0.05），同时相关矩阵不是单位阵，这均表明获取的数据适合作因子分析，具体如表 7-11 所示。

表 7-11　　　　　　**KMO 和 Bartlett 球度检验**

KMO		0.837
巴特利特球形度检验	近似卡方	2390.304
	自由度	120
	显著性	0.000

2. 探索性因子分析

本研究的样本数据通过了信度检验，说明可以用来做因子分析，因此运用主成分分析方法对问卷题项进行降维处理，最终得到4个公因子，累计方差贡献率超过60%，结果如表7-12所示。将4个公因子分别命名为"邻里示范""感知有用性""信任""感知便利性"。如表7-13所示，4个公因子下各题项的因子载荷均大于0.5，信度系数均大于0.7，表明信度基本可接受。

表7-12 未参与农户电商扶贫溢出效应影响因素的总解释方差

成分	初始特征值			提取载荷平方和			旋转载荷平方和		
	总计	方差百分比	累积%	总计	方差百分比	累积%	总计	方差百分比	累积%
1	5.183	32.392	32.392	5.183	32.392	32.392	3.062	19.137	19.137
2	2.625	16.409	48.800	2.625	16.409	48.800	2.513	15.709	34.846
3	1.436	8.977	57.777	1.436	8.977	57.777	2.448	15.301	50.147
4	1.116	6.975	64.752	1.116	6.975	64.752	2.337	14.605	64.752
5	0.822	5.137	69.889						
6	0.734	4.590	74.479						
7	0.562	3.510	77.989						
8	0.520	3.250	81.239						
9	0.503	3.147	84.385						
10	0.468	2.922	87.307						
11	0.429	2.682	89.989						
12	0.413	2.580	92.569						
13	0.398	2.488	95.057						
14	0.337	2.109	97.166						
15	0.284	1.774	98.940						
16	0.170	1.060	100.000						

表 7-13　　　　　　　　　　　　探索性因子分析结果

维度	因子命名	题项内容	因子载荷	平均值	信度系数
F1	邻里示范	X5 亲戚朋友教会我电商购物	0.810	3.27	0.864
		X6 亲戚朋友向我推荐电商购物，买东西更便宜	0.833		
		X7 与亲戚朋友交流电商，我能学到不少新东西	0.793		
		X8 身边好多人都在电商购物	0.709		
F2	感知有用性	X1 电商购物可以让我接触到很多有用信息	0.789	3.70	0.827
		X2 电商平台上产品种类丰富，而且便宜	0.822		
		X3 电商平台上可以购买到生产生活所需的产品	0.771		
		X4 物流基础设施完善，出行和运输效率高	0.597		
F3	信任	X13 网上销售的商品售后有保障，值得信任	0.674	3.31	0.783
		X14 电商商户信息公开，有资格认证，值得信任	0.791		
		X15 物流能按时运达商品，物流时效值得信任	0.836		
		X16 快递服务点及时通知商品到达甚至送货上门，快递服务值得信任	0.781		
F4	感知便利性	X9 电商购物比较方便省事	0.731	3.06	0.749
		X10 电商购物可以足不出户就能买到需要的东西	0.793		
		X11 移动支付普及，支付安全便利	0.603		
		X12 快递服务网点分布均匀，收发快递方便快捷	0.726		

　　通过因子分析，发现主要有 4 种因素影响未参与农户电商扶贫溢出效应，将它们分别命名为：

　　①邻里示范因子。X5（亲戚朋友教会我电商购物）、X6（亲戚朋友向我推荐电商购物，买东西更便宜）、X7（与亲戚朋友交流电商，我能学到不少新东西）、X8（身边好多人都在电商购物）这 4 个因素在成分一上的载荷较高，说明它们与成分一的相关程度高，主要表现为邻里影响与示范作用。②感知有用性因子。X1（电商购物可以让我接触到很多有用信息）、X2（电商平台上产品种类丰富，而且便宜）、X3（电商平台上可以购买到生产生活所需的产品）、X4（物流基础设施完善，出行和运输效率高）这 4 个因素在成分二上的载荷较高，说明它们与成分二的相关程度高，可解释为感知有用

性，体现了农户感知有用性对溢出效应的影响。③信任因子。X13（网上销售的商品售后有保障，值得信任）、X14（电商商户信息公开，有资格认证值得信任）、X15（物流能按时运达商品，物流时效值得信任）、X16（快递服务点及时通知商品到达甚至送货上门，快递服务值得信任）这4个因素在成分三上的载荷较高，它们都与农户的信任感知密切相关，因此将其命名为信任因子。④感知便利性因子。X9（电商购物比较方便省事）、X10（电商购物可以足不出户就能买到需要的东西）、X11（移动支付普及，支付安全便利）、X12（快递服务网点分布均匀，收发快递方便快捷）这4个因素在成分四上的载荷较高，都与农户的便利性感知相关，体现了农户感知便利性对溢出效应的影响。

3. 电商扶贫受益者溢出效应分析

虽然未直接参加电商扶贫的农户不能通过电商创业和兼业的方式直接带来收入增加，但是农村电商的发展可以为未参与电商扶贫的贫困户的生产与生活提供便利，使其购买选择更丰富，可能有助于节约家庭开支，也可能通过电商购物以及与身边的亲戚朋友谈论电商而学到更多的技能或获得有用的信息，所以从"减支"与"赋能"两个方面采用李克特五点式量表来测量未参与贫困农户的电商扶贫溢出效应的直接感知情况。

（1）农户减支效果

通过分析数据，发现在未参加电商扶贫的农户中，支出有所减少和减少很多的农户占比42%，均值为3.29，支出略微增加和支出增加很多的仅占11%和8.5%。因此，农户参与电商扶贫的减支效果良好（见图7-8）。

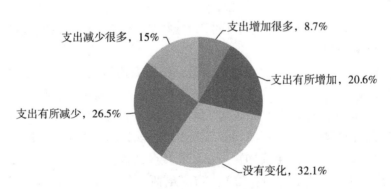

图7-8　未参与农户电商扶贫减支效果

（2）农户赋能效果

如图 7-9 所示，未参加电商扶贫的农户中，38.6%的人认为电商扶贫后自身能力有所提升并发现了更多的发展机会，其同意度均值为 3.13；完全不同意的人只占 8.7%。由此可见，电商扶贫对未参与农户的能力提升效果良好。

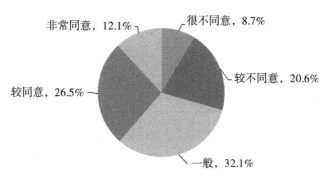

图 7-9　未参与农户电商扶贫赋能效果

7.5.4　未参与农户电商扶贫溢出效应影响因素分析

为了全面考察探索因子分析提取的四个公因子因素对民族地区未参与农户电商扶贫溢出效应的作用方向与影响强度，通过逐步进入法纳入自变量进行多元回归分析，第一层进入回归模型的因子为 2 个个体变量，第二层我们加入了 1 个家庭特征变量，之后每层都加入一个公因子进行回归分析，通过观察 R^2 的变化及相关系数的大小确定模型拟合程度及各因素与未参加电商扶贫农户溢出效应的关系，具体结果见表 7-14。

表 7-14　　　　　　　回归分析结果

模型		未标准化系数		标准化系数	t	显著性	R^2
		B	标准错误	Beta			
1	（常量）	3.393	0.285		11.919	0.000	0.021
	年龄	−0.176	0.079	−0.120	−2.225	0.027	
	学历	0.069	0.059	0.064	1.180	0.239	

续表

模型		未标准化系数		标准化系数	t	显著性	R^2
		B	标准错误	Beta			
2	（常量）	3.373	0.351		9.623	0.000	0.021
	年龄	−0.177	0.081	−0.121	−2.198	0.029	
	学历	0.069	0.059	0.063	1.167	0.244	
	家庭主要收入来源	0.006	0.063	0.005	0.096	0.923	
3	（常量）	3.558	0.347		10.263	0.000	0.063
	年龄	−0.206	0.079	−0.140	−2.590	0.010	
	学历	0.039	0.058	0.036	0.679	0.498	
	家庭主要收入来源	−0.003	0.062	−0.002	−0.044	0.965	
	F1（邻里示范）	0.247	0.063	0.206	3.932	0.000	
4	（常量）	3.623	0.343		10.561	0.000	0.088
	年龄	−0.199	0.078	−0.135	−2.535	0.012	
	学历	0.018	0.058	0.017	0.311	0.756	
	家庭主要收入来源	−0.009	0.061	−0.007	−0.142	0.887	
	F1（邻里示范）	0.250	0.062	0.208	4.023	0.000	
	F2（感知有用性）	0.193	0.062	0.161	3.126	0.002	
5	（常量）	3.635	0.343		10.593	0.000	0.092
	年龄	−0.201	0.078	−0.137	−2.564	0.011	
	学历	0.011	0.058	0.010	0.185	0.853	
	家庭主要收入来源	−0.005	0.061	−0.005	−0.088	0.930	
	F1（邻里示范）	0.251	0.062	00.209	4.038	0.000	
	F2（感知有用性）	0.194	0.062	0.162	3.140	0.002	
	F3（信任）	−0.068	0.062	−0.056	−1.097	0.273	

续表

模型		未标准化系数		标准化系数	t	显著性	R^2
		B	标准错误	Beta			
6	（常量）	3.709	0.333		11.154	0.000	0.151
	年龄	-0.185	0.076	-0.126	-2.433	0.015	
	学历	0.018	0.056	0.017	0.327	0.744	
	家庭主要收入来源	-0.039	0.060	-0.033	-0.651	0.516	
	F1（邻里示范）	0.251	0.060	0.209	4.172	0.000	
	F2（感知有用性）	0.195	0.060	0.162	3.254	0.001	
	F3（信任）	-0.066	0.060	-0.055	-1.096	0.274	
	F4（感知便利性）	0.295	0.060	0.246	4.931	0.000	

通过将年龄、学历、家庭收入主要来源3个变量和邻里示范、感知有用性、感知便利性以及信任等公因子纳入溢出效应回归模型，发现年龄、邻里示范、感知有用性、感知便利性对未参与农户的电商扶贫溢出效应产生显著影响。结合访谈记录得到如下结论：

①就老年人而言，年轻农户对电商扶贫效果更满意。因为年纪较大的农户不熟悉电商这种新事物，对电商的接受程度比较低，甚至是对电子商务持反感和排斥态度，这导致电商扶贫在年龄较大农户群体中发挥作用。

②就模型而言，四个公因子中有F1（邻里示范）、F2（感知有用性）、F4（感知便利性）先后进入模型，对溢出效应产生显著影响。从模型3到模型6，R^2值分别为0.063、0.088、0.092、0.151，呈现上升趋势，显示模型拟合效果越来越好。

③就公因子对溢出效应的影响而言，F1（邻里示范）对民族地区未参与农户的溢出效应有着显著的正向影响（系数为0.209，p=0.000<0.05），说明未参加电商扶贫的农户与亲戚朋友交流电商越多，周边亲朋好友电商经历越丰富，农户对电商扶贫溢出效应的感知就越强。这可能是因为未参与电商扶贫的农户从亲戚朋友那里可以学习到很多新的事物，包括新的生产生活理念以及新的技术，从而提高自己的生产能力和生活水平；F2（感知有用性）对民族地区未参与农户的电商扶贫溢出效应也有着显著的正向影响（系数为0.162，p=0.001<0.05），这说明农户感知到电商给自身提供的产品和服务效用比较高；F4（感知便利性）也对未参与农户的电商扶贫溢出效应有着较为显著的

正向影响（系数为 0.246，p＝0.000<0.05），这说明未参加电商扶贫的农户感知到电商发展为其生产生活确实带来了便利。

7.5.5 研究结论与建议

从民族地区电商扶贫效果来看，可以从"减支"与"赋能"两个方面来衡量民族地区未直接参与农户的电商扶贫溢出效应。从农户主观感受的调查结果可知大部分未参与电商扶贫的贫困农户对电商扶贫效果感到满意，民族地区电商扶贫溢出效应显著。影响民族地区未参与农户电商扶贫溢出效应的因素主要包括 16 个条目的问题，探索因子将其降维萃取为四个公因子，分别可命名为邻里示范、感知有用性、感知便利性和信任，这四个公因子贡献方差解释64.75%。在四个公因子中，邻里示范、感知有用性、感知便利性对未参与农户电商扶贫溢出效应有显著正向影响。这表明要充分发挥农村电商对未电商创业和兼业农户的扶贫效应，就需要加快电商基础设施建设，要切实保障农村电子商务下行商品质量和品类丰富，要切实保证农村电商的发展能给农户的生产生活带来真正的好处，能够使其快速便捷地购买到质优价廉的商品以及获得更多的发展机会。

7.6 贫困农户电商扶贫满意度与影响因素分析

考虑了民族地区贫困农户参与电商扶贫形式的差异，分类评估了以创业和兼业形式参与电商扶贫的贫困农户的收入效应和未参与贫困农户的溢出效应后，仍然有必要对民族地区贫困农户电商扶贫整体满意度及其影响机理进行深入研究。只有准确掌握民族地区贫困农户对电商扶贫的满意度情况及其影响因素的作用机理才能更好的推进民族地区电商扶贫工作。

7.6.1 研究设计

1. 问卷设计

本部分首先通过对有关电商扶贫的文献进行梳理，提取出影响民族地区农户电商扶贫满意度的可能因素，形成初步的问卷条目。然后通过分析近几年关于电商扶贫评估的网页新闻，对条目进行补充完善。最终共提取出 41 个条目（包含重复条目），咨询电子商务和民族地区三农问题领域的专家学者，通过头脑风暴法进一步讨论，对这些条目进行合并归类、删除调整，最后共确定

27 个题项，如表 7-15 所示。问卷采用李克特五级量表，划分为完全不同意、不同意、不确定、同意、完全同意等五个量级，分值依次从 1 分到 5 分。

表 7-15　　　　民族贫困地区电商扶贫满意度的问卷条目

题号	影 响 因 素	变量命名
1	物流配套设施齐全，能保障电商产品品质	X1
2	农村快递服务站布局合理，能快速收发快递	X2
3	农村宽带覆盖率高，能满足我的日常上网需求	X3
4	农村建有移动通信基站，手机信号很好	X4
5	金融机构对农民贷款期限较长，还款压力较小	X5
6	金融机构对农民贷款有降息优惠，借贷成本较低	X6
7	金融机构主动提供信贷资金，我容易获得贷款	X7
8	金融信贷机构简化信贷手续，我借贷资金快捷高效	X8
9	金融机构发放贷款的额度较高，能满足我资金借贷需求	X9
10	政策支持力度大，针对本地扶贫出台了相应的政策措施	X10
11	政府大力宣传电商扶贫，使我真正了解电商扶贫是做什么的、有什么用	X11
12	政府经常动员与组织农民参加电商培训	X12
13	政府为农民参与电商扶贫提供资金支持	X13
14	村里设立电商服务站点，提供网络代购、缴费支付、寄揽快递、信息咨询以及农产品销售等多种服务	X14
15	当地电商销售产品的生产、物流和销售都实现了标准化，产品质量有保障	X15
16	本地有适合网络销售且具备一定本地品牌优势的产品	X16
17	我和其他农户多生产同类产品，货源多且产量稳定	X17
18	本地农业生产形成了一定规模，经营成本有所降低	X18
19	电商龙头企业经常为当地农户发展电商提供指导	X19
20	电商龙头企业带动当地农户发展生产，提供了稳定的订单和销售渠道	X20
21	电商能人经常帮助当地农民解决运营、销售、网上支付等电商问题	X21

续表

题号	影 响 因 素	变量命名
22	电商能人的成功激励我参与电商扶贫	X22
23	我对电商有一定认识，了解电商是干什么的，有什么用	X23
24	我不仅重视电商产品的生产，而且关注如何把产品卖出去	X24
25	我很容易接受电商这类新事物	X25
26	我能够熟练进行日常的电商运营	X26
27	我能够通过学习掌握电商销售和运营新知识	X27
	民族地区电商扶贫满意度	
1	因为电商扶贫，我家收入有明显增长	Y1
2	因为电商扶贫，我家生产和生活开支节约不少	Y2
3	因为电商扶贫，我学习到很多知识，获得了不少发展机会	Y3
4	总体来说，我对电商扶贫效果比较满意	Y4

数据来源：自行整理

2. 调查对象选取

本研究的调查对象为恩施土家族苗族自治州的曾建档立卡和曾建档立卡但已脱贫农户。为了均衡电商扶贫不同参与情况的差异，从"恩施州贫困农户电商创业调查问卷""恩施州贫困农户电商兼业从业调查问卷"和"恩施州贫困农户未参与电商扶贫调查问卷"三组调查中随机抽取各有效样本的三分之一来进行电话回访作为本部分研究的样本数据，最终获得 285 份有效数据。

7.6.2 研究过程与研究结果

1. 信度检验

本研究使用 SPSS26.0 对 285 份有效问卷进行总体信度检验，其中信度系数 Cronbach's Alpha 值为 0.868 大于 0.6（见表 7-16），通过了信度检验，表明问卷整体具有较高可信度，因而根据该问卷得到的数据和统计分析结果是可靠的。

表 7-16 **信 度 检 验**

Cronbach's Alpha	项数
0.868	27

KMO 值为 0.837 大于 0.7，Bartlett 球形度检验近似卡方值为 1942.868，自由度为 351 且达到显著性水平（P=0.000<0.05），同时相关矩阵不是单位阵，这均表明获取的数据适合作因子分析（见表 7-17）。

表 7-17 **KMO 和 Bartlett 球度检验**

KMO		0.837
巴特利特球形度检验	近似卡方	1942.868
	自由度	351
	显著性	0.000

2. 探索性因子分析

信度检验的结果表明数据适合作因子分析，因此运用主成分分析法对问卷题项进行降维处理，以特征根大于 1、因子载荷大于 0.4 为抽取因子的标准（郭凌等，2018），经过正交旋转后得到 6 个公因子，累计解释总体方差的 61.691%，结果如表 7-18 所示。

表 7-18 **影响因素对民族地区贫困农户电商扶贫满意度的总方差解释**

成分	初始特征值			提取载荷平方和			旋转载荷平方和		
	总计	方差百分比	累积%	总计	方差百分比	累积%	总计	方差百分比	累积%
1	4.245	24.969	24.969	4.245	24.969	24.969	2.081	12.240	12.240
2	1.577	9.276	34.245	1.577	9.276	34.245	1.889	11.112	23.351
3	1.336	7.859	42.105	1.336	7.859	42.105	1.830	10.763	34.114
4	1.193	7.019	49.123	1.193	7.019	49.123	1.690	9.941	44.055
5	1.113	6.546	55.669	1.113	6.546	55.669	1.647	9.688	53.743

续表

成分	初始特征值			提取载荷平方和			旋转载荷平方和		
	总计	方差百分比	累积%	总计	方差百分比	累积%	总计	方差百分比	累积%
6	1.024	6.022	61.691	1.024	6.022	61.691	1.351	7.948	61.691
7	0.853	5.018	66.709						
8	0.817	4.806	71.515						
9	0.736	4.332	75.847						
10	0.602	3.539	79.385						
11	0.575	3.385	82.770						
12	0.564	3.317	86.087						
13	0.543	3.197	89.283						
14	0.511	3.004	92.288						
15	0.493	2.898	95.185						
16	0.469	2.762	97.947						
17	0.349	2.053	100.000						

将 6 个公因子分别命名为"基础设施""邻里示范""政策支持""金融信贷""产业优势""自我效能"。如表 7-19 所示，6 个公因子下各题项的因子载荷均大于 0.4，信度系数均大于 0.4，表明信度基本可接受。

表 7-19　　　　　　　　　　探索性因子分析结果

维度	因子命名	题项内容	因子载荷	平均值	信度系数
F1	基础设施	X1 物流配套设施齐全，能保障电商产品品质	0.684	3.39	0.683
		X2 农村快递服务站布局合理，能快速收发快递	0.692		
		X3 农村地区宽带覆盖率高，足以满足我的日常上网需求	0.753		
		X4 农村建有移动通信基站，手机信号很好	0.724		

续表

维度	因子命名	题项内容	因子载荷	平均值	信度系数
F2	金融信贷	X7 金融机构主动提供信贷资金,我容易获得贷款	0.826	3.255	0.534
		X8 金融信贷机构简化信贷手续,我借贷资金快捷高效	0.826		
F3	政策支持	X11 政府大力宣传电商扶贫,使我真正了解电商扶贫是做什么的、有什么用	0.585	3.428	0.621
		X12 政府经常动员与组织农民参加电商培训	0.704		
		X13 政府为农民参与电商扶贫提供资金支持	0.751		
		X14 村里设立电商服务站点,提供网络代购、缴费支付、寄揽快递、信息咨询以及提供电商产品销售等服务	0.693		
F4	邻里示范	X20 电商龙头企业带动当地农户发展生产,提供了稳定的订单和销售渠道	0.813	3.465	0.486
		X21 电商能人经常帮助当地农民解决运营、销售、网上支付等电商问题	0.813		
F5	产业优势	X16 本地有适合网络销售且具备一定本地品牌优势的产品	0.487	3.623	0.511
		X17 我和其他农户生产同类产品,货源多且产量稳定	0.817		
		X18 本地农业生产形成了一定规模,经营成本有所降低	0.811		
F6	自我效能	X26 我能够熟练进行日常的电商运营	0.855	3.465	0.632
		X27 我能够通过学习掌握电商销售和运营新知识	0.855		

通过因子分析,可以明确影响民族地区贫困对电商扶贫满意度的主要因素,根据 5 个主成分因子分类,可以命名为基础设施因子、金融信贷因子、政策支持因子、邻里示范因子、产业优势因子和自我效能因子。

①基础设施因子。在成分一中，X1（物流配套设施齐全，能保障电商产品品质），X2（农村快递服务站布局合理，能快速收发快递），X3（农村宽带覆盖率高，能满足我的日常上网需求），X4（农村建有移动通信基站，手机信号很好），这4个因素的相关系数较大，这八个因素体现了基础设施对民族地区电商扶贫满意度的影响。

②金融信贷因子。在第二主成分中，X7（金融机构主动提供信贷资金，我容易获得贷款），X8（金融信贷机构简化信贷手续，我借贷资金快捷高效）这2个因素的相关系数较大，体现金融信贷因素对电商扶贫满意度的影响。

③政策支持因子。在第三主成分中，X11（政府大力宣传电商扶贫，使我真正了解电商扶贫是做什么的、有什么用），X12（政府经常动员和组织农民参加电商培训），X14（村里设立电商村级服务站点，提供网络代购、缴费支付、寄揽快递、信息咨询以及农产品销售等多种服务）这4个因素的相关系数较大，体现了政策支持的影响。

④邻里示范因子。在第四主成分中，X20（电商龙头企业带动当地农户发展生产，提供了稳定的订单和销售渠道），X21（电商能人经常帮助当地农民解决运营、销售、网上支付等电商问题），这2个因素的相关系数较大，体现邻里示范与帮助对民族地区电商扶贫满意度的影响。

⑤产业优势因子。在第五主成分中，X16（本地有适合网络销售且具备一定本地品牌优势的产品），X17（我和其他农户多生产同类产品，货源多且产量稳定）与X18（本地农业生产形成了一定规模，经营成本有所降低）这3个因素的相关系数较大，体现产业优势对民族地区贫困农户对电商扶贫满意度的影响。

⑥自我效能因子。在第六主成分中，X26（我能够熟练进行日常的电商运营），X27（我能够通过学习掌握电商销售和运营新知识），这2个因素的相关系数较大，体现自我效能的影响。

3. 民族地区电商扶贫满意度分析

考虑将性别、年龄和学历等个体特征变量作为控制变量，将六个公因子作为自变量，民族地区农户电商扶贫满意度作为因变量进行多元线性回归分析，采用逐步进入策略，回归结果如表7-20所示。

如表7-20显示，六个因子中仅有F3（政策支持）、F5（产业优势）、F6（自我效能）因子先后进入模型，因子未进入前为模型1，F3进入后为模型2，

F3、F5 进入后为模型 3，F3、F5、F6 进入后为模型 4。从模型 1 到模型 4，R^2 统计量分别为 0.086，0.123，0.146，0.162 呈上升趋势，显示模型拟合效果越来越好。

表 7-20 给出了模型 1 到模型 4 的回归分析结果。在个体特征变量中，年龄对民族地区贫困农户电商扶贫满意度无显著影响，而性别对民族地区贫困农户电商扶贫满意度有着显著的负向影响（系数为 -0.177，$p = 0.002 < 0.01$），表明不同性别的农户电商扶贫满意度存在显著差异，且女性总体满意度要低于男性总体满意度。同时学历对民族地区贫困农户电商扶贫满意度有着显著的负向影响（系数为 -0.235，$p = 0.000 < 0.001$），表明学历越高，对电商扶贫的满意度越低。

就公因子而言，F3（政策支持）对民族地区贫困农户电商扶贫满意度有着显著的正向影响（系数为 0.193，$p = 0.001 < 0.01$），说明政府会支持电商扶贫，政府投入越多，农户好感度和福利感知敏感度逐渐上升，因而农户满意度会增加。这是由于电商扶贫政策从劳动技能、市场参与和缓解脆弱性等多个维度提高了贫困人口分享经济发展成果的能力，不仅拓宽了这一群体的发展渠道，也增加了其参与机会。这也与聂伟（2019）的研究结论保持一致，他认为政策扶持是获得感的有效预测变量。由于贫困户会在较强的扶贫政策期内集中获得较多资源，而政府往往也会在该时期有针对性地对贫困户提供特殊扶持（王瑜，2019）。因此，政策支持会显著影响贫困户的满意度。扶贫效果在不同程度上受到扶贫政策的精准性及其与贫困群体实际需求的契合度的影响，从而贫困人口对扶贫的认可度也会受到影响。F6（自我效能）对民族地区贫困农户电商扶贫满意度也有着显著的正向影响（系数为 0.127，$p = 0.022 < 0.05$），这说明农户对电商扶贫的认知越清晰，自身学习能力越强，农户对电商扶贫的满意度越高。这可能是因为农户的自我效能越高，农户更容易以更合适的方式参与到电商扶贫的过程中从而获得收益，由此对电商扶贫的满意度越高。F5（产业优势）对民族地区贫困农户电商扶贫满意度有着较为显著的负向影响（系数为 -0.151，$p = 0.007 < 0.01$），说明产业优势越大，农户满意度越低。这与传统认知差异较大，可能的原因有两个：一方面是本地虽然具备有品牌优势的产业，但是其为农户带来的收益并没有达到农户期望的目标；另一方面是农户大多生产同类产品，由此导致农户之间的竞争加剧从而利益受损。

表7-20 民族地区电商扶贫满意度回归分析结果

模型		未标准化系数		标准化系数	t	显著性	R²
		B	标准错误	Beta			
1	（常量）	0.912	0.205		4.450	0.000	0.086
	性别	−0.233	0.088	−0.152	−2.660	0.008	
	年龄	0.003	0.064	0.002	0.043	0.966	
	学历	−0.165	0.040	−0.238	−4.156	0.000	
2	（常量）	0.942	0.201		4.677	0.000	0.123
	性别	−0.242	0.086	−0.158	−2.804	0.005	
	年龄	0.010	0.062	0.009	0.153	0.879	
	学历	−0.171	0.039	−0.248	−4.404	0.000	
	F3（政策支持）	0.145	0.042	0.194	3.455	0.001	
3	（常量）	0.886	0.200		4.425	0.000	0.146
	性别	−0.234	0.085	−0.152	−2.740	0.007	
	年龄	0.014	0.062	0.012	0.223	0.824	
	学历	−0.160	0.039	−0.232	−4.147	0.000	
	F3（政策支持）	0.145	0.042	0.194	3.493	0.001	
	F5（产业优势）	−0.113	0.042	−0.151	−2.708	0.007	
4	（常量）	0.913	0.199		4.588	0.000	0.162
	性别	−0.245	0.085	−0.160	−2.895	0.004	
	年龄	0.012	0.061	0.011	0.197	0.844	
	学历	−0.162	0.038	−0.235	−4.229	0.000	
	F3（政策支持）	0.145	0.041	0.193	3.511	0.001	
	F5（产业优势）	−0.113	0.041	−0.151	−2.731	0.007	
	F6（自我效能）	0.095	0.041	0.127	2.302	0.022	

7.6.3 研究结论与建议

从民族地区电商扶贫效果来看，可以从"增收""减支""赋能"三个方面来衡量贫困农户对电商扶贫的满意度。从农户主观感受可知大部分农户对电商扶贫的满意度较高，增收（Y1）、节支（Y2）、赋能（Y3）和整体满意度（Y4）的均值分别为3.52、3.37、3.21和3.46。影响民族地区贫困农户电商扶贫满意度的因素主要包括基础设施、金融信贷、政策支持、邻里示范、产业优势和自我效能等六个因子。在六个影响因子中，产业优势对民族地区贫困农户电商扶贫满意度有显著的负向影响，产业优势越大农户满意度反而越低，一方面表明本地具备有品牌优势的产业为农户带来的收益没有达到农户期望的目标；另一方面表明产品中同类产品产量增加，反而会使农户间的竞争变大，从而使农户的电商扶贫满意度降低。而政策支持和自我效能对民族地区贫困农户电商扶贫满意度有显著的正向影响，这意味着政府政策支持力度越大和贫困农户的自我效能越高，则农户对电商扶贫的满意度就越高。

电商扶贫工作涉及方方面面，民族地区政府只有扎实提升贫困农户对电商扶贫工作满意度才是真正体现了电商扶贫是"扶真贫"和"真扶贫"。因此政府首先要积极引导电信运营商、银行、第三方平台加强与农户的合作，推动民族贫困地区的基础设施建设，确保电商运营安全顺畅。其次，政府要建立信用评价体系和惩罚机制，加大监管力度，提高出售假冒伪劣产品的成本。再次，政府要树立主体意识，多为贫困农户组织技能培训，与大学、农校等培训机构进行联合，定向培训专业人才，也可以采用"政府+院校+企业"三者结合的形式，利用"农村淘宝""地方馆""京东入村"等合作项目，从而扎实提高农户电商创业和兼业的自我效能，激发农户电商创业和就业意愿。最后，政府要强化落实帮扶责任，进一步提高电商精准扶贫成效，鼓励大学生村官带领村民学习电子商务相关知识，鼓励电子商务专业人才到乡村指导开设农产品、手工艺品网店，提升民族地区发展电子商务的能力。此外，政府应提供产品的深加工、产业链延伸等主题和内容的交流平台，提升产品加工水平，同时以农产品、手工艺品等电商产品升级引导农村电子商务健康发展，推进脱贫攻坚和乡村振兴战略的有机衔接。

在民族地区电子商务扶贫过程中，贫困农户是参与主体，其自身的禀赋对电商扶贫满意度起着至关重要的作用，要提升电商扶贫效果就必须提升贫困农户对电子商务的运用能力。首先，政府、龙头企业以及电商大户要起到模范带头作用，加强对贫困农户电商扶贫的政策宣传，使贫困农户对电商扶贫的认知更加清晰。其次，政府和龙头企业可以向贫困地区派驻电商技术专员，驻点帮扶参与电商扶贫的贫困农户，指导其日常的电商运营以及产品的生产技术。最后，要搭建电商学习平台及农户互助平台，使其能及时更新电商知识，紧跟电商发展的步伐。通过这些措施可以有效提升贫困农户的自我效能，促进电商扶贫效果的发挥，进而提升农户对电商扶贫的满意度。

8 农村地区电子商务扶贫
案例启示与经验借鉴

上一章通过对恩施州这一典型民族地区的调研数据进行分析，从农户参与视角研究了电商扶贫带来的增收、减支和赋能三大效应，发现贫困农户通过电商创业和兼业能显著提高收入，而没有直接参与电商产业链的贫困户也可以从电商扶贫中享受到减支和赋能的溢出效应，此外大部分参与电商扶贫的贫困农户对电商扶贫效果感到满意。由此可见，电商扶贫在助力民族地区脱贫攻坚过程中发挥着脱贫减贫的关键功效，对于民族地区经济社会发展具有重要意义，受到各民族贫困群体的普遍欢迎。近年来在国家政策的大力扶持下，恩施州电商脱贫更是不断推进，取得了阶段性成果。然而，受复杂久远的历史和恶劣的自然条件等因素制约，恩施州部分地区贫困程度深、贫困情况复杂、返贫现象严重，单一的电商脱贫方式并不能彻底根除这些地区深度贫困的难题。为突破这一困境，有必要借鉴国内其他背景类似、脱贫成效卓著的地区电商脱贫的典型经验和举措，以此来化解深度贫困问题，助力恩施民族地区全面脱贫。

湖北长阳土家族自治县、云南玉龙纳西族自治县、贵州苗族侗族自治州施秉县与恩施民族地区有着许多相似的特点，例如同属民族地区和山地地区，少数民族数量多且占比大、历史久远而复杂、自然地理条件恶劣、交通基础设施落后、经济基础薄弱等，在脱贫攻坚过程中起点接近，面临问题类似。同样的，这些地区拥有丰富而独特的农特产品、手工艺品和旅游文化等资源，具备一定的电商扶贫开发潜力。在优势和劣势类似、起点相近的情况下，前三者通过各具特色各有侧重点的电商扶贫模式，如长阳县的平台助推模式、玉龙县的政府主导模式、施秉县的工商资本驱动模式，带动了本地区贫困群体就业创业和增收创收，基本实现了全面脱贫。这无疑为恩施民族地区创新电商扶贫模式和手段，破解深度贫困实现脱贫摘帽提供了有益借鉴。此外，山东菏泽市大集镇作为中国淘宝第一镇，在基础条件极其恶劣的情况下，通过农户自发触网模式实现了从"三无"贫困小镇向全国闻名的富裕城镇的飞跃，同样为恩施民族地区电商脱贫提供了可资借鉴的思路。基于此，本章通过研究这四个典型贫困县镇电商脱贫的案例，从总体情况、具体实践和主要成就出发，梳理出案例地区电商扶贫的经验启示，以期为本研究中湖北恩施土家族苗族自治州推进电商扶贫，实现全面脱贫提供思路和措施借鉴。

8.1 长阳县模式——平台助推

8.1.1 长阳县电商扶贫的总体情况

长阳土家族自治县隶属湖北省宜昌市，地处鄂西南山区、长江和清江中下游，有土家族、苗族等 23 个民族聚居（张华，2017）。作为国家扶贫开发工作重点县，长阳县是一个集"老、少、山、穷、库"为一体的特殊县份。到 21 世纪初，县域主要经济指标均远远低于全省平均水平，而 2015 年长阳土家族自治县贫困人口仍达 9.5 万人，占农村人口总数的 27.6%，贫困问题十分突出（胡腾和杨珊珊，2015）。长期以来，脱贫致富是长阳县各族人民的殷切期盼，同时也是党委政府的工作重点和努力方向。

经过多年的发展，长阳县委、县政府清晰地意识到，单纯追求 GDP 的经济增长模式，已不能适应人民的生活需要和脱贫攻坚任务的迫切需求。近年来，当地党委和政府按照"精准扶贫，不落一人"的总要求，举全县之力合力攻坚，秉持继承与创新相结合的理念，根据自身的发展优势认准重点和因势利导，将有限的资源和力量集中于关键脱贫要素，塑造了新的发展模式。在电子商务发展如火如荼，深刻影响人们的生产生活的新形势下，长阳县充分发挥了电商平台在助推经济增长和脱贫减贫方面的功效，并取得了显著成果。

1. 电商扶贫顺势兴起

2015 年长阳县开始将电商扶贫纳入扶贫开发工作体系，积极谋划"电商平台+健康食品产业+特色基地+网店+贫困村（户）"的电子商务扶贫生态链。为此，该县着力进行了电商基地和组织培育、电商人才培养、电商配套服务支持和电商产品品牌建设等工作。在电商基地和组织培育方面，首先出台了《全县电商扶贫工作实施方案》，并与苏宁进行了电商扶贫战略合作，着力培育电子商务示范基地并打造全国知名的电子商务交易中心（程蹊和陈全功，2018）。其次，长阳县在 2016 年成立了县电子商务协会，由湖北一致魔芋科技有限公司、长阳康农种业有限公司和长阳夷农电子商务公司等 6 家企业联合发起，吸纳会员单位 44 个。此外，2019 年成立县电子商务公共服务中心助力培育和提升电商主体企业，并进行扶贫产销对接工作。在电商人才培养方面，2017 年 8 月长阳入选国家级电子商务进农村综合示范县后，县经信局与县委人才办、扶贫办共同制定了专项电商扶贫人才培养方案。在电商配套服务支持方面，长阳县人民政府在 2017 年 9 月签约与启动长阳农村电商物流产业园项目建设，为农村电子商务发展提供物流服务支撑。在电商产品品牌建设上，2018 年长阳电商协会携手湖北老巴王生态农业有限公司推出长阳农特产品电商推介会，助力特产电商销售，聚焦电商精准扶贫，致力开创县域农村电商新局面。此外，还大力进行长阳电商的宣传推广，组织电商企业参加华创会、农博会以增强品牌影响力①②。

经过五年的发展，长阳县电商发展初具规模，扶贫成效卓著。全县年电子商务交易额近 18.5 亿元，其中农村年网络交易额 5.86 亿元，各类电商网店达 300 多个，电商小微企业达 120 多家，第三方物流托运企业 16 家，全年物流托运件数 800 万件以上。全县电商从业人员 3255 人，带动农村就业创业 1255 人。此外，农产品电商知名度和竞争力节节攀升，销售额逐年增加③。

2. 电商扶贫动因分析

长阳县电商扶贫的兴起有其内在原因和外在驱力。就内在动因而言，一是特色农业优势显著，因而农产品电商发展有基础。在将电商扶贫纳入扶贫开发体系之前，长阳县就已经发展了多年的特色农业。坚持实施"五个一万亩"工程，新建魔芋、茶叶、木本油、栀果、木瓜等高标准示范基地 20.47 万亩，全县特色农业产业基地突破 100 万亩，其中高山蔬菜种植面积达到 30 万亩，柑桔栽培面积达到 14 万亩，茶叶面积 10 万亩，药材种植面积达到 10 万亩。特色农产品中，"清江椪柑"成为国家地理标志保护产品，特色产品如长阳高山西红柿、高山辣椒、一致魔芋膳食纤维等获得多个名誉④。二是特色农产品

---

① 长阳县电商领导小组办公室. 国家电子商务进农村综合示范县建设进度公示（2019 年 11 月）［EB/OL］. http：//www. changyang. gov. cn/html/2019/dzsw_1206/510394. html，2019-12-06.

② 高清平. 老巴王生态新品电商推介会举行［EB/OL］. http：//www. changyang. gov. cn/content-5086-503369-1. html，2018-01-16.

③ 曾珍. 电商趟出扶贫新路子［EB/OL］. http：//www. changyang. gov. cn/content-5084-509066-1. html，2019-05-28.

④ 长阳县政府. 长阳土家族自治县国民经济和社会发展第十三个五年规划纲要［EB/OL］. http：//www. changyang. gov. cn/content-5274-504934-1. html，2016-05-23.

难以找到合适的市场，亟需电商打开销路。民族山区拥有种类颇多、绿色生态的特色农产品，但是由于地理条件的限制和本地市场容量受限，难以找到合适的销售出路。电子商务网络平台可以发挥宣传、推广和销售功能，更有效地对接产销，加快拓宽销售渠道，从而让特色农产品走出大山为更多人知晓，从而大幅度地提高销量，解决销售难题。

就外在动因而言，一是电商发展如火如荼，国家在大力推动电商下沉农村助力扶贫工作。近年来农村电商发展迅速，各大电商企业纷纷布局广大农村，下沉渠道至山区农村，电子商务开始渗透至农民的生产生活各个方面。苏宁云商集团和苏宁易购相继与长阳县政府签署战略合作协议，目标将长阳建成全省以至全国的电子商务示范基地，将长阳农村电子商务中心打造成全国知名的电子商务交易中心，通过电商深入开展贫困帮扶，电商龙头企业进驻助力长阳电商发展。二是政府出台政策规划，为电商发展提供后盾支撑。为推进电商扶贫工作，长阳县相继出台了《全县电商扶贫工作实施方案》《全县电子商务进农村综合实施方案》《农村电商工程（2018—2020 年行动方案）》等系列政策规划，为本县电子商务发展保驾护航，塑造了良好的外部政策环境，从而有助于更好地发挥电子商务减贫和脱贫效应，促进本县经济社会发展。

3. 电商扶贫发展情况

得益于电商龙头企业的入驻，长阳县电商发展经历了从萌芽、成长到成熟的发展历程，电子商务逐步走上正轨并发挥显著的扶贫效用。

①萌芽阶段。2015 年，长阳县将电子商务扶贫纳入扶贫开发工作体系，正式开始了电商扶贫工作，并成立了长阳夷农电子商务有限公司，主要负责县域电商的培训、孵化和特色农产品的上线销售等工作。到了 2015 年底，县委县政府成功助推全县 154 个行政村全部开通客车，宽带入户率也在不断增加，为发展电商扶贫做好了基础设施建设。为了给长阳电商起好头，县政府还与苏宁云商签订了战略合作协议，助推长阳电商更快更好地发展。

②成长阶段。2016—2017 年，长阳县委县政府发力助推电商产业发展，长阳电子商务发展迅猛。先是建立起电商扶贫示范户工作长效机制，制定针对电商扶贫的工作方案，建立村级电商服务站。其次，建立电商扶贫培训基地，由电商企业组织电商技能培训，鼓励贫困农户参与。最后，县里还建设了农林牧渔名优特产展示交易中心，以夷农电商公司为龙头，与鸭子口、大堰、都镇湾、榔坪、渔峡口等乡镇联合建立电商服务中心。2016 年长阳进一步成立电

子商务协会，并于次年成功入选国家级电子商务进农村综合示范县①。

③成熟阶段。入选国家级电子商务进农村综合示范县项目之后，长阳县电子商务发展日趋成熟。长阳县电子商务发展从市场主体培育、众创空间成立、公共服务平台建设、电商协会工作运营团队组建到网货品牌创建、地方特色馆建设、营销体系及营销模式建立等工作全面铺开。与此同时，长阳县还大力稳步推进农产品市场监管、村级电商（物流）服务站点以及电商培训等工作，综合性和立体化的电子商务体系初步形成。

8.1.2 长阳县电商扶贫的具体实践

1. 提升电商基础设施建设水平

交通与网络是电商发展必备的基础设施，近些年长阳县高度重视电商基础设施建设，逐步完善电网和路网的修建与改造工作。就交通设施建设而言，2019 年长阳全县硬化农村公路 360.95 公里，全县农村公路硬化总里程达到 4931 公里，共投入资金 12663 万元，解决了原有乡村路段通车不便的难题，极大地改善了交通运输条件。在网络设施特别是电力通讯网络建设上，长阳县投资 1.7 亿元实施农村电网改造，受益贫困户 1922 户 5803 人。到 2017 年，全县农村几乎实现了光纤覆盖，大部分农户接入了互联网络。电力与通讯网络的建设完善破解了原来通电和通讯不便的困境，极大地提升了与外界的沟通联系水平。此外，长阳县共投资 3042.4 万元，于 2019—2020 年重点在基础设施落后的榔坪镇渔峡口镇 8 个村实施水、电、路、网等基础设施建设项目 30 个，2019 年底已完成项目 17 个。总体而言，长阳县交通与通讯基础设施的建设和完善为其电商体系及配套物流服务等的快速发展打下了坚实基础。

2. 携手苏宁搭建电商孵化平台

长阳县政府与苏宁云商签署战略合作协议，通过联合开展电商扶贫示范活动和电商人才培养等活动来共同推动农村电商发展。一是在电商扶贫"双百示范行动"中，苏宁建造专属长阳的"苏宁易购长阳特色馆"，还有多家旗舰店和专营店，计划每年新增四家以上；二是在电商扶贫 O2O 展销专区中，苏宁与政府共同制定"1+15"行动目标，线上助力长阳生态果蔬和禽畜类农产

---

① 长阳县供销社办公室. 长阳电商扶贫工作成效显著 [EB/OL]. http: // www.changyang.gov.cn/content-5086-449025-1.html, 2016-12-21.

品电商化，为其拓展了销售渠道，线下则在云店集中展示长阳县优质特色农副产品与旅游等资源，强化长阳品牌建设和推广；三是在苏宁易购"10·17扶贫购物节"中，消费者可以苏宁在门店体验长阳产品后当场购买，也可通过网上下单购买，随后原产地直采发货，快递到货迅速；四是在农村电商人才培养中，举办了首届贫困村电子商务培训，全县共54个贫困村、15家苏宁电商旗舰店公司总计80余人参与培训，之后大力推进"苏宁易购"电商扶贫项目，计划在每个村培训3至5名电商带头人，实现154个村全覆盖，有力地推动了电商孵化（木弓等，2016）。

3. 完善电商三位一体服务体系

为充分发挥电商平台"扶真贫，真扶贫"的效用，近年来长阳县努力完善各级电商基础和配套服务体系，为电商扶贫提供了坚实有力的保障。这主要体现在三个方面：一是建立行政推进体系，成立县电子商务协会和县电子商务公共服务中心以推进电商扶贫，其中电子商务协会在全县电商发展中起着牵头、组织和协调作用，而电子商务公共服务中心则强调在人员培训、渠道拓展、品牌建设和创业孵化等方面发挥作用。二是建立电商服务体系，首先在全县乡镇建立电商服务中心，再通过乡镇辐射带动各村开展电商活动，构建"乡-村-组-户"的服务体系，确保电商发展效益能真正覆盖乡村各层级。三是建立电商物流体系，建设电商扶贫"县-乡-村"三级物流体系、两级服务站点、一级联络站长。为实现这些目标，在一定数量的村落设立电商服务站与站长。总体而言，建设和完善以行政推进体系为抓手，以电商服务体系为核心，以物流快递体系为支撑的三位一体的电商服务体系，为发挥电商扶贫效益奠定了基础。

8.1.3 长阳县电商扶贫的主要成就

1. 电商扶贫推动基础设施建设

为了给电商扶贫提供硬件支撑，近年来长阳县在网络和交通建设上投入大量资源，基础设施初具规模，减贫脱贫效应的发挥也有了硬件保障。在网络建设上，2015年长阳县打造了集"电子服务、电子村务、电子学务、电子商务"于一体的农村"四务通"信息平台。截至2017年，全县农村"四务通"用户总数达28553户，农村互联网覆盖率达90%。在交通设施建设上，截至2019年长阳县农村公路硬化总里程达到4931公里，交通条件逐步改善。总体来说，电商扶贫加速了基础设施建设，而基建水平提高又有助于电商扶贫进一步发展①。

2. 电商培训助力人员就业创业

人才是发挥电商扶贫效果的关键，电商人才培养为长阳县脱贫攻坚注入了新鲜的血液和动力，带来就业和创业的双丰收。2016 年，长阳夷农电商公司组织了多次电商培训，同时有针对性地对乡镇及村干部进行培训，带动大量劳动力实现电商就业。另外，长阳电商公共服务中心提供电商培训和创业指导，2019 年开展电商培训达 6000 多人次，电商从业人员达 4500 人，和 2017 年相比增长 30%，注册电商企业达 120 家，和 2017 年相比增长了 30%（穆然和陈凌云，2020）。总体上看，长阳县电商培训成效卓著，在人员电商就业创业上硕果累累。

3. 电商扶贫带动城乡创收增收

近年来长阳县电商扶贫服务体系初步形成，有力推动了城乡创收增收。全县 154 个行政村建成电商服务站，并参与公共服务。长阳夷农电商公司与大堰誉福农电子商务公司紧密合作，建设电商扶贫三级物流体系、两级服务站点、一级联络站长。县城电商物流产业园拥有"县域电商物流产业园区运营中心+乡镇级电商物流快递服务体系+村级电商物流服务站"平台。该平台投入运营后，每年双向商品（产品）流通总量达 5 万吨，物流快递配送达到 10 万单，综合营业额 3 亿元，税收 1000 万元以上，为城乡就业创业人才提供工作岗位 1000 个以上②。总体而言，长阳县电商服务体系不断优化，通过创收增收促进了城乡经济增长。

4. 电商扶贫拓宽产品销售市场

长阳县借助电子商务打造和推广特色农产品品牌，扩大销售市场的同时促进了增收脱贫。每月通过线上发布县市级广告文案宣传、公众号软文宣传、电

---

① 长阳县扶贫办. 长阳土家族自治县扶贫攻坚领导小组办公室关于 2019 年脱贫攻坚工作情况的报告 [EB/OL]. http：//xxgk. changyang. gov. cn/show. html? aid = 13&id = 48034，2020-05-08.

② 向远喜. 罗红梅. 智慧物流"村企互联"电商助力精准扶贫 [EB/OL]. http：//www. changyang. gov. cn/content-5086-505219-1. html，2018-06-07.

商期刊数十篇，线下建设地方特色馆、组织产品推介会宣传生态特色农产品，长阳县的特色农业得到良好发展，品牌确立的同时市场扩大，农民实现持续增收。据统计，2016 年仅仅长阳夷农电商公司就销售野生猕猴桃 50000 斤，带动本地老百姓种植 100 亩原种黄豆并推向市场，发展生态养鸡专业户 20 户；誉福农电商中心累计销售农副产品达 286 余万元，其中 56% 来自贫困户，共帮助农民增收 120 余万元①。由此可见，电商助推特色农产品品牌建立和推广，有力地打开销路并扩大了市场。

8.1.4 长阳县电商扶贫的基本经验

1. 搭建电商平台整合人财物各类资源

通过搭建一体化的电商平台，长阳县有效整合了人财物等各类要素，优化了资源配置，减少了重复建设和重复帮扶等浪费现象的发生，加快了电商扶贫脱贫进程。首先，苏宁易购等电商平台聚合了农业企业、农户、需求方和其他的利益相关群体，充分发挥了老巴王和任森等农业企业的组织、领导、协调和运营等作用，同时对接当地农户和全国各地的需求方，减少了信息不对称并实现供需精准匹配。其次，电商平台集中了当地种类繁多的特色农产品资源，推动了大山深处的精品果、有机茶、生态鱼、高山菜、健康肉等特色农副产品的在线销售，消除了传统销售渠道所存在的中间环节并节约了交易费用，同时发挥了整合后的规模效应，拓宽销路并扩大了市场占有率。最后，电商平台还吸纳了不少企业和电商创业者的资本注入，同时将部分农户的闲散资金利用起来促进农产品品牌建设，提高了资金的利用效率。总之，长阳县通过建设电商平台将人财物等资源整合起来并进行优化配置，在实现效益倍增的同时电商扶贫脱贫的功效得以发挥。

2. 通过电商平台加强农产品品牌建设

借助已有的各类电商平台，长阳县着力加强本土特色农产品品牌建设，打出了一系列知名的农特产品名号，扩大了品牌影响力，提升了市场竞争力。近年来，为打造和提升电商扶贫知名品牌，长阳县通过苏宁云商平台在电商扶贫"双百示范行动"、电商扶贫 O2O 展销专区、"10·17 扶贫购物节"等活动中

---

① 长阳县供销社办公室. 长阳电商扶贫工作成效显著［EB/OL］. http：//www.changyang.gov.cn/content-5086-449025-1.html，2016-12-21.

大力宣传本土农副产品，同时举办了十大电商扶贫农产品评选、清江椪柑电商首发仪式、长阳网货精品中秋行、"钱钱网"电商平台上线发布会、长阳电商扶贫工作推进会、璞岭村猕猴桃网销等一系列优质电商平台农副产品推介活动，全力打造优质农副产品品牌。目前全县"三品一标"产品82件，培育了清江椪柑、高山腊肉、资丘飞鸡、一致魔芋、老巴王清江鱼等优秀电商产品，有效推动了当地优质农副产品上行发展。此外，已有多家农业企业创建农产品品牌，正在逐步打造和建设区域性公共品牌。总体而言，长阳县通过电商平台加强本土农产品品牌建设，提升了品牌知名度和竞争力，拓展销路增加了农户收入，电商扶贫成效显著。

3. 依托电商平台培育专业的人才队伍

依靠各类电商平台和企业，长阳县加快了电商人才队伍的培育建设，锻炼出一批专业化的电商骨干，在推进全县脱贫攻坚进程中发挥了示范引领作用。具体而言，电商平台及企业为长阳县发展电商提供了专门的电商人才培训服务，让长阳县农村电商人员的专业化程度大幅提升。近年来，长阳县组织电商公司的专业电商人员定期对村民进行培训，帮助村民充电学习电商知识和技能，了解电商平台运作方式，规范化运营电商，进一步打开市场的同时增加了村民收入。该县自2016年6月开始依托电商公司开展电子商务培训工作，培训内容包括视觉营销、自媒体营销等电商运营技巧和策略以及相关法律法规，通过培训直接带动创业人员900人。长阳县通过与电商平台对接，与各类电商企业建立联系，将创业培训和电子商务培训有机结合，帮助有意愿有能力的农户学习和掌握专业的电商知识和技能，培育了专业化的电商人才队伍，其中包括电商带头人和其他电商骨干，促进了特色农副产品和手工艺品的销售，实现了脱贫增收。

4. 借助电商平台打造全产业链生态圈

依托专业化的电商平台，长阳县在已有特色农业的基础上着力疏通"工业品下乡、农产品进城"的渠道主线，积极培育农村电商全产业链生态圈。大型电商企业一般具有完整的电商产业链条，因此可以帮助打造农村电商全产业链生态圈，实现社会化大协作，将顺货源组织、仓储管理、售后质保等流程，让上游的生产端和下游的销售端专注于自己的工作，从而提升农村电商整体的运行效率和竞争力。基于此，长阳县设计开发出了"长阳中小企业公共服务平台暨长阳产业企业互联平台"，作为一种新型的"互联网+"模式下的经营方式，该平台具备了服务本地企业的产业链互联、互联网政务服务和电子商务交易能力，有力地推动了本土全产业链生态圈的形成。此外，借助淘宝等电商平台，长阳县不少创业者等摸索出自己的运营思路，探索出具有特色的电商模式，实现了增收致富。总体上看，长阳县借助电商平台打造全产业链生态圈，促进了本土就业和增收，有助于脱贫减贫目标的实现。

8.2 玉龙县模式——政府主导

玉龙纳西族自治县隶属云南省丽江市，地处青藏高原东南边缘横断山地向云贵高原过渡的衔接地段（杨忠兴，2014）。该县是全国唯一的纳西族自治县，境内有纳西族、汉族、白族、藏族、苗族等十种世居民族，而纳西族占该县总人口的一半以上。受历史和自然等因素制约，玉龙县贫困面大、贫困人口多、贫困程度深，是云南省扶贫开发工作重点县和革命老区县之一。截至2015年，全县共有3738户，12843个建档立卡贫困人口，有鲁甸、黎明、奉科3个省级贫困乡镇，石鼓仁义、拉市南尧、鸣音太和等13个省级贫困村，农业人口贫困发生率为6.85%，扶贫攻坚任务十分艰巨①。

近年来，玉龙县委县政府逐渐认识到电子商务在助力扶贫脱贫中的重要作用，把发展电子商务产业和推动消费扶贫作为促进精准扶贫、精准脱贫的重要抓手，政府主导从上到下出台了一系列政策和举措，推动电子商务与扶贫攻坚相结合，立足特色优势资源禀赋，积极搭建有效平台，构建科学体系，培养实用人才，大力推进以县乡村三级公共服务体系和快递物流体系建设、农产品网货品牌培育等为重点的电商扶贫工作，积极引导广大农民群众网上销售特色农产品，助力脱贫攻坚，取得了良好成效。

8.2.1 玉龙县电商扶贫的总体情况

1. 电商扶贫顺势兴起

玉龙县委县政府主动发力，用电商扶贫优惠政策绘制电商发展蓝图，指引了玉龙县电子商务发展方向。2015年商务部发布了《"互联网+流通"行动计划》，计划中提到要在全国培育200个电子商务进农村示范县，每个示范县有

---

① 云南网. 玉龙县脱贫任务艰巨、时间紧迫［EB/OL］. http：//special. yunnan. cn/feature14/html/2016-07/11/content_4429531. htm，2016-07-11.

两千万元专项资金。为响应商务部、云南省商务厅下发的电商扶贫通知，丽江市商务局积极组织申报项目，加大财政资金的吸收与投入，带动更多企业和社会资本进入农村。其中，玉龙县凭借明显的区位优势和突出的农业特色成功申请到了名额。随后，该县加投两百万元，县工信局牵头联合相关县市级共 23 个单位开始组建"电子商务进农村"工作组。同年 8 月，玉龙县成为全国电商进农村综合示范县，电商开始蓬勃兴起①。

2016 年玉龙县开始启动电子商务平台建设，到当年底建成县级电子商务公共服务中心 1 个，县级电子商务物流中心 1 个，乡（镇）、村级电子商务服务站 66 个并投入运营，电子商务产业园 1 个，入园企业 23 家。电子商务发展到 2019 年时，玉龙县实现农村网络零售额 47.26 亿元，全省占比 9.12%，名列全省县（区）第四②。总体上看，在政府主导下，玉龙县电商扶贫快速兴起并得到了良好发展，成效卓著。

2. 电商扶贫动因分析

玉龙县采取电子商务扶贫这种新的扶贫模式，有其主观和客观两方面的原因。从主观原因上看，思想观念的改变是主要原因。当地原来的思想观念较为落后，对新事物特别是新技术和新模式的接受程度比较低，而争取全国电子商务示范县则开启了观念上的重大变革。玉龙县工信局长尹宏说，玉龙县与北上广等大城市相差一百年，其中观念上落后三十年③。因此，争取全国农村电子商务示范县不仅是观念上的一个大跃进，也是玉龙县发展的一个新契机。对玉龙县的电商扶贫工作而言，观念变革是先导。

从客观原因上看有两方面的原因：一是当地原有农产品销售价格低，寻求新的销售模式和渠道势在必行。玉龙县有众多特色农产品，如雪桃、野生梅兰菜、木梨、藜麦、天麻、火腿、云木香、鲜花饼、油橄榄、花椒等。由于一直坚持高原农业、生态养殖、特色林果等绿色发展模式，当地农产品不仅具有地方特色，质量也非常好，然而受传统销售模式和渠道制约，价格一直处于较低

---

① 刘德祥. 电商助力脱贫攻坚［EB/OL］. http：//www.lijiang.gov.cn/new/zwdt/201701/t20170117_581380.html，2017-01-17.

② 玉龙县政府. 国家电子商务进农村综合示范项目绩效评价专家组到我县进行项目绩效评价［EB/OL］. http：//www.yulong.gov.cn/ztzl_14584/dzswjnc/201707/t20170705_820521.html，2017-04-05.

③ 王昀. 翼虎·山河·寻路胡焕庸线上的中国 | 玉龙县：电商上下求索［EB/OL］. https：//www.sohu.com/a/160605229_617374，2017-07-28.

水平，难以发挥增收作用；二是地理交通阻滞农产品销售，而电子商务则能突破时空限制助产促销。玉龙县地处青藏高原东南边缘横断山地向云贵高原过渡的衔接地段，县城到东西两边最远村子的路程长且路况差，由于物流成本居高不下和严重的信息不对称，该县的农产品难以运输到县城或是其他地方售卖，发展电子商务则可以有效地缓解这一问题。

3. 电商扶贫发展情况

玉龙县电商发展经历了从萌芽、发展到成熟三个阶段，在不断发展和完善的过程中，当地电商扶贫的效用日益凸显。首先，电子商务萌芽并兴起。2015年，玉龙县申请到全国电子商务进农村综合示范县后，电商逐步兴起，这一阶段受地理位置因素和原有基础设施条件制约，电商物流发展遇到一些阻碍，因此当时丽江全市电商企业总计还不足20家，而玉龙县电商企业更是寥寥无几。

其次，电子商务进入发展阶段。2016年10月当地建设完成玉龙县电子商务产业园，年底正式投入运营，入驻物流配送企业5家，农业生产企业和电商销售企业23户。2017年"双11"当天，玉龙县"纳西田野"电子商务有限公司在淘宝平台实现销售额48万元，玉龙香雪梅朵农业开发有限公司线上平台实现销售额136万元。在这一阶段，县委县政府继续推进玉龙县公共服务中心、培训体系、品牌培育体系、物流配送中心、乡镇站点和质量保障体系的建设①。

最后，电子商务迈向成熟阶段。2019年9月，玉龙县举行了首届玉龙电商消费扶贫农特产品博展会，推出了"玉龙扶贫风物"商贸平台，通过该平台以线上线下相结合的方式，销售当地农特产品并增强了品牌影响力，有效扩大了当地农产品销售规模②。到2020年，当地进一步推动消费扶贫与电商扶贫融合发展，建成电商消费扶贫馆5个，拓宽了农产品销路。

8.2.2 玉龙县电商扶贫的具体实践

1. 推动消费扶贫与电商扶贫融合发展

为通过创收增收提高扶贫成效，玉龙县以政府为主导大力推动消费扶贫与

---

① 陈钦华. 玉龙头条 曹金明到玉龙县电子商务产业园区调研，要求…… [EB/OL].
https：//www.sohu.com/a/209331770_700649，2017-12-08
② 和茜. 丽江市玉龙县举行首届电商消费扶贫农特产品博展会 [EB/OL]. http：//
lijiang.yunnan.cn/system/2019/09/29/030389802.shtml，2019-09-29.

电商扶贫融合发展，创新本土产品销售形式。一方面，玉龙县政府投资120万元发展沪滇协作"玉龙县电商扶贫项目"此外玉龙县政府也大力扶持宝山电商扶贫乡建设项目、奉科镇黄明村委会核桃榨油坊建设项目、塔城乡扶持非公经济体发展项目的建设，其中拉市镇消费扶贫大礼包项目已生产消费扶贫礼包5000个，有力推动了消费扶贫与电商扶贫相结合。另一方面，玉龙县举办了县首届"电商消费扶贫农特产品博览会"，组织玉龙商盟公司、木府源公司等5家企业参加"2019上海对口帮扶地区农产品展销会"，现场销售出相当规模的农产品，签订了不少合作协议。在县政府主导和支持下，通过建设各类电商扶贫项目、组织和参与博展会与展销会，玉龙县推动消费扶贫与电商扶贫融合发展，以此创新了农产品销售方式，拓宽了农产品销售渠道，实现了增收创收。

2. 坚持综合示范与电商扶贫深度结合

玉龙县在2015年被国家财政部、商务部列为电子商务进农村综合示范县后，认真谋划布局，通过多方面的举措将综合示范与电商扶贫深度结合，在贫困地区电商扶贫中起到了带头示范作用。首先，玉龙县经过多方考察，在2016年选择了玉龙商盟电子商务有限公司作为玉龙县电子商务进农村综合示范项目综合服务商；其次，有序建设产业园和三级物流配送公共服务体系，努力培育电子商务销售体系网络，扎实打造品牌培育和宣传体系，认真推进农产品电子商务标准化，不断加强人才培训工作，以"贫困户+合作社+企业+电商平台"的模式，实现贫困地区农产品生产规模化、加工标准化、网销品牌化和渠道多样化；最后，积极引导贫困农户立足于农村现实，并与城市良好对接，帮助其在电子商务领域创业就业，提高收入水平，从而实现减贫脱贫。

3. 建平台和优服务助力电商提质增效

玉龙县在县政府引导支持下，通过打造电商发展新平台和优化电商公共服务体系，充分实现电商提质增效，促进了电商扶贫效应的发挥。一方面，玉龙县努力打造电商发展新平台，开展农产品网上开店行动。在阿里巴巴、京东、拼多多等电商平台开店，积极组织家庭农场、农民合作社、农业产业化龙头企业、现代农业产业园等生产经营主体，围绕"一县一业"，突出"一村一品"，开设特色农产品、绿色食品旗舰店，组织返乡农民工、大学生、退伍军人等个体开设线上店铺，在抖音、快手等直播平台开设账户，扩大网商规模（李丹丹，2020）。另一方面，该县不断优化和升级电商公共服务，充分发挥已建县级电子商务公共服务中心的枢纽作用，突出专业化公共服务属性，强化县、乡、村三级公共服务体系业务联动。此外，持续开展电商人才培育，开展短视频、网红直播等电商新业态新模式实践操作培训和增值服务培训，培养一批农产品网络销售实用人才①。

8.2.3 玉龙县电商扶贫的主要成就

1. 电商公共服务体系不断完善

近年来，在玉龙县委县政府的政策扶持和大力推进下，当地电子商务公共服务体系不断发展和完善，取得丰硕成果。截至 2017 年，建成 1 个县级电子商务公共服务中心和 1 个县级物流配送服务中心，17 个乡镇办事处电子商务服务站，建成并正式投入运营 66 个村级电子商务服务站②。就物流配送体系而言，该县在电子商务产业园建设公共物流配送中心，整合邮政及县域内"四通一达"等快递物流企业，建设县、乡（镇）、村三级农村物流体系，搭建全县农村综合物流信息服务平台，推动第三方配送与共同配送在农村的发展，完善网购、电子结算、网订店取、网订店配和网订店送等服务功能，有效地降低了物流成本。

2. 电商农特产品品牌逐渐打响

随着电子商务进村并不断发展，玉龙县的特色农副产品资源得到充分挖掘，优质农特产品品牌建设得以加速推进，市场影响力和竞争力日益提升。就特色农产品而言，玉龙县借助电商平台以"玉龙味"为载体重点打造了"丽江雪桃""老君山核桃""鸣音苹果""老君山蜂蜜"和"鲁甸药材"5 个地方特色产品品牌，产品已成功上线销售，品牌影响力日渐扩大。经过多年发展，玉龙县已培育获得云南地理标识"鲁甸药材"1 个，有机产品认证"丽江雪桃"、无公害认证"鸣音苹果"，并催生了一大批诸如丽江慢生活、花花色玫瑰庄园、老君山果脯、黎明核桃、鸣音核桃和拉市雪桃等知名电商品牌和知

① 云南省政府．云南省人民政府办公厅关于印发云南省推进农村电子商务提质增效促进农产品上行三年行动方案（2020—2022）年的通知［EB/OL］. http：//www. yulong. gov. cn/xxgk_14513/szfwj/202006/t20200616_1012600. html，2020-06-05.
② 玉龙县委办．玉龙县着力打造电商精准扶贫"利器" ［EB/OL］. http：//www. yulong. gov. cn/ztzl_14584/dzswjnc/201709/t20170919_820529. html，2017-09-19.

名电商企业，销售业绩逐年攀升。

3. 电商人才培训成效日益卓著

农村电商人才培训是电商扶贫工作的重点之一，玉龙县委县政府积极推动电商人才培训，帮助农户掌握电商知识和技能，助力脱贫攻坚。2017年该县重点着力中高级电商人才的培训，定期或不定期地聘请知名电商企业（平台）专家来授课或组织人员外出学习，培育本地电商讲师和辅导孵化人员，针对创业青年、农民工、农户，开展以电商基础知识、淘宝店铺基本操作为主要内容的培训，累计完成各类人员培训3214人次，新开网店272家，通过培训带动就业创业353人。以电商人才培训计划为实施核心，玉龙县充分整合培训资源，面向电商从业创业人员和公职人员开展培训，有力提高了电商应用水平，促进了就业创业。

4. 电商扶贫项目促进增收脱贫

为进一步促进当地贫困农户创收增收，玉龙政府大力引导和支持了农产品品牌推介和销售创新，取得良好成效。2019年举办"玉龙县首届电商消费扶贫农特产品博展会"，由电商消费扶贫发展论坛、农产品产销对接会、农产品展销会三部分组成，以消费扶贫、电商扶贫和电商双创为核心，以主题论坛、产销对接和消费扶贫产品展销为内容，助力玉龙农产品标准化、品牌化建设。近40家采购商参会，现场签订合作协议6个，意向农产品采购金额超过100万元，43家企业、农民合作社和农村经纪人在博展会分会场参展，带动建档立卡户614户、家庭成员4120人参与，有力促进了贫困农户增收脱贫（何世辉，2020）。

8.2.4 玉龙县电商扶贫的基本经验

1. 政府扶持助力电商政策环境改善

电子商务进农村是一个系统工程，涉及融资、税收、土地和能源消费等方方面面。在玉龙县这样的贫困山区，电子商务的快速健康发展尤其需要良好的政策支撑。在一些关乎电商建设成本关键领域，玉龙县政府给予一系列相关的政策扶持，为当地电商的发展营造了极为有利的政策环境。首先，在融资扶持方面，县政府引导融资机构对农村电商企业给予信贷支持，延长贷款年限，并实行优惠利率，极大地提振了这些企业进军农村开展业务的决心；其次，在税收优惠方面，玉龙县对于境内缴纳30万元以上的电商企业，前三年按50%予以奖励，实行纳税奖励政策，激励了电商企业做大做强；再次，在用地政策方面，县政府鼓励使用存量土地发展农村电子商务，优先安排物流快递企业的配送中心项目用地，为电子商务发展提供了基础设施支撑；最后，在能源消费方面，政府还给予了用水用电价格优惠，削减了电商企业成本。总体上看，县政府在各方面的大力扶持，极大地改善了当地电商发展的政策环境，促进了电商扶贫的发展（刘璐琳，2016）。

2. 政府主导推动电商服务体系形成

玉龙县的电商扶贫受到了县政府的高度重视，政府在这中间起到了主导作用，推动了当地电商服务体系的形成。一方面，政府出台了一系列政策和会议文件来推进电子商务进农村，包括《玉龙县电子商务产业链建设战略合作框架协议》《玉龙县十六届人民政府第十九次常务会议纪要》《玉龙纳西族自治县电子商务进农村综合示范实施方案》等，此外还下发了《关于推进和完善服务项目政府采购有关问题的通知》《玉龙县电子商务进农村综合示范项目委托合同》等文件来指导和推进当地电商服务体系建设；另一方面，政府对整体农村电子商务进行统筹规划，搭建农村电子商务公共服务平台，完善有利于电子商务发展的政策标准体系，综合运用政策、服务、资金等多种手段推进电子商务发展，创造全方位的电子商务发展环境，同时建立监管机制，加强动态监督检查，保证资金安全。总体而言，在玉龙县电商服务体系的形成和完善过程中，当地政府始终扮演着主导者角色，发挥了统全局、引路子和把方向的关键作用。

3. 政府引导加强电商品牌营销建设

电商品牌营销是玉龙县开展电商扶贫工作的重点，在这一过程中，政府主要起到了宣传和引导作用。一方面，政府支持博展会和展销会的举办，"推出去"和"引进来"相结合，促进了农特产品销售和品牌建设。在沪滇扶贫协作办（杨浦区政府）及丽江市商务局大力支持下，玉龙县举办了"首届电商消费扶贫农特产品博展会"，县委县政府多位领导全力站台。展会以消费扶贫、电商扶贫和电商双创为核心，在促进玉龙农产品标准化、品牌化建设的同时起到了很好的宣传作用。此外，县政府还大力推动展销会举办，吸引买家进来看一看，促进销售订单和协议的达成。另一方面，玉龙县政府还大力规划和建设本土农特产品品牌，已完成16个乡镇及玉龙山办事处"一乡一品"的调研选型及相应规划，其中"丽江风物·玉龙味"公共品牌的建设已经完成，核桃、蜂蜜、芸豆等部分产品则正在进行市场推广和调整营销方案①。总之，政府在加强当地电商品牌营销建设、打造本土特色品牌中发挥了重要的引导作用。

4. 政府开源促进电商项目落地实施

电商进村和电商体系建设不仅需要本土企业和外部企业的资金注入，还需要政府提供专项资金扶持，助推一系列电商配套项目的实施。在给予电商发展支持和促进电商项目落地实施过程中，玉龙县政府的开源帮扶发挥了重要作用。一方面，在国家商务部和云南省商务厅下发电商扶贫通知后，玉龙县成功申报了电子商务进农村示范县，获得了两千万元专项资金，运用这些财政资金来促进县乡村各级物流体系、县电商服务中心以及村级电商服务站项目建设实施，带领和鼓励更多企业和社会资本进农村，对农村脱贫减贫起到了至关重要的作用。另一方面，与上海等发达城市展开合作，为农村电子商务发展提供专项扶持资金和扶贫贴息贷款，扶持物流企业、电商企业、网货供应商、个体店铺等电子商务相关主体开办运营、促进规模化发展，加强玉龙扶贫风物商贸平台项目建设，完善玉龙农产品的供应链。总体上看，政府开源资金推动了电商扶贫项目的落地实施，有力地促进了电商扶贫减贫效应的发挥。

8.3 大集镇模式——农户自发触网

大集镇隶属山东菏泽市曹县，旧称大义集，位于曹县东南14公里。曹县位于鲁、豫两省交界处，地理位置缺乏优势，同时缺少支柱产业，因此2014年前经济发展状况非常不理想，全市三分之一的人口都处于贫困状态。以大集镇为代表，它作为曹县下辖22个乡镇之一，在形成"淘宝村"之前同样没有区位优势，原本以农牧养殖及加工为主，兼以传统制作加工演出服饰的手工业，地理上不具备优势，自然资源也较为匮乏。在大集镇下辖的32个行政村中，就有2个省级贫困村、14个市级贫困村，可以说是极为典型的贫困乡镇，面临着艰巨的脱贫攻坚任务（许加宏，2017）。

2010年起，曹县大集镇电子商务得到迅速发展，在全国打响了名声，中

---

① 玉龙县政府. 玉龙县电子商务进农村工作情况通报（八月）[EB/OL]. http：// www. yulong. gov. cn/ztzl_14584/dzswjnc/201703/t20170327_820507. html，2016-09-09.

央有关领导还专门到大集镇实地调研电商扶贫工作。大集镇"淘宝村"的形成有其内在的规律和必然性，除去时代因素，该镇村民的自发触网更是其主要原因。具体来说，当地农户自发探索电商经营模式，发现短时间内增收效果显著，通过邻里传播带动大面积电商创业，进而推动了区域内电子商务的快速发展。截至目前，大集镇32个行政村实现了淘宝村全覆盖，年收入过百万的群众比比皆是，电商扶贫成效卓著。

8.3.1 大集镇电商扶贫的总体情况

1. 电商扶贫顺势兴起

大集镇电商能人初尝甜果，通过电商发家致富，带动了周边农户参与电商。在2010年之前，大集镇手工业制品的主要售卖方式是以实体店和个体村民进城摆摊为主。到2010年底，有村民通过网络售卖手工制作的演出服成功而走上了致富之路，由此迅速在大集镇掀起了开网店的热潮。2013年大集镇在淘宝上的销售额就已经达到了2亿元，当时全国仅有20个"淘宝村"，大集镇的丁楼村、张庄村就是其中的两个。从此，大集镇的演出服饰加工产业发展愈加迅速，三年内，淘宝销售额翻了15倍。到2016年，该镇年度完成1118户共2563人脱贫，其中仅电商扶贫相关产业就带动了2120人实现脱贫，占全镇脱贫人口的82.7%①，电子商务真正成为当地实现脱贫攻坚的尖兵利器，在促进该镇居民增收创收、推动经济社会发展方面发挥着巨大作用。

2. 电商扶贫动因分析

大集镇电商扶贫发展有两方面的原因：一方面是环境所迫；另一方面是内在驱动。就前者而言，大集镇无地理资源优势，迫使当地转变发展思路。大集镇原来是一个没有地理优势、没有自然资源、没有支柱产业的贫困乡镇，加工制作戏服和演出服饰也只是大集镇人们农闲时的手工活。受到地理位置偏僻、产量低、样式差、销售市场等因素限制，戏服制作产业一直得不到很好的发展。无论是最开始销售时的坐等候客，还是后来的进城推销，服装产量和销售收入都增长缓慢，并不能为大集镇人们带来可观的收益。电子商务则是大集镇人民自发尝试探索而走出的一条新路，加快了服饰创新的步伐，拓宽其销售渠

---

① 马文文. 电子商务助推菏泽曹县大集镇扶贫进入信息化时代 [EB/OL]. https://www.sohu.com/a/73797606_114775，2016-05-06.

道，带动当地人民增收致富。

就后者而言，农村能人带领致富是电商扶贫的内在驱动。丁楼村某村民偶然的一次网上销售，使得整个乡镇发展步入快车道。2010年底，该村民在一些熟悉互联网的同学的帮助下，进行了首次网上销售，并开办了一家淘宝店。随着业务量增加，为满足更多人的需求，其店铺也越开越大，服饰布景种类也在不断增加。镇里人逐渐知道了他在网上开店的事情，也纷纷学着开淘宝店。这位村民将自己的电商从业经验传授其他村民，形成先富带动后富的局面（马兴凯，2017）。

3. 电商扶贫发展状况

同其他典型的"淘宝镇"一样，大集镇的电商扶贫经历了萌芽、创业裂变和成熟三个发展阶段。①萌芽阶段。2010年后，丁楼村村民在网上销售演出服饰发家致富的消息传出后，开网店卖服装的模式被疯狂复制。人们开始进行网上创业，由于进入门槛低，服饰制作成本优势以及原本就具备的服饰加工制作基础，大集镇村民的收入取得了迅速增长，但同时也出现了网店规模较小、缺乏专业设备和流程体系不规范等问题。②创业裂变阶段。2013年，政府发现了大集镇村民利用网店发家致富的现象，于是制定了一些政策对大集镇村民进行扶持和引导。自此之后，大集镇村民得到了政府的支持，学习到了更多电商相关的专业知识，上网开网店的人更多了，网店规模也越来越大，种类越来越多涉及摄影演出服装、布景加工及其配套行业，真正走上了企业化发展的道路。③成熟阶段。2015年，大集镇在不断发展电商销售的过程中，产生了17个"淘宝村"，因此大集镇也变成了有名的"淘宝镇"。在几年的电商发展过程中，大集镇的电商产业链愈加完善，并逐步走向正规，成为了全国农村发展电商的模范案例乡镇。

8.3.2 大集镇电商扶贫的具体实践

1. 依靠先富带动后富

大集镇的发展很大程度上依靠了村民个体的自发触网，通过当地农民自身探索电商运营模式迈出了致富的第一步，随后凭借自身经验和邻里传播带动越来越多的村民走上致富道路，进而掀起了发展电商的热潮。继丁楼村村民注册淘宝网店实现增收后，周边村民纷纷效仿，学习使用淘宝网，并在网店中售卖手工制作的演出服饰。由此，大集镇迎来了属于它们的淘宝时代。从一开始以销售儿童表演服饰为主，到现在融合了民族服饰、绣花、布料、摄影道具等各式各样的特色产品；从一开始到浙江进货到吸引浙江原材料供应商纷纷在当地就近设立服务点就地生产村民所需的原料；而当地电商也从售卖发展出打版、裁剪、缝纫、熨烫、包装等一条龙服务，走向专业化和产业化。小的方面由村民先富带动后富，大的方面则以大集镇为中心，向周边乡镇辐射电子商务，局域经济发展带动了区域整体经济发展。

2. 完善产业配套设施

大集镇所在曹县建设路、电、网、物流等基础设施和配套产业园区，为大集镇电商发展奠定了基础。当地各级政府积极支持曹县大集镇及其周边交通、电力、通讯等基础设施的建设和完善，作为大集镇主要运输通道的桑万路被重新铺设，"淘宝村"附近道路也得到了修缮，具有高功率的变压器也由专业工作人员在"淘宝村"进行架设，同时当地政府还安排网线铺设和促进网速升级，为地方电商企业发展奠定了坚实基础。不仅如此，当地政府为进一步推动本地电子商务的发展，开始着手建设电商产业园区，并积极引企入园。新修建的产业园位于曹县大集镇北部经济园区，总建筑面积达 10 万多平方米，投入的资金金额高达 2.6 亿元，一期工程占地有 100 多亩，办公区域和厂房均规划在内。该产业园正式投入运营后可同时容纳 20 多家物流公司、40 多家实体店铺和 20 多家服装加工企业，真正成为将生产、交通和仓储融为一体的综合性产业园区，为电商扶贫铺平道路（马兴凯，2017）。

3. 提供政策引导帮扶

电子商务要取得快速发展，离不开政府相应政策的引导帮扶，特别是在资金、技术和人才等方面。大集镇所在曹县成立县电子商务领导小组，定期研究、调度、部署电商工作，为大集镇等乡镇电商的发展做好统筹规划，落实好针对性的帮扶工作。此外，还成立了县电子商务服务中心，制定出台了包括基础设施配套、技术指导、资金支持、人才队伍建设等在内的一系列利好政策。针对电商人才培养，曹县自 2018 年以来共举办了 35 期各种类型的培训班，并开展了阿里大数据培训、互联网+传统企业升级对接会、"千村万人"电商免费培训等活动，6000 多人参与其中。此外，曹县电商培训还结合电商所处的不同发展阶段，对参与培训的电商企业按网店级别制定差异化的培训计划，并定期聘请专业讲师就电商经营相关知识进行分级教学，加强培训的针对性。总体而言，来自政府的引导帮扶为大集镇电商发展塑造了良好的政策环境，推动了电商扶贫的进一步发展。

4. 建立电商小镇生态

为拓展电商发展新模式，寻求创收增收新源泉，大集镇在兼顾表演服饰加工、产品展示、住宿、餐饮、娱乐、物流配送、金融服务等传统优势产业的同时，集中精力打造以电子商务、电商旅游及信息技术为一体的新兴产业，将大集镇建设成为适宜居住、就业和旅游的综合电商小镇。以 e 裳小镇项目为例，该项目规划占地面积 340.8 公顷，含村庄建设用地 66.7 公顷，城镇建设用地 265.88 公顷，总建筑面积达 1388710 平方米。该项目立足于大集镇"表演服饰生产及电商销售基地"及"伊尹文化发源地"的地方特色产业和文化优势，引入"产城融合"发展模式，规划布局为"四区、一园、一中心"，具体包括电子商务产业集聚区、产品设计及商贸展销区、伊尹小镇文化旅游区、基础设施提升区、物流产业园、电子商务综合服务中心等 6 个板块。通过打造电商小镇，大集镇能够进一步发掘电商促就业真扶贫的潜力①。

8.3.3　大集镇电商扶贫的主要成就

1. 带动全镇人民实现脱贫致富

大集镇电商发展改变了当地原来贫穷落后的整体面貌，带动村民镇民增收就业，实现了脱贫致富。大集镇在形成"淘宝镇"以前，传统经济发展缓慢，地区优势不明显，居民收入持续在低水平状态，在山东县域经济发展中长期处于劣势地位，缺乏新的经济增长点和有效的脱贫渠道是大集镇难以摆脱贫困的重要原因。但近些年在电商快速发展的推动下，尤其是通过"淘宝村"模式开展创业后，大集镇终于突破了以往的区位劣势，以前田间地头的农民摇身一变成为老板，该镇终于获得了同区位占优地区同等的发展机遇，在山东闯出了电子商务带动农村脱贫的新路子。

到 2013 年，全镇电商从业人员超过 1.5 万人。大集镇原来各项经济收入在曹县始终徘徊在 20 名左右，但 2013 年在淘宝村发展推动下，其排名在全县 27 个乡镇、办事处上升到第 15 位，总量达 14.8 亿元，其中淘宝销售额超过 3 亿元，上交税金 300 万元，占全镇工商税收的 30% 以上。2014 年的经济总量

---

① 齐鲁周刊. 淘宝的世界，小镇的世界——激荡大集镇［EB/OL］. https：//www.sohu.com/a/245513866_351293，2018-08-06.

则比 2013 年增长了近 20%，在全县排第 11 位，其中淘宝销售额接近 6 亿元，增量几乎都是来自淘宝村的产值。而到了 2018 年，就大集镇丁楼村而言，全村电商销售额达到 4 个亿，340 余户村民，有 300 余家都从事电商方面的工作，村民的腰包鼓起来了，几乎家家户户都有自己的小轿车，脱贫致富成为现实（施维，2015）。

2. 展现农村电商发展榜样力量

大集镇作为中国淘宝第一镇，其首创意义非凡，到目前 32 个行政村实现了淘宝村全覆盖，是山东淘宝村数量最多的乡镇，更加发挥了引领全国的示范作用，展现了农村电商发展的榜样力量。大集镇借助电子商务从一个不起眼的贫穷小镇发展成为全国闻名的富裕城镇，带动了全镇居民脱贫增收，对于全国其他地区开展电商扶贫具有十分重要的借鉴作用。

就典型代表而言，大集镇的丁楼村连续几年获得阿里巴巴授予的"中国淘宝村"称号，电商发展成就突出。而由该镇丁楼村带起来的电商风，推动大集镇从一个无地理优势、无自然资源、无支柱产业的"三无"贫困乡镇一跃成为全国著名的"淘宝镇"，不失为农村电商发展的典范，具有极为重要的借鉴意义。从整体情况来看，截至 2019 年 7 月，大集镇所在的曹县电商企业增长到 4000 家，网店增加到 5.5 万余家，带动 20 万人创业就业，其中年网络销售额过亿的店铺 6 个、过千万的店铺 100 个，天猫店 500 个，全县电子商务蓬勃发展，唱响了乡村振兴崭新篇章①。显然，这离不开大集镇的首创带动作用。由此可见，大集镇通过农户自发触网形成全国闻名的"淘宝村"和"淘宝镇"，带动当地人民脱贫致富的经历为我国其他贫困农村地区发展电商提供了可供参考借鉴的范本。

8.3.4　大集镇电商扶贫的基本经验

1. 农户自发触网是关键

大集镇电子商务的发展源于当地农户自发触网，通过单个个体学习电商运营打开销路，引发带动邻里自发探索电商模式，实现了个体经验在群体层面的复制和裂变，进而掀起电商发展的热潮。具体而言，借助这种复制性极强的农

---

① 大众网. 太牛了! 曹县这个村家家做电商 一年销售额 4 个亿 [EB/OL]. http://sd. sina. com. cn/heze/news/2019-08-26/city-hz-ihytcern3648761. shtml, 2019-08-26.

户自发触网行为，大集镇从事演出服饰加工电商的人口增至农村总人口的一半，淘宝上的销售记录也在几年间翻了十几倍，处于一种裂变式的增长状态。这种农户自发探索模式的农村电商有一种放射性市场效应，辐射面十分广泛，可以短时间内迅速增加收入，改善整体经济状况。由于从事电子商务和服饰加工的进入门槛比较低，原本服装销量低的问题在网络销售中被消除，淘宝成为了更广阔的交易平台，因而当地村民有动力进行大规模模仿和复制。而农村"熟人社会"则使得这一复制与扩散速度进一步加快，于是出现了裂变式发展的现象。因此，在大集镇电商发展进程中，该镇农户自发触网是关键，充分发挥了电商的扶贫效应。

2. 农户勇于创新是动力

大集镇电商能在较短时间内快速崛起，带动整个区域经济发展和百姓脱贫致富，当地农户勇于创新无疑是关键动力。没有这种自发触网的探索精神和创新意识，大集镇的电商发展速度可能会大大降低，以点带线、以线促面的功能就不能得到有效发挥。具体而言，丁楼村村民"触网"销售可以说是整个"淘宝村"的开端，为"淘宝村"模式的普及做出了卓越贡献。在 2010 年，当时互联网在村里面还不是很普及，属于新鲜事物，农村人思想观念又较为保守，所以第一位触网销售戏服的村民勇于创新的互联网精神就显得意义重大。通过冒险尝试线上销售这一看似"玄乎"的销售模式却赚到了真金白银，其带来的心理震动可想而知。村民所探索的这种自发触网模式通过相邻传播迅速扩散，被大量复制和运用，最终推动大集镇成为了远近闻名的"淘宝镇"。由此可见，在大集镇最初的发展阶段，农户勇于创新的精神是电商兴起、发展和扩散的强大动力，最终带来的扶贫成果也惠及四面八方。

3. 农户对接政企是保障

在大集镇农户自发触网推动农村电商发展的过程中，政府和企业也发挥着不小的作用。尤其是农户积极与政府和企业对接，在当地政府一系列政策的大力扶持和企业的组织、协调与帮助下，自身经营规模不断扩大，类似经验加速复制，最终有力推动了农村电商的发展，带动了原有贫困农户的脱贫增收。具体而言，在政府注意到大集镇的演出服装淘宝市场后，将农村淘宝上升到政策选择，并成立专门的组织去进行行业绩考核与管理，甚至每年拨款 300 万元作为农村电商引导专项基金，用于人才培训、服务平台和产业园区等配套设施建设，这为农户发展电商塑造了良好的产业环境。而阿里巴巴以及一些物流公司也开始与大集镇合作，使电商发展走上了更加专业化的发展道路，为农户电商经营扫除了不少障碍。在这样的背景下，农户积极主动对接当地政府和相关企业，自身电商知识和技能不断增加，经营规模也逐渐扩大，更好地实现了脱贫增收。

4. 农户定位精准是要义

大集镇电商的发展走出了别具一格的道路，特别是在电商产品的选择上抓住了自身特色，选择了演出服饰作为最开始的突破口，从而获得了长远发展。其中，农户最初的精准定位功不可没。当初大集镇是一个没有地理优势、缺乏自然资源、支柱产业为零的三无乡镇，尽管农业和手工业一直以来都同样没有很大起色，但是最初的一批创业农户将销售商品精准定位演出服饰，抓住了这一突破口。由于演出服饰是一种有着与普通服装不同特点的服饰种类——专产特销，即在特定时间上的专用消费，因此线下销售时销量低、规模小，但电商平台销售渠道的打开，激发了其他地区人们潜在的消费需求，结合演出服饰加工是大集镇的传统手艺，而以演出服饰为主的淘宝销售又特点性极强，所以出现了大集镇农村电商飞速发展的局面。因此，在大集镇电商发展的最初阶段，农户对于在线销售产品的精准定位是顺利打开电商扶贫局面的要义所在。

8.4 施秉县模式——工商资本驱动

施秉县隶属黔东南苗族侗族自治州，位于贵州省中东部，自治州西北部，境内有巴施山和秉水，取山水之名而得"施秉"。总面积 1543.8 平方千米，县辖 4 乡 4 镇 64 个行政村 10 个社区，境内居住汉、苗等 19 个民族，总人口 16.9 万人，其中少数民族占总人口的 55.5%①。作为新阶段 592 个国家扶贫开发重点县之一，截止到 2017 年，施秉县仍有 1 个贫困乡镇、31 个贫困村、19 个深度贫困村，未脱贫人口 2.32 万人，贫困发生率为 15.07%，脱贫攻坚面临巨大挑战。长期以来，增加农民收入和消除贫困，实现贫困县"摘帽"，推动经济社会发展，是当地政府和各族人民的共同愿望（魏丽萍，2019）。

近些年来，施秉县逐渐认识到电子商务在助力扶贫攻坚中的巨大作用，开始引进工商资本助力当地电子商务快速发展，借助电商发展促进当地农特产品

---

① 百度百科. 施秉县 [EB/OL]. https://baike.baidu.com/item/% E6% 96% BD% E7%A7%89%E5%8E%BF/10674905? fr=aladdin，2020-07-02.

销售，带动贫困群体就业增收，从而实现脱贫致富。随着脱贫攻坚进入"关键期""决胜期"，施秉县各级党委和政府更加注重发挥工商资本的驱动作用，进一步完善电子商务各类服务体系，利用电子商务突破地域时空限制精准对接供需的优势，最大程度发挥其扶贫功效。

8.4.1 施秉县电商扶贫的总体情况

1. 电商扶贫顺势兴起

2015 年以来，施秉县紧跟国家"互联网+"推进步伐，大力发展电商扶贫，促进县域经济快速发展，启动实施了电商发展"星火燎原"计划，取得了阶段性成效，进而闯出了一条"小县域、大数据、新思维"的电商扶贫新路。基于此，施秉县先后被列为"省级电子商务进农村综合示范县"和"全省电商扶贫试点县"，并建成全省第一个县级跨境电商体验中心投入运营。在一系列政策措施的推动下，施秉县电商扶贫取得了初步成果。

2018 年，施秉县与杭州市临安区开展的东西两地帮扶工作进入新阶段，临安区在为施秉县探索电商之路时，凭借自身农村电商的发展优势，打造新型电商协作模式，投资 500 余万元与施秉共同打造施秉县临安电商物流扶贫产业园，构建完整的电商服务产业链，并启动了"黔农印象"扶贫新零售项目，拓宽当地农特产品销售渠道，促使施秉县电商扶贫更加扎实地稳步推进。以杭州闻远科技为代表的 5 家公司将施秉县特色农产品成功销往各地，新增农产品年销售额 3000 万元，吸纳社会投资约 1.3 亿元，直接帮助 2000 名贫困农户实现脱贫，并间接带动 20000 户贫困户参与电商创新创业①。总体来说，外地工商企业的资本注入为施秉县的电商发展提供了强大的后援保障，驱动了电子商务在促进贫困地区和贫困群体增收创收、就业创业等方面上的功效发挥，有力地推动了扶贫脱贫。

2. 电商扶贫发展动因

施秉县电商扶贫的发展主要有两方面的动因影响，一个是内部因素，另一个是外部因素。就内部因素而言，主要是当地特色农业手工业发展具有一定的特色优势，从而发展电商具有资源基础。具体来说，施秉县特色农产品种类繁

---

① 杨旭，金轶润，金凯华. 临安·施秉携手铺就电商扶贫"快车道"［EB/OL］. http：//www. ddcpc. cn/szx/qdm/sbx/201811/t20181128_308692. shtml，2018-11-28.

多，包括五彩米、珍珠糯米、原生小黄豆、原生小豆、生态小米、生态大米、双井镇蔬菜、稻田鱼、太子参、何首乌、苦丁茶、虫草鸡等众多粮食和果蔬禽畜类产品，为消费者提供了多种选择。此外，施秉县还有苗绣这一特色手工业，堪称中国刺绣一绝，在国内享有较高的知名度。基于此，施秉县的特色农业和手工业具有一定的优势，为发展电商提供了非常好的资源基础。

就外部因素而言，主要是来自闻远科技公司等工商资本的帮扶，为施秉县电商发展提供了有力驱动。具体而言，为做好东西部扶贫协作，杭州市临安区建立了以"市场为主，政府引导""统筹规划，创新发展""整合资源，畅通信息""两地联合，突出特色"的打通全产业链的"临安对口协作扶贫新模式"，对施秉县的扶贫工作予以鼎力支持。体现在电商发展方面，由闻远科技公司为运营主体的临安区电商服务中心探索出了"运作市场化+运营实体化+营销精准化"的电商扶贫新模式，进一步打开了消费市场，拓宽了销售渠道，推动黔货出山，助力脱贫攻坚，为施秉县提供了支撑后盾和学习蓝本①。

3. 电商扶贫发展情况

随着工商资本的引入，施秉县的电商经济活力被激发，促进当地电商创业创新，推动电商产业的发展。施秉县电商扶贫发展主要经历了两个发展阶段：一是稳步推进阶段；二是创新帮扶阶段。在稳步推进阶段，县政府依托施秉县旅游资源丰富和特色农业优势，积极推进"大数据+现代山地特色农业+旅游业"，通过以旅促农，促进扶贫和大众创业、万众创新，推动旅游、特色农业、扶贫开发深度融合，构建县域电商发展的"大生态"。同时重点培育市场主体，搭建电商平台，优选网品，引进返乡创业群体，打造一批电商试点村镇。此外，注重氛围营造、学习培训、配套服务和推动电商发展过程中的改革创新。

在创新帮扶阶段，施秉县与临安区立足双方资源特色和产业优势，积极探索电商扶贫新模式。双方创新消费扶贫运营模式，深化"1+3+8+600"实体化运作模式，为"消费扶贫"提供运营体系支撑。该模式即建立1个运营中心，3个标准体系，8类分销模式，"600"人才体系。此外，双方创新电商扶贫营商模式，重点孵育了黔农印象、晟云农业、临安农合联等有地区影响力的电商企业，将电商扶贫运营中心、前置仓库、社区运营等纳入消费扶贫重点项

---

① 浙江省商务厅. 浙江省电商扶贫案例集 [M]. 杭州：浙江工商大学出版社，2019：31-40.

目，在用地、资金、政府采购等方面予以政策倾斜和审批服务代办，目前已全部投入市场化运行。总体而言，临安区在施秉县带来了先进的电商建设经验的同时，还带来了帮扶企业和其他机构的工商资本，加速了施秉县电商扶贫进程。

8.4.2 施秉县电商扶贫的具体实践

1. 对口地区和公司帮扶

临安区及其属地企业在施秉县电商扶贫开发上给予了大力的帮助扶持，主要体现在修建产业园区、提供电商培训和创新电商设计三个层面。

一是修建产业园区。临安与施秉联合建设施秉县临安电商物流扶贫产业园，临安出资 500 余万元，总投资达 2900 万元。该产业园分为电商与物流两大块，电商区域可支持 50 家电商企业同时入驻，而物流区域可将全县物流企业均纳入进来，为施秉县电商服务产业链的形成提供有力的基础设施支持①。

二是提供电商培训。临安的闻远科技公司会定期组织电商培训班，每期培训约为 15 天，培训内容涵盖电商平台操作技能、电商品牌运营、电商销售知识等。该电商培训班每年将协助培育电商带头人、新农人、农村致富带头人、营销行政人员等共 200 名，同时以市场为主导，建设电商人才培育体系，为施秉县培养了大批电商人才。

三是创新电商设计。临安区与施秉县签订苗绣手工艺品的合作协议，对施秉县苗绣产品进行文创开发与改造，并打造一批施秉特色馆、手工艺村落以及苗绣培训基地，如今已建成一批手工艺村落。不仅如此，闻远科技公司还针对施秉特色农产品的历史进行了深入挖掘，以丰富"云上施秉"的文化内涵，并对遴选出来的农产品进行创意设计包装，为"内容电商""社交电商"的深度合作建立基础（浙江省商务厅，2019）。

2. 政府积极扶持和引导

除了接受外部工商资本帮扶外，施秉县政府自身也积极出台政策和规划，加强扶持和引导，统筹全县电商扶贫体系建设，推动电商扶贫应用发展，提高电商扶贫应用创新能力以改善农村电子商务发展环境。

---

① 临安发布. 两地情施秉行 临安为扶贫"电商列车"铺轨 [EB/OL]. https：//www.sohu.com/a/277887483_349158，2018-11-26.

一是构建农村电商扶贫服务体系。建立县级电子商务公共服务中心，在下辖的所有乡镇和行政村全部设立电子商务公共服务站（网）点；在每个村进行电商培训，培养农村电商能人和农村致富带头人；完善县、乡镇、村三级物流体系建设。整合利用农村现有乡（镇）商贸中心、配送中心、邮政运输等流通网络资源以及现有的"万村千乡"市场工程网点、邮政等网点，建设县级快递物流综合配送中心和村级物流网点。

二是推动农村电商扶贫应用发展。选好用好电商平台提升当地网店数量，与淘宝、京东、苏宁等电子商务平台合作，积极组织地方企业入驻，建立县级电商产品展示专区或展馆，有序引导当地农特产品进馆；"触网"交易，深化服务推进农网对接。引导涉农电商企业和从事电子商务的个人，按照当地农产品特点，组织和推动当地农特产品"触网"，着力提升农产品商品化率。结合当地特色农产品、民俗文化等核心优势资源，按照产品标准化、经营规模化、企业品牌化的基本构思，建立和完善农特产品销售与乡村旅游相融合的电子商务营销体系。

三是提高农村电商扶贫应用创新能力。通过积极组织参评省级电子商务示范及示范培育点、举办农村电商创业大赛、评选农村电商创业带头人等活动，营造农村电子商务的应用创新环境。

四是改善农村电子商务发展环境。与通信公司合作，大力支持农村商业网点信息化建设，完善电子交易、网上缴费和货物寄取等服务功能，完善企业信息网络，构建完善的物流配送中心、乡镇商贸中心、农家店联网互通的企业信息网络①。

8.4.3　施秉县电商扶贫的主要成就

1. 创建电商扶贫新模式

施秉县通过与杭州市临安区加强合作，双方在各自资源、优势和电商规划上实现联动和互补，创建了电商扶贫新模式，为深化电子商务运作、提振电商扶贫效果以及进一步开展合作奠定了坚实的基础。总体而言，电商扶贫新模式的创建为施秉县实现脱贫攻坚提供了新思路和新方法。

首先，在临安区闻远科技公司的帮扶下，施秉县创造出"运作市场化+运

---

① 贵州民族报．实施"星火燎原"计划助推施秉电商大发展——施秉县推进电子商务发展的做法与启示［N］．贵州民族报，2015-12-01.

营实体化+营销精准化"的新型电商扶贫模式,借助"三化"的有机配合打造立体的电子商务服务体系,推动当地电商高效快速发展。其次,在施秉县特色手工业——苗绣上,结合贵州地区特色,发展出以苗绣为核心,以电商平台为载体,以基地建设为支撑的电商精准扶贫新模式,实现"产销全覆盖",由持续输血到造血式发展,这为施秉县打造本土手工业品牌,促进手工业者增收创收奠定了基础。此外,施秉县与临安区联手开展了"黔货出山"专项计划、"科技帮扶·星星点灯"工程、"十百千"农业示范基地等多个扶贫项目,其中"十百千"示范项目2018年扶贫资金投入达200万元,帮扶419名贫困农户实现脱贫增收,这种基于项目的电商扶贫模式也有利于促进当地脱贫减贫①。

2. 实现两地互利共发展

施秉县与临安区对接进行帮扶合作,不仅有利于自身电商发展,帮助农民脱贫增收,而且对于作为帮扶主体的临安区工商资本企业也有着促销增收的作用,即双方的合作不是施与受的关系,而是互相促进,互利共赢。具体而言,一方面,施秉县在临安区的帮扶下,在促进当地特色农副产品销售方面,2018年高山蔬菜、虫草鸡、猪肉等特色产品实现了800万元的销售额,稳定带动农民脱贫增收。在水果产品推介会上,单日线上线下销售总额达到了两千多箱,促销效果显著。在特色手工业方面,截至2018年,施秉县当地已培训绣娘700人次,建档立卡贫困户500名绣娘全部包含在内,3年将带动7000名绣娘进行苗绣制作,预计影响范围可扩大至一万余名,让绣娘们创新创业实现自身脱贫②。

另一方面,临安区多家企业通过与施秉县在多个方面展开通力协作,也给自身创造了新的销售收入增长点。从签订的9个与苗绣有关的合作项目来看,合作企业的月销售额有大幅增长,从开始的一万多元猛增到2018年的十万多元,业绩增长明显,大幅提升了企业的销售利润,从而激发了这些企业的创造活力。总之,施秉县与临安区展开帮扶合作,既有利于带动施秉县脱贫减贫,也有利于临安区工商企业增收盈利,双方在合作过程中实现了互利共赢和共同

---

① 杨旭,金轶润,金凯华. 临安·施秉携手铺就电商扶贫"快车道"[EB/OL]. http://www.ddcpc.cn/szx/qdn/sbx/201811/t20181128_308692.shtml,2018-11-28.

② 杨旭. 施秉绣娘"订单服务"促脱贫[EB/OL]. http://www.qdnrbs.cn/tuke/2019-10/24/115_105645.html,2019-10-24.

发展。

8.4.4　施秉县电商扶贫的基本经验

1. 引进工商资本培育电商发展新模式

施秉县在培育电商发展新模式时，积极引进工商资本，与杭州市临安区具备成熟经验的闻远科技公司等工商企业开展合作，取得了良好成效。在临安区帮扶施秉县的过程中，以闻远科技公司为运营主体的杭州市临安区电商服务中心发挥了至关重要的作用，为施秉县发展本土电商，创新发展模式打开了新思路。此外，工商资本下乡助力电商扶贫时，可以借助其特有的资源和能力，加快培育电商发展新模式，推动电商扶贫更好更快发展。总体上看，施秉县通过引进工商资本培育电商发展新模式，助力电商扶贫发挥效用，离全县脱贫摘帽目标越来越近。

2. 借力工商资本培养电商运营新人才

施秉县在培训电商运营新人才上没有固步自封，而是考虑到自身电商经验不足的缺陷，主动借力外部的工商资本来培养电商运营新人才，为本县打造了一批专业化的电商人才队伍。具体来说，施秉县多次开展电商培训课程及讲座，邀请闻远科技公司的知名电商讲师、新媒体运营专家和微博博主等具备成熟互联网运营经验的名师名家，围绕"电商行业趋势及热点""新型电子商务模式"等课程，以理论与案例实操相结合的方式，为学员们分享直播电商发展经验、农村电商管理方法和成功案例，以及如何利用直播平台、短视频等新媒体工具实现流量转化，促进传统行业转型升级新渠道，实现跨界融合新消费等内容。在促使电商从业人员知识和技能水平提升的同时，推动电商技术在农业生产、产品销售、住宿餐饮、生活性服务等各环节深度应用。

3. 通过工商资本打造电商品牌新内涵

树立起有辨识度的电商品牌不仅要靠过硬的产品质量，也要靠独具一格的品牌文化。为推动本土农产品和手工艺品等特色资源"走出去"，施秉县充分发挥工商资本优势，极力打造本土农特产品电商品牌，赋予其新的内涵和文化意义，从而实现吸引更多的消费者前来购买，进一步打开销路。具体而言，施秉县虽自明代才开始设县，但历史可追溯到殷周时期，境内有山有水，风景优美，民族风情和民族文化丰富多彩，故其历史价值和文化价值非常值得挖掘。

如今，在"云上施秉"公共品牌注册的基础上，施秉县与闻远科技公司合作深入挖掘特色农产品的历史文化内涵，为其品牌营造声势。在2019年的电博会上，来自施秉的特色农产品和传承文化，将施秉农产品电商品牌和其蕴含的文化内涵一同展现出来，引来各方的注意，从而促进了销售，增强了品牌影响力和竞争力。

4. 运用工商资本发展电商致富新路径

施秉县不安于现有的电商发展成果，也不满足于单一的电商扶贫路径，而是与时俱进，不断求变，积极运用工商资本发展电商致富新路径，进一步带动贫困群体就业创业，促进这些群体的创收增收，从而将脱贫攻坚工作推进到新阶段。具体来说，施秉县没有将目光只关注在特色农产品电商这一条路上，同时也视传统手工业和特色农业村落为很好的电商扶贫切入点。类似于特色农业村落，也可以相应地去打造特色手工艺村落。为此，施秉县与临安区签订了苗绣手工艺品的合作协议，开展了9个苗绣有关的合作项目，引进工商资本对本土苗绣产品进行文创开发与改造，并打造一批施秉特色馆、手工艺村落以及苗绣培训基地。如今已建成一批手工艺村落，不仅带动成百上千的绣娘就业成功摆脱贫困，也让当地文创产业得到了良好发展，成为电商脱贫致富的一条新路径。总体而言，施秉县充分运用工商资本发展了电商致富新路径，在脱贫攻坚道路上稳步前进。

9 推动湖北民族地区电商扶贫对策建议

自启动电子商务扶贫工程以来，湖北民族地区实施了一系列电商扶贫政策措施，取得了不错的效果，区域贫困状况有所改善，但也暴露出电商扶贫政策措施不够精准、政策保障机制不够完善、社会参与不够积极、电商扶贫效率不高等问题。本章针对目前湖北民族地区电商扶贫出现的问题，从政府、社会、市场、个体层面提出相应的对策建议，以期为电子商务扶贫助推湖北民族地区实习脱贫攻坚目标而充分发挥效应。

9.1 政府层面：发挥政府主导作用的政策支持

9.1.1 健全民族地区电商发展制度保障

电子商务扶贫是新时代背景下应运而生的一种新兴扶贫模式，政府要在原有扶贫模式的基础上，对国家和地方政策法规予以调整和创新，制定出与扶贫地区实际情况相符的政策与制度，才能促使电商扶贫真正进村到户。目前，湖北民族地区电商扶贫效率相对较低，各民族县电商扶贫工作中仍存在一些问题，这与当地政府和相关部门在法制建设和创新监管制度不健全密不可分，主体责任与权利存在模糊性，各部门在扶贫工作中相互推诿，电商扶贫资金使用范围不明确，导致电商扶贫效率难以得到明显提升，电商扶贫成果也难以长期稳固。

省市政府出台完善相应的法规和制度以保障湖北民族地区电商扶贫工作有序开展、落实到位十分必要。首先，各民族地区政府可以根据本地电商发展实际情况，进一步完善当地政策法规体系，从而为本地电商扶贫提供法律保障，做到有良法可依，同时将本土运行良好的法律条例制度加以推广和创新，以供其他地区参照。其次，要加强电商扶贫过程中的监督机制，严格遵循有法可依、违法必究的正确态度，对于电商扶贫工作中违反法律的行为，要及时加以制止，真正保障到各参与主体的合法权益。最后，对开展电商扶贫工作的部门建立完善的督察机制，加强对电商扶贫工作成效的考核和评估。政府应当建立和完善电商扶贫督察制度，围绕电商扶贫工作以召开座谈会、听取汇报、实地走访等方式对各地电商扶贫开展情况进行督察。同时通过工作通报机制，定期反馈各地区开展电商扶贫的工作计划与落实情况等，对电商扶贫工作中表现突出的部门和个人予以通报表扬。此外，政府应制定电商扶贫量化评估指标，积极与第三方评估组织合作，根据实际形成年度评估报告，并公开发布。针对电商扶贫项目政府也要建立严格的审核和验收制度，成立专门的机构定期对电商扶贫项目的完成效果进行审核，切实提高扶贫项目的执行力度和扶贫力度，坚决打击打着扶贫的旗号要钱要地要政策的假扶贫现象，促进电商扶贫持续发展的良性循环。最后，电商扶贫离不开网络平台的支持，而民族地区贫困农户对于网络使用安全方面经验不足，容易轻信和掉入网络犯罪分子设计的圈套之中，因此政府还要加强对电商网络平台的监管，对于网络诈骗严加惩戒，为网民营造一个文明健康、安全有序的网络环境，从而发挥科技的力量助力电商扶贫的长久发展。

9.1.2 提升民族地区电商扶贫的精准度

精准扶贫是一项综合性扶持工程，要求民族地区各县市既要抓好扶贫工作的精准管理，也要加强精准考核工作。其中，精准管理包括对扶贫对象进行全方位动态监测和管理，落实国家有关扶贫资金运用、扶贫项目管理等方面的要求，努力将扶贫工作做到规范化、透明化。精准识别贫困对象是精准扶贫的前提。一直以来，我国扶贫部门对贫困对象的识别都相对较为粗糙，直到2014年开始的精准扶贫工作要求首先通过有效的程序识别贫困户，然后为之建档立卡，规范管理，进而有序地开展后续扶持工作。对于贫困对象的精准识别，湖北民族地区各县市按照上级要求，通过驻村工作队和村干部努力，把本地贫困对象确定出来，其中具有代表性的是长阳县和鹤峰县。长阳县级主要领导亲自带队，县、乡、村三级干部5000余人夜宿农户，对全县10万余户、31万多人的个人信息、家庭情况、经济状况进行全面调查和重点核查，并撰写调查报告供全省各地学习借鉴。鹤峰县党政领导同样带头到乡镇进行入户调研，了解农户家庭人口、经济收入、受教育程度、耕地面积、劳动力就业、发展愿望等基本情况，不仅识别出贫困对象，还把致贫原因、扶贫方向初步确定下来，大大提高了工作效率。这种高位推动调研识别的方式值得在民族地区进一步推广实践。

建档立卡是对贫困对象精准识别的重要可视性成果，通过建档立卡数据，可以清晰了解贫困对象的基本情况，及其动态变动。但是传统的定期调研、纸质建档一方面精准识别工作量极其繁重，另一方面无法及时更新相关数据，使得贫困对象的动态管理存在一定滞后。因此，民族地区电商扶贫应充分利用大数据工具，政府应整合资源来成立县级大数据管理平台，将大数据技术应用于贫困户的精准识别和管理过程中，从而帮助各县提供电商扶贫决策依据，统筹开展电商扶贫管理工作。各县市通过大数据管理平台汇集县域居民和生产经营相关的数据资料，可以根据一定的贫困户测量标准，利用大数据平台建模分析，从而有效筛选出扶贫对象，也便于对分散的贫困户进行精细管理，继而对致贫原因进行详尽分析，从而进行精准帮扶。此外，民族地区电商精准扶贫工作是一个不断变化的过程，通过大数据管理平台定期更新电商扶贫相关数据，可以实现对电商扶贫工作进展以及电商扶贫项目的长期追踪与管理，显著提高当地政府的办事效率，也为电商扶贫工作的持续推进提供强有力的后台支持。而电商扶贫精准考核主要是对电子商务扶贫对象精准识别、帮扶和管理，以及扶贫工作情况进行量化考核，保证各项扶贫政策落实到位。民族地区政府在电商扶贫考核中应充分利用大数据技术，建立基于大数据分析的电商扶贫绩效精准考核体系。

9.1.3 完善民族地区电商扶贫基础条件

政府应大力加强民族地区物流基础设施建设。完善的物流体系是电商扶贫深入民族地区的基础保障，只有加快电商物流的发展，才能更好地助推电商扶贫。湖北民族地区大多位于武陵山片区，山地为主，地理位置偏远且路况复杂，加之农产品本身易损毁的特性对运输配送过程的安全性要求也较高，许多快递企业不愿意在偏远农村地区设立快递服务点，使得农村电商物流的"最后一公里"问题成为重点难题。为此，当地政府应该结合自身实际情况，积极推动当地的公路交通、快递网点、冷链物流体系建设。首先，通过物流货运补贴、企业税费减免等方式扶持快递企业在县、乡、村建立三位一体的物流服务网，以提高物流配送效率。其次，在农村贫困地区，由于农户居住较为分散，配送难度大，配送成本升高，因此要加快建设物流到县、快递到乡镇、配送到村的物流体系，先在条件较好的行政村建设村级物流服务点试行物流快递到户，在此基础上再逐步物流快递到户范围再逐步延伸，保证每个自然村都有一个村级服务点，从而较好地解决农产品上行"最后一公里"问题。最后，加强当地冷链物流体系的建设，对相关企业给予政策支持，保证农产品运输配送质量，提升农产品销售品质，助推农产品走出乡村。

此外，政府还应持续推进民族地区信息化建设。湖北民族地区的信息化建设近些年来已经有了很大的进步，但整体信息化水平仍然较低，制约了电商扶贫工作的推进。一方面，贫困农户本身收入水平偏低，不愿支付宽带资费，宽带使用意愿也不强；另一方面，由于文化程度的原因，很多贫困户家中没有电脑，智能手机的使用也有限。对此，政府要加强民族地区信息化建设，积极推进宽带进村入户工作，提高民族地区的信息化水平。加大对贫困县的政策和资金扶持，优先支持民族贫困地区的网络覆盖，加速推行无线网络和5G网络在农村贫困地区的覆盖与应用。各民族地区县市应根据自身实际，适量增加乡镇信息服务网点，鼓励信息服务商深入了解民族贫困地区人民对于网络信息的需求，创新发展适合当地人民的网络通信服务模式和资费套餐，提升贫困农户互联网使用感受。在民族地区积极宣传移动支付的优势，通过村镇电商服务站和能人村民帮扶，及时解决贫困户在电商支付过程中遇到的问题，并结合地方特点优化相应的线上支付服务，不断培养民族地区贫困户移动网络使用习惯。此外，政府相关部门要加快引导民族地区建设自有的综合性电商服务平台，积极与阿里巴巴等第三方电子商务平台交流合作，引进其先进管理理念和成熟运作模式，为民族地区自有电商平台建设提供智力和技术支持，同时可利用第三方电子商务平台为当地特色农产品宣传和销售提供便利条件，组织本地特色农产品集体上线，实现"触网"交易。

9.1.4 加强民族地区电商扶贫金融支持

资金支持是电商行业发展的重要条件，地方政府应将电商扶贫建设纳入扶贫资金支持范围，提供专项资金以促进湖北民族地区电商扶贫的发展。一是政府要出台奖补措施鼓励金融机构要健全县乡村三级网络，为民族贫困地区电商发展营造良好的金融环境。优先在民族贫困地区乡镇铺设金融网点与金融柜员设施，增强网点覆盖力度，引导农村银行、信用社在各行政村实现服务全覆盖；加快柜台交易向网络平台交易迁移，突破物理网点服务的时空限制，利用手机银行、网上银行等方式更大范围地为民族地区贫困户提供存贷款、支付、结算、汇兑等一系列电子化的金融服务，降低农户获取金融服务的门槛。二是政府要完善信用评价机制，鼓励金融机构面向农户积极发展信用贷款和免担互担贷款业务。政府应联合金融机构一起深入各民族乡村，开展信用宣传活动，实现全面覆盖贫困地区农户信用体系建设，设立统一的电商信用评价系统，公示信用评价规则，为消费者提供对电商平台产品和服务进行评价的正规渠道，同时注重保护消费者金融权益。三是政府要加强电商扶贫项目的资金管理，防止个别人员以扶贫名义非法挪用资金到其他项目，此外政府还应支持民族贫困地区设立贷款担保基金和风险补偿基金，为民族地区电子商务发展保驾护航。四是政府应积极探索多渠道、多方式电商扶贫融资模式。电商扶贫多为专用性资产投资，只依靠政府提供的资金往往无法解决民族地区扶贫资金不足问题，政府应大力推动当地金融机构与电商企业的合作，引导各金融机构利用自身平台优势优化金融服务流程，探索和推广适合民族地区客户的信贷产品，创新抵押担保模式，并扩大抵押担保物范围，将金融产品与农户各类生产经营场景相融合，推动金融服务与电商扶贫的无缝对接，适当降低银行信贷准入门槛，为贫困地区微小电商企业创造更多融资机会。

9.2　社会层面：强化电商扶贫效果的社会帮扶

9.2.1　加大电商扶贫信息宣传力度，转变贫困农户传统观念

对于民族贫困地区而言，电商扶贫是近些年来兴起的一种新型扶贫模式，大部分贫困户对于电商扶贫模式的认知程度和接受程度还相对较低，尤其在一些思想观念落后的民族深度贫困地区，对于电商扶贫更是不乏质疑之声。而对于电商扶贫认识和了解越多的贫困户，其接受电商扶贫的意愿程度相较其他贫困户而言普遍偏高。电商行业在民族地区的发展也促使贫困地区人民的思想观念在不断转变，这种转变为电商带来丰富的内外资源，而随着电商的发展，也会给民族地区带来更多的经济收益，延长其产业链，带动一系列基础设施的建设和完善，使得民族地区的经济状况显著提升，这在恩施州多个电商示范县都到了有力的证实。

社会层面应该进一步在民族地区加大电商扶贫宣传力度，扩大电商扶贫的影响力，鼓动广大农村群众的主动参与，为后续电商扶贫工作顺利开展奠定坚实基础。第一，对于民族地区电商扶贫，首先应加强对村委员基层干部的电商培训，鼓励村干部电商创业，再由他们入村入户，现身说法向贫困人民传递电商扶贫积极效应，使其对农村电商扶贫的认识和了解逐步加深，从而提高当地民众对电商扶贫工作的接受程度和参与积极性。第二，开发农村电商扶贫的多种宣传渠道，从传统的广播、电视传播，到各类宣传海报、宣传栏的使用，再到联合移动、联通、电信等公司，通过手机短信的方式加以宣传，确保电商扶贫信息落到实处。结合农村熟人社会的特点，对于成功实现电商脱贫的典型案

例要进行广泛的宣传，破除贫困农户"手摸得着，眼看得见"的传统消费观念，引导农户参与到电商扶贫中来。第三，注重民族地区电商扶贫宣传内容的设计。在进行农村电商扶贫宣传中，要包含电子商务的基本知识、农村电商扶贫的政策、农村电商发展前景、农户参与电商扶贫的方式、电商扶贫信息获取渠道、电子支付应用等内容，通过细致到位的讲解逐步建立起贫困户对电商扶贫的信任，摒除旧有的狭隘思想，拥抱电商扶贫带来的新变化。

9.2.2 加强民族地区乡风文明建设，激发脱贫致富内生动力

贫困文化是导致贫困长期存在的主要原因，它认为社会上一些人处于贫困的原因在于这部分人已经习惯了贫困的生活方式，心甘情愿地生活在自己贫困圈而拒绝做出改变。湖北民族山区受地理环境限制，长期与外界隔离，与社会主流文化脱节，相当多的贫困农户思想封闭，部分贫困农户甚至已经习惯或麻木了贫困的生活方式，部分贫困户在政府的长期救济下，形成了"等靠要"的懒惰思想，缺少主动脱贫的内在动力和活力。消极的人生观和生活态度扼杀了民族地区部分贫困农民致富行动的欲望和潜能，严重影响民族地区贫困人民自身的生存和发展，也不利于电商扶贫工作的开展。

为了解决贫困农户脱贫内生动力不足的问题，必须提高湖北民族地区乡风文明程度，激发贫困人民主观能动性，促进脱贫攻坚加快步伐。一是加强民族地区乡村公共文化基础设施的建设。建设乡村文化基础设施，可以为民族地区公共文化活动提供有效的文化平台。以政府为主导、以乡镇为依托，建立多渠道、多层次的资金投入机制，建立广播电视村村通、乡镇综合文化站、农村电影放映、体育健身、乡村图书室等重点文化体育工程有效合作机制。采取政府购买、定向资助、项目补贴等方式大力支持社会各类文化组织和机构参与民族地区农村公共文化服务。通过政府和社会其他力量共同为民族地区文化建设构建坚实基础。二是大力开展民族地区公共文化活动，丰富民族群众精神生活。通过发挥民间文化的优势，挖掘民族优秀传统文化，开展形式多样的具有浓厚乡土气息的群众文化活动，寓教于乐，把现代先进的思想文化和理论与民族传统文化活动相融合，引导民族地区人民树立积极正确的人生观和价值观。通过开展精神文明创建活动，调动农村群众参与积极性，把诚信意识、公德意识纳入文明村、文明户等活动的评选标准中，促进精神文明建设内容在民族地区的广泛传播。三是尊重少数民族宗教和风俗习惯。湖北民族地区是一个多民族的聚居区，仅恩施州就聚居着土家族、苗族、侗族、回族、蒙古族等20多个民

族，每个民族的宗教信仰、风俗习惯都有较大差别。因此，在湖北省民族地区实行电商扶贫政策和电商扶贫项目时，要充分考虑到他们的风俗文化与宗教思想，公平对待每一个民族，树立中华各民族命运共同体意识，在平等交往中争取当地人民的理解和支持，为电商扶贫工作的开展扫清思想障碍。

9.2.3 完善基层电商服务组织建设，推进电商服务进村入户

湖北民族地区电商扶贫工作的深入推进离不开基层服务组织的建设和支持，依托电子商务服务中心和农村电子商务服务站，能够切实解决农户生产经营过程中遇到的问题，将电商扶贫相关服务延伸至千村万家。而在民族地区电商扶贫发展过程中，出现电商服务组织覆盖仍不全面、已经建立的电商服务站利用效率低，对电商服务组织的宣传不到位等问题，制约了农村电子商务的进一步发展。为此，一是要推进县级电子商务公共服务中心建设。电子商务服务中心帮助特色农产品商户开设网店，入驻网络销售平台，并为商户提供信用认证和创业贷款等支持。利用电子商务服务中心，为民族地区农产品经营户提供统一的货源组织、收购、订单处理、产品包装、包裹寄递等增值服务，为贫困农户提供在村购物、售物、缴费等一站式解决方案，享受电子商务发展带来的红利。二是湖北民族地区各县市应加快推进农村电商服务网点全覆盖，同时各乡镇应尝试扩大和创新农村电商服务站功能，立足自身实际，收集贫困农户在生产经营中遇到的各种问题和对电商服务的需求，将更多实用功能融入进村级电商服务站，真正将其建设成为使用效率高、效果好的便民服务中心。三是加强村镇干部队伍建设。村级领导作为最基层的政府代表对农村电商扶贫宣传和深入推进起着至着重要的作用。如果基层电商服务组织带头人踏实肯干，甘为人民群众服务，将会采取多种方式加深贫困农户对于农村电商服务站的认识和使用，带领贫困农户走出贫困陷阱。如果村干部作风浮夸，行事敷衍，则难以全面发挥基层电商服务组织的重要作用，电商扶贫进村入户推进效率将大打折扣。因此，要充分发扬民主，让有才能，干实事的人作为村干部带领地方贫困人民实现电商脱贫致富；建立有效的考核机制，奖励优秀村干部，留住人才，惩罚不作为干部，增强其作为电商扶贫带头人的责任感；切实加强监督工作，民族地区县市级政府要建立乡镇干部调查回访制度，严格审批村镇所上报的电商扶贫项目，制定相关项目资金和活动开展的检查计划并认真实施，让电商扶贫资源落到实处。

9.3 市场层面：尊重市场发展规律的合力作用

9.3.1 遵循市场需求规律，发挥市场主体作用

推进民族地区电子商务发展要遵循市场经济规律，激活市场主体。首先，农村电商扶贫首先要促进电子商务行业在当地的发展，这要求遵循市场规律，明确市场主体是发展农村电商的最终推动力，而非各级政府。因此，湖北民族地区发展农村电商，推进电商扶贫工作，不能简单将其看作政治任务依赖政府下达指标，而应由企业和个体生产经营者根据市场需求及时做出调整，结合地方特色和现有资源决定生产和销售的产品或服务、销售渠道、目标顾客等。政府要对电商企业和从业人员加以正确引导，为市场主体提供客观信息，帮助其进行合理决策，而不是简单粗暴的干预电商市场主体的合法合规运作。其次，成功的农村电商顶层设计和规划在民族地区实施起来不一定真正见效，一方面源于电商扶贫作为一个新事物，大部分地方政府官员或专家学者对农村电商扶贫仍存在认知盲区，需要在实践中不断摸索前进。另一方面由于市场变化的难以预测性，在一些地方成功实施电商扶贫的做法或模式，很可能在别的地方并不适用，因此，湖北民族地区应根据自身发展的需求来推进农村电商扶贫工作，这就要求地方政府部门加强与市场主体的沟通，充分尊重市场主体，明确其诉求，根据市场主体真实的反馈来判断制约当地电商发展的瓶颈、可利用的资源以及对应的解决方案，为市场主体提供行之有效的帮助和支持，从而有效地推进民族地区电商扶贫工作。例如巴东县完全尊重市场主体，充分发挥各类市场主体作用，通过引进阿里巴巴电商龙头，促进全县中小电商企业集聚，培育"农村淘宝"合伙人成为农村电商经济的带头人，建设特色中国三峡库区"巴东馆"，实现"网货下乡"和"农产品进城"的双向流通，形成"一村一品"或"多村一品"，带动全县电子商务快速发展。归根结底，民族地区电商扶贫工作没有固定的通用模板，它是动态发展的，要充分遵循市场规律，不能搞简单的行政摊派，需要根据不同时期电商市场的变化做出相应调整，以促进市场主体与电商扶贫工作的有效对接。

9.3.2 完善质量监管体制，健全诚信市场体系

随着湖北民族地区电商扶贫工作的不断深入开展，产品质量缺陷、恶性竞争、虚假宣传等问题也频频发生，不仅损害了电商交易双方的经济利益，也不

利于农村电商的持久发展。因此，建立和完善农产品标准与质量管理，健全诚信市场体系是十分必要的，这能为民族地区电商扶贫的发展营造良好的市场环境。

首先应建立和完善质量监管体制。民族地区各县市要对当地农产品和工艺制品制定相应生产标准，引导农户严格按照标准体系进行生产，保证产品质量与数量。在产品质量控制过程中，建立标准化安全生产技术体系，加强对农产品的科学防疫、防治工作；对产品外观、称重、包装、分拣等进行标准化管理，严格把控产品质量。同时利用视频监控、条形码、二维码等先进技术手段，实时监控产品生产全过程，实现产品溯源，让消费者以可视化的方式了解产品（特别是农产品）生产、加工、包装、配送的全过程，提升消费者对农村电商上行产品质量的信心，从而放心购买和持续购买，由此树立的良好口碑将促进农村电商的可持续性发展。其次，落实市场主体诚信责任。民族地区诚信市场体系的建设离不开每个电商扶贫主体的努力参与，开展电商扶贫实名登记与认证，对于开设网店的贫困农户要进行准确的身份验证，并定期刷新数据依法传送给相关监管部门。对于电子商务平台，应建立和完善电商平台信息披露制度，对于电商生产经营信息要积极公开，包括营业执照、信用等级、身份核验标识等信息，同时注意保护电商消费者个人隐私。还有就是要加强电商诚信宣传。利用媒体平台和多种传播方式对电商诚信进行大量宣传，让民族地区人民深刻认识到电商诚信的重要性，以正面诚信示例鼓励民众坚守信用，以诚信缺乏的错误典型曝光警示其他电商企业和电商店铺避免犯同样错误。

9.3.3 加强特色品牌建设，形成优质高效产业

品牌对于电子商务的发展至关重要，在互联网平台上销售农特产品，即使产品品质再优，缺乏品牌产品的建设和传播，也会使农特产品的市场价值难以得到充分挖掘，导致市场竞争力不足。而特色品牌的建立无疑是对产品质量有保障的最佳宣传，能让消费者快速识别优质产品，放心购买，成为品牌的忠实顾客。因此各类农村电商市场主体应统筹规划农村电商品牌建设，鼓励发展地方特色产业和品牌产品创建。首先，电商企业和农业龙头企业、旅欧企业应当结合地方特色资源，帮助贫困户发展特色种养业、农产品加工业、手工业和旅游业等，减少"一户一店"现象的产生，推动"一县一业""一村一品"政策的实施。根据调查，目前整个恩施民族地区主要扶持的特色种植业有茶、烟、水果、药材、蔬菜的生产；扶持的特色养殖业有猪、鸡的饲养；农产品加

工主要围绕山区的特色产品，如茶叶、腊肉、蜂蜜等。当前已经取得一定成效的扶贫模式有长阳县火烧坪乡的蔬菜种植、五峰县长乐坪镇和采花乡、宜恩县万寨乡的茶叶种植等。其次，在确立地方特色产业的基础上，政府要激励农户和龙头企业积极申报农产品"三品一标"认证，建立地方专有品牌，提高产品口碑，为龙头企业开辟绿色通道，鼓励其申请有利于品牌形象的优质资质，如"地标保护""有机""无公害"等等，引导其有效管理电商品牌，从而化解区域内农产品同质化竞争问题，形成具有地域特色的竞争力品牌。最后，要说好品牌故事，树立良好品牌形象。湖北民族地区在推进电商品牌建设过程中，可由帮扶干部记录贫困户的基础信息、农业生产故事、质量评估、电商销售等信息，并基于这些资料从不同角度开展软文创作，利用新媒体和自媒体的宣传优势，将电商扶贫过程中民族地区人民的特色生活、绿色农业生产塑造成真实可感的品牌故事，通过鲜活的人与事联接生产者与消费者，让远在千里之外的消费者感受民族地区电商产品特有的"温度"，促进正面口碑的宣传，打造湖北民族地区农村电商的扶贫品牌。

9.4 个体层面：提升个人发展能力的路径选择

9.4.1 夯实电子商务人才队伍建设体系

湖北民族地区电商扶贫工作的开展已有一段时间，然而各类电商岗位都有不同程度的人才缺口，特别是高端复合型人才的缺乏制约了湖北民族地区电商扶贫的进一步发展。为了缓解湖北民族地区电商人才缺失问题，必须做好以下工作：第一，加大对贫困地区本土电商人才的培养。要发展农村电商，关键还是要依靠农户本身，要切实提高农户学习能力和综合素质，培养出一批掌握电商运营和相关岗位操作技能的本土电商人才。为此，应加大对贫困农户的电商培训力度，以促进贫困户增收作为培训的出发点和落脚点，根据贫困农户实际需要确定培训内容，指派电商专业人士开展电商技能指导，注意优先培训教育水平较高或具备初级网络知识和技能的农户，以提高培训效率，充分发挥模范带头作用。还应加强对农业龙头企业、种养大户、农民合作社带头人等人员的农业技能和增收致富能力培训，让他们发挥示范作用，带动周边贫困村农户走上电商销售之路。第二，要加强优秀电商人才的引进工作。政府要利用政策吸引大量的年轻人返乡创业，使他们成为未来电商扶贫发展的主力军，可以采取补贴方式鼓励和支持农村大学生回乡创业，提高补贴标准，简化补贴对象认定程序，实行应补尽补，直补到户。同时，积极引进专家人才提供电商专业指导，学习电子商务先进理念和技术，培养引领农村电商发展的领头羊。第三，民族地区各级政府要积极与企业、高校之间展开协作，整合各种教育资源，加大教育扶持力度，制定和完善电商人才培训规划与方案，以乡镇为主体，根据不同行业、不同区域、不同发展阶段有针对性地开展电子商务推广应用和技能培训，实现农村电子商务管理人员和从业人员培训全覆盖，确保各贫困村至少有1~2名能够熟练掌握电商平台业务的电商应用人才和信息技术人员。以宜恩县电商培训为例，按照电子商务培训层次分为了电子商务知识普及培训班、电子商务技能培训班、电子商务创业提升培训班和电子商务政企领导研修班四大类，其中电子商务知识普及培训班按照培训主体不同又分为党员干部电子商务培训班、电商扶贫培训班、市场主体电商培训班（下设农业类、工业类、服务类、商贸流通类共四类市场主体培训班次），使电商培训的针对性更强。电商培训方式也多种多样，涵盖电商讲座、电商沙龙、电商游学、巡回办班理论培训、专业实操培训等。第四，湖北省民族地区电商扶贫培训宣传部门应充分利用电视、广播、报纸、网络、公告宣传栏等形式，加强对电子商务产业发展和优秀网商的宣传力度，制作、播放电子商务专题宣传片，对电子商务知识进行全面普及，充分调动电商创业人员的积极性，增强电子商务人才培训的影响力，壮大电商从业人员队伍，为湖北民族地区各县市电子商务跨越式发展提供强有力的支撑。

9.4.2　加深各参与主体之间的沟通交流

目前，湖北民族地区一些贫困农户对于电商扶贫项目的参与流于形式，对电商扶贫活动持续参与热情不高。部分贫困户认为自身积攒的电商扶贫相关经验已经足够支撑其继续经营下去，不再积极参与电商扶贫活动，而是闭门造车，按照自己的想法经营网店，但是实际经营能力和水平较低。

为此，地方政府应利用自身资源优势，建立电商扶贫交流平台，将政府、电商企业、扶贫农户等紧密联系在一起，培育健康有序、运作规范、互惠互信的网络信息关系网，促进各参与主体之间的沟通交流，协同促进民族地区电商精准扶贫。电商扶贫工作人员在确定扶贫项目时，可以利用宣传指导、座谈交流、线下走访与调查等形式，充分倾听贫困户和电商企业的想法和建议，对电商扶贫活动及时做出改善和调整，调动他们参与扶贫活动的积极性。而民族地区贫困农户也应该对政府加以信任，发挥主观能动性，有意识地参与到电商扶贫政策的制定、电商扶贫活动的举办以及电商扶贫工作的管理中去。一方面，通过与电商扶贫工作人员的积极沟通，贫困户可以将自身生产经营中遇到的实际问题反馈给相关部门，帮助地方政府优化电商扶贫政策。另一方面，通过与电子商务专家学者的交流，贫困农户能够将自身经验转化为可利用的知识和能力。贫困农户之间的沟通交流有利于互相学习经验，解决各自的问题。电商扶贫多方参与主体的沟通交流，既能使政府制定的电商扶贫政策更具针对性和实用性，也能帮助贫困农户解决实际问题并从中获益，从而提高贫困户参与电商扶贫活动的积极性，促进民族地区电商工作的顺利开展。

9.4.3 推动农户与农村电商企业的对接

湖北民族地区电商扶贫工作的开展离不开企业的支持，尤其需要实力雄厚的大型企业的支持，凭借其技术、资金、市场和管理等优势，为民族地区贫困农户进入电子商务领域创业兼业提供更多的机会，帮助贫困户脱贫致富。同时，政府利用电商扶贫政策积极引导农户与当地企业实现精准对接，强化龙头企业与农户的利益联结，有利于将农户与企业之间的博弈关系转变为合作伙伴关系，实现多方利益。首先，要强化农村电商企业的社会责任意识。政府要积极开展各类思想建设的培训，鼓励企业学习电商扶贫政策，积极帮扶民族地区贫困农户参与电商扶贫，对于在电商扶贫过程中做出突出贡献的企业要予以宣传和表扬，提升公众对其品牌的认可程度，同时为其他企业积极参与电商扶贫树立典型。其次，建立健全贫困农户与电商企业的利益联结机制。政府在推进民族地区电商扶贫工作时，既要将电商企业的经济利益纳入考虑范围内，充分发挥企业在衔接农户与市场的中介作用。同时，也要建立企业和农户之间合理的利益联结机制，保障贫困农户的经济利益，防止外来企业成为民族地区电商扶贫的最大受惠对象，而非贫困农户。政府应建立电商企业与贫困户"一对一，一帮一"的精准扶贫机制，对贫困户的农特产品制定保护价、进行优先收购，保障农户的基本利益。推动民族贫困地区建设生产基地和加工基地，实现订单帮扶、股份合作、园区带动生产托管、资产收益等多种龙头企业带贫助农模式，使贫困农户能实实在在地获得相应的收益。企业能够得到政府给予的政策支持，贫困户和企业就形成了利益共同体。最后，充分发挥区域内电商运营企业的渠道优势，充分发挥营销平台企业、快递企业、销售门店等在供应链、产业链和价值链方面的优势，全方位加强它们在网络设施建设、物流快递、产品推广等领域的合作，推进渠道共建、客户共联、信息共享，做大做强本地企业，从而激活电商扶贫主体。通过与企业展开合作，贫困农户便可以依靠企业拓展农产品销路，参与电商就业，实现收入增长。企业参与电商扶贫，可以享受到政府提供的各种补贴和优惠政策，特色农产品的销售使得企业竞争力增强，企业的实际利润空间加大，最终开拓贫困农户和电商企业共赢的新局面。

参 考 文 献

［1］ Alkire S, Foster J E. Counting and Multidimensional Poverty Measures ［R］. O-xford: Oxford Poverty and Human Development Initiative, 2007.

［2］ Banker, R D, Charnes, A, Cooper, W. W. Some Models for Estimating Technical and Scale Inefficiencies in Data Envelopment Analysis ［J］. Management Science, 1984, 30 (9): 1078-1092.

［3］ Charnes A, Cooper W W, Rhodes E, et al. Measuring the efficiency of decision making units ［J］. European Journal of Operational Research, 1978, 2 (6): 429-444.

［4］ Henderson J, Dooley F J, Akridge J T, et al. Internet and E-Commerce Adoption by Agricultural Input Firms ［J］. Applied Economic Perspectives and Policy, 2004, 26 (4): 505-520.

［5］ Herrnstein R J. IQ in the Meritocracy ［M］. Boston: Little, Brown, 1973.

［6］ Hirschman A O. The Strategy Of Economic Development ［M］. New Haven, CT: Yale University Press, 1958.

［7］ Hoynes H W, Page M E, Stevens A H, et al. Poverty in America: Trends and Explanations ［J］. Journal of Economic Perspectives, 2006, 20 (1): 47-68.

［8］ Jyotsna J, Ravallion M. Spatial Poverty Traps ［R］. The World Bank Policy Research Working Paper, 1997.

［9］ Leroux N, Wortman M S, Mathias E D, et al. Dominant factors impacting the development of business-to-business (B2B) e-commerce in agriculture ［J］. The International Food and Agribusiness Management Review, 2001, 4 (2): 205-218.

［10］ Lewis O. Five Families: Mexican Case Studies in the Culture of Poverty ［M］. New York, Basic Books, 1959.

［11］ Li Y, Su B, Liu Y, et al. Realizing targeted poverty alleviation in China: People's voices, implementation challenges and policy implications ［J］.

China Agricultural Economic Review, 2016, 8（3）: 443-454.

［12］ McGregor J A. Researching Human. Well-being: From Concepts to Methodology［M］. In Gough I & McGregor J A（Eds.）. Well-Being in Developing Countries: New Approaches and Research Strategies. Cambridge: Cambridge University Press, 2007.

［13］ Oscar Lewis. Five Families: Mexican Case Studies in the Culture of Poverty ［M］. New York: Basic Books, 1959.

［14］ Pigouter A C. The economics of welfare, 1920［M］. China Social Sciences Publishing House Chengcheng, 1999.

［15］ Quibria M G, Ted T F, Macasaquit R M. Information and communication technologies and poverty［J］. MPRA Paper, 2001, 41（6）.

［16］ Shane S, Cable D M. Network Ties, Reputation, and the Financing of New Ventures［J］. Management Science, 2002, 48（3）: 364-381.

［17］ 阿玛蒂亚·森. 贫困与饥荒——论权利与剥夺［M］. 王宇、王文玉译, 北京: 商务印书馆, 2001.

［18］ 曹静宇. 内蒙古农村电子商务发展的影响因素与对策［J］. 现代营销（信息版）, 2020（01）: 219.

［19］ 曹翔. 农民参与农村电商的认识及影响因素研究——基于霍山县石斛种植户的调研分析［J］. 乡村科技, 2019（35）: 25-27.

［20］ 曾亿武, 郭红东. 农产品淘宝村形成机理: 一个多案例研究［J］. 农业经济问题, 2016, 37（04）: 39-48; 111.

［21］ 陈晨. 品牌建设对我国经济增长的影响研究［D］. 南京大学, 2016.

［22］ 陈光燕, 司伟. 民族地区贫困农户多维贫困测量与帮扶精准度研究［J］. 中国农业大学学报, 2018, 23（07）: 192-204.

［23］ 陈海真, 李颖欣, 商春荣. "代耕农": "离乡不离土"的农村劳动力转移模式——以广东省博罗县铁场村为例［J］. 青年研究, 2007（07）: 32-37.

［24］ 陈丽明. 厘清当前在贫困问题与民族问题上的三个误读［N］. 中国民族报, 2017-04-27.

［25］ 陈全功, 程蹊. 空间贫困理论视野下的民族地区扶贫问题［J］. 中南民族大学学报（人文社会科学版）, 2011, 31（01）: 58-63.

［26］ 陈群利, 游泳, 胡丽. 喀斯特山区种植业结构调整中农户兼业行为的调查分析——基于毕节试验区的实证［J］. 安徽农业科学, 2010, 38

（36）：21015-21018.

[27] 陈晓琴，王钊."互联网+"背景下农村电商扶贫实施路径探讨 [J].
理论导刊，2017（05）：94-96.

[28] 陈杏梅.贫困地区农村电商扶贫实践困境与对策——基于广西贵港市的
实地考察 [J].辽宁行政学院学报，2019（03）：42-46.

[29] 陈云帆，曹玲.我国省域电子商务的发展绩效评价——基于 31 个省域
的宏观数据商业经济研究，2018（02）：60-63.

[30] 陈忠文，祁春节，赵玉.交易效率、分工与农村贫困聚集效应——来自
山地省份的证据 [J] 中国流通经济，2012，26（2）：60-65.

[31] 陈宗胜，沈扬扬，周云波.中国农村贫困状况的绝对与相对变动——兼
论相对贫困线的设定 [J].管理世界，2013（01）：67-75.

[32] 程厚思，曹文.制度、技术与边疆民族地区贫困问题 [J].中国农村经
济，1997（12）：41-44.

[33] 程厚思，邱文达，赵德文.边缘与"孤岛"——关于云南少数民族地区
贫困成因的一种解释 [J].中国农村观察，1999（6）：3-5.

[34] 程蹊，陈全功.民族山区精准扶贫与片区发展问题调查研究：以湖北省
为例 [M].北京：科学出版社，2018.

[35] 程竹.云南省农村电子商务扶贫的问题及对策研究 [D].云南农业大
学，2016.

[36] 崔凯，冯献.演化视角下农村电商"上下并行"的逻辑与趋势 [J].中
国农村经济，2018（03）：29-44.

[37] 董媛媛.农村电子商务的发展态势、存在问题与监管路径分析 [J].农
村金融研究，2017（10）：67-71.

[38] 都阳，蔡昉.中国农村贫困性质的变化与扶贫战略调整 [J].中国农村
观察，2005（5）：2-9.

[39] 杜永红.乡村振兴战略背景下网络扶贫与电子商务进农村研究 [J].求
实，2019（03）：97-108；112.

[40] 方莹，袁晓玲.精准扶贫视角下农村电商提升农户收入的实现路径研究
[J].西安财经学院学报，2019，32（04）：92-99.

[41] 高翔，王三秀.民族地区农村居民多维贫困的测度与致因——兼与非民
族地区对比 [J].广西民族研究，2018（02）：135-144.

[42] 葛建华."一站式"消费扶贫电商平台的构建及运营研究 [J].广东社
会科学，2019（03）：42-49.

[43] 龚晴. 农村电子商务发展对策研究 [D]. 湖南农业大学, 2016.

[44] 关洪军等. 电子商务精准扶贫研究 [M]. 北京: 经济科学出版社, 2019.

[45] 郭欢欢. 精准扶贫视域下云南少数民族地区农业产业化扶贫研究 [D]. 大理大学, 2019.

[46] 郭利芳, 陈顺强. 彝区农村贫困代际传递的影响因素分析——基于文化理论的视角 [J]. 中国科技投资, 2013 (26): 242-244.

[47] 郭凌, 周鹏程. 文化意象视角下城市历史街区游客满意度测评及影响因子分析——以都江堰市西街历史街区为例 [J]. 四川师范大学学报 (社会科学版), 2018, 45 (05): 102-110.

[48] 郭鹏, 余小方, 程飞. 中国农村贫困的特征以及反贫困对策 [J]. 西北农林科技大学学报 (社会科学版), 2006 (01): 9-13.

[49] 郭晓娜. 教育阻隔代际贫困传递的价值和机制研究——基于可行能力理论的分析框架 [J]. 西南民族大学学报 (人文社科版), 2017, 38 (03): 6-12.

[50] 国家统计局. 中国民族统计年鉴 (2014) [M]. 北京: 中国统计出版社, 2015: 216-289.

[51] 韩彦东. 基于可持续发展的人口较少民族地区扶贫开发政策研究 [D]. 中国人民大学, 2008.

[52] 韩贞妮, 王胜坤. 精准扶贫背景下贵州民族地区农村社会保障政策实施效果评估 [J]. 重庆电子工程职业学院学报, 2019, 28 (03): 48-52.

[53] 何世辉, 玉龙县实施国家级电子商务 进农村综合示范县建设 [N]. 丽江日报, 2020-04-02.

[54] 洪勇. 我国农村电商发展的制约因素与促进政策 [J]. 商业经济研究, 2016 (04): 169-171.

[55] 侯杰. 电子商务推进农村产业供给侧改革的路径研究——以福建省为例 [J]. 福建商学院学报, 2017 (04): 7-13; 84.

[56] 胡杰, 佟光霁. 我国农户兼业化研究回顾及述评 [J]. 安徽农业科学, 2015, 43 (33): 307-311.

[57] 胡腾, 杨珊珊. 浅谈精准扶贫——以长阳土家族自治县为例 [J]. 湘潮 (下半月), 2015 (12): 98-99.

[58] 黄利晓. 协同治理视角下特困地区电商扶贫问题及对策研究 [D]. 陕西师范大学, 2019.

[59] 黄漫宇，李纪桦．电子商务对城乡商贸流通一体化的影响效应研究——基于中国省级面板数据的分析［J］．宏观经济研究，2019（2）：92-102.

[60] 黄强．农户禀赋对其农产品电子商务经营绩效的影响［D］．江西农业大学，2019.

[61] 黄云平，冯秋婷，张作兴，王海鹰，聂建华．发展农村电子商务 推动精准扶贫［J］．理论视野，2016（10）：73-77.

[62] 贾利军，赵瑾璐，陈招勇，杨俊霞等．新常态下精准扶贫的理论与实践——以湖北黄冈地区为例［M］．北京：知识产权出版社，2017，12：28-29.

[63] 姜英国．农村电子商务发展的法律规制问题研究［J］．农业经济，2020（07）：135-137.

[64] 敬莉．少数民族人口贫困问题的多角度分析研究［J］．生产力研究，2008（3）：61-63.

[65] 科斯．论生产的制度结构［M］．盛洪、陈郁译，上海：上海三联书店出版社，1994.

[66] 雷世文，杨俊孝，邓方江，殷小波．精准扶贫视角下新疆农村电商发展研究［J］．东北农业科学，2019，44（03）：88-91.

[67] 李丹丹．明年全面建成昆明空港新区京东"亚洲一号"［N］．昆明日报，2020-06-12.

[68] 李丹青．"互联网+"战略下的电商扶贫：瓶颈、优势、导向——基于农村电商扶贫的现实考察［J］．当代经济，2016（12）：27-28.

[69] 李光健，孔梁，何子卿，姜瑞云．农户参与电商销售的影响因素分析——以生鲜果蔬电商为例［J］．金融经济，2018（12）：42-45.

[70] 李坚强．农村电商集群发展的基本模式与路径选择研究［J］．农业经济，2018（01）：142-144.

[71] 李俊杰，耿新．民族地区深度贫困现状及治理路径研究——以"三区三州"为例［J］．民族研究，2018（01）：47-57；124.

[72] 李连梦，吴青．电子商务能促进农村脱贫减贫吗？——基于贫困户与非贫困户的比较［J］．哈尔滨商业大学学报（社会科学版），2020（02）：67-83.

[73] 李璐．互联网环境下电商扶贫的减贫效应及对策研究［D］．江西农业大学，2018.

[74] 李敏．新乡市农村电子商务发展研究［D］．河南师范大学，2019.

［75］李妮．农村电商的商业模式及发展探讨［J］．中国商论，2018（05）：16-18．

［76］李琪，唐跃桓，任小静．电子商务发展、空间溢出与农民收入增长［J］．农业技术经济，2019（4）：119-131．

［77］李天华．改革开放以来民族地区扶贫政策的演进及特点［J］．当代中国史研究，2017，24（01）：61-70；127．

［78］李湘棱．产业链视域下农村电商可持续发展的动力机制探讨［J］．商业经济研究，2019（02）：73-75．

［79］李小云．"守土与离乡"中的性别失衡［J］．中南民族大学学报（人文社会科学版），2006（01）：17-19．

［80］李娅．舒城县电商扶贫的问题及对策研究［D］．安徽农业大学，2019．

［81］李志刚．扶植我国农村电子商务发展的条件及促进对策分析［J］．中国科技论坛，2007（01）：123-126．

［82］李资源等．共同发展、共同繁荣——新中国成立以来党的民族工作理论与实践研究［M］．广西人民出版社，2014：257．

［83］梁俊山，方严英．我国互联网精准扶贫的现状、困境及出路——以龙驹镇农村淘宝为例［J］．电子政务，2019（01）：76-85．

［84］林善浪，张丽华．社会资本、人力资本与农民工就业搜寻时间的关系——基于福建省农村地区的问卷调查［J］．农村经济，2010（06）：101-104．

［85］刘金荣．湖州农村电商发展现状及影响因素分析［J］．湖州师范学院学报，2016，38（07）：25-30．

［86］刘婧娇，董才生．"电子商务+农村扶贫"的理论阐释与实践路径探索［J］．兰州学刊，2018（05）：178-188．

［87］刘静娴，沈文星．农村电子商务演化历程及路径研究［J］．商业经济研究，2019（19）：123-126．

［88］刘璐琳．集中连片特困地区产业扶贫问题研究［M］．北京：人民出版社，2016：172-181．

［89］刘威，董机源，何枫．农村电商扶贫理论演变、模式设计与支撑体系研究［J］．农业网络信息，2018（05）：3-6．

［90］刘魏，张应良．非农就业与农户收入差距研究——基于"离土"和"离乡"的异质性分析［J］．华中农业大学学报（社会科学版），2018（03）：56-64；155．

［91］刘小娇．扶植我国农村电子商务发展的条件及促进对策分析［J］．计算机产品与流通，2018（07）：67．

［92］刘小珉．多维贫困视角下的民族地区精准扶贫——基于CHES2011数据的分析［J］．民族研究，2017（01）：36-46；124．

［93］刘小珉．民族地区反贫困70年的实践与启示——基于民族交往交流交融视角［J］．贵州民族研究，2019，40（11）：61-69．

［94］刘小珉．贫困的复杂图景与反贫困的多元路径［M］．北京：社会科学文献出版社，2017，4：51-59．

［95］刘一伟，刁力．社会资本、非农就业与农村居民贫困［J］．华南农业大学学报（社会科学版），2018，17（02）：61-71．

［96］刘永富．坚决克服新冠肺炎疫情影响 全力啃下脱贫攻坚硬骨头［J］．智慧中国，2020（05）：8-12．

［97］柳思维，向宇腾，唐红涛．金融发展对电商减贫的非线性调节效应研究——基于我国285个地级市的证据［J］．经济问题，2019（12）：34-43．

［98］龙祖坤，杜倩文，周婷．武陵山区旅游扶贫效率的时间演进与空间分异［J］．经济地理，2015，35（10）：210-217．

［99］卢燕艳．信息化发展视角下农村信息贫困的治理策略研究［D］．大连：东北财经大学，2013．

［100］卢迎春，任培星，起建凌．电子商务扶贫的障碍分析［J］．农业网络信息，2015（2）：27-31．

［101］鲁锡杰．农村电商发展困境剖析［J］．人民论坛，2016（26）：84-85．

［102］鲁钊阳，廖杉杉．农产品电商发展的区域创业效应研究［J］．中国软科学，2016（05）：67-78．

［103］罗家祥，杨勇．云南富宁县山瑶扶贫发展追踪调查研究［M］．北京：中国社会科学出版社，2016：37-40．

［104］吕保利．关于农户兼业问题的思考——以河南省为例［J］．山东省农业管理干部学院学报，2011，28（02）：12-14．

［105］马尔萨斯．人口原理［M］．北京：商务印书馆，1998．

［106］马克思．资本论［M］北京：人民出版社，1975．

［107］马兴凯．山东曹县大集镇"淘宝村"农村青年创业模式研究［D］．安徽财经大学，2017．

［108］马泽波．农户禀赋、区域环境与电商扶贫参与意愿——基于边疆民族

地区 630 个农民的问卷调查 [J]. 中国流通经济, 2017, 31 (05): 47-54.

[109] 马泽波. 农民参与农村电商扶贫: 意愿·障碍·对策——基于云南省红河州的调查分析 [J]. 中共云南省委党校学报, 2017, 18 (05): 145-149.

[110] 苗齐, 钟甫宁. 中国农村贫困的变化与扶贫政策取向 [J]. 中国农村经济, 2006 (12): 55-61.

[111] 牟秋菊. 电子商务助力农村精准扶贫探析——以贵州省为例 [J]. 农业经济, 2017 (07): 48-50.

[112] 木弓, 周锐, 钟庆华. 让产业引领农民脱贫致富 长阳织好造血扶贫"五张网" [N]. 三峡商报, 2016-05-11.

[113] 穆然, 陈凌云. 长阳十大电商扶贫产品评选启动 [N]. 三峡商报, 2020-04-22.

[114] 穆燕鸿, 王杜春. 黑龙江省农村电子商务发展水平测度实证分析——以 15 个农村电子商务综合示范县为例 [J]. 江苏农业科学, 2016, 44 (05): 608-611+619.

[115] 穆燕鸿, 王杜春. 农村电子商务模式构建及发展对策——以中国黑龙江省为例 [J]. 世界农业, 2016 (06): 40-46; 52.

[116] 年志远, 李宁, 鲁竞夫, 赵杨. 基于 DEA 方法的农产品电商投入产出效率分析 [J]. 统计与决策, 2019, 35 (04): 109-112.

[117] 聂凤英, 熊雪. "涉农电商"减贫机制分析 [J]. 南京农业大学学报 (社会科学版), 2018, 18 (04): 63-71; 158.

[118] 聂伟. 就业质量、生活控制与农民工的获得感 [J]. 中国人口科学, 2019 (02): 27-39; 126.

[119] 潘朝阳, 聂清德. 现代农村电商人才精准扶贫策略研究 [J]. 中国成人教育, 2017 (18): 157-160.

[120] 潘慧, 刘梅, 吴红. 我国农村电商发展现状、存在的问题及发展趋势 [J]. 乡村科技, 2020 (03): 31-32.

[121] 潘鹏, 刘莲花. 乡村振兴背景下农村电商发展的制约因素与对策 [J]. 电子商务, 2019 (09): 35-37.

[122] 彭芬, 刘璐琳. 农村电子商务扶贫体系构建研究 [J]. 北京交通大学学报 (社会科学版), 2019, 18 (01): 75-81.

[123] 彭欣欣, 陈美球, 李志朋, 鲁燕飞. 江西省农户兼业现状及其特征分

析——基于 2028 户农户的专题调研 [J]. 农学学报, 2018, 8 (02)：80-85.

[124] 权丽华. 甘肃民族地区精准扶贫研究 [M]. 北京：九州出版社, 2017：12-86.

[125] 商兆奎, 邵侃. 减灾与减贫的作用机理、实践失位及其因应 [J]. 华南农业大学学报 (社会科学版), 2018, 17 (05)：24-31.

[126] 施维. 山东省菏泽市大集镇："电商"搅动鲁西南小镇 [N]. 农民日报, 2015-08-14.

[127] 石智雷, 谭宇, 吴海涛. 返乡农民工家庭收入结构与创业意愿研究 [J]. 农业技术经济, 2010 (11)：13-23.

[128] 史清华, 魏霄云, 万广华. 贫困问题的研究进展及未来方向 (上) [J]. 新疆农垦经济, 2019 (01)：66-78.

[129] 宋宪萍, 张剑军. 基于能力贫困理论的反贫困对策构建 [J]. 海南大学学报 (人文社会科学版), 2010, 28 (01)：69-73.

[130] 苏奎, 何凡, 刘玉洋. 乡村振兴视域下农村电子商务发展个案研究及其启示 [J]. 创新, 2018, 12 (01)：22-32.

[131] 孙昕, 起建凌, 谢圆元. 电子商务扶贫问题及对策研究 [J]. 农业网络信息, 2015 (12)：27-31；51.

[132] 唐超, 罗明忠. 贫困地区电商扶贫模式的特点及制度约束——来自安徽砀山县的例证 [J]. 西北农林科技大学学报 (社会科学版), 2019, 19 (04)：96-104.

[133] 唐红涛, 郭凯歌, 张俊英. 电子商务与农村扶贫效率：基于财政投入、人力资本的中介效应研究 [J]. 经济地理, 2018, 38 (11)：50-58.

[134] 唐立强, 周静. 社会资本、信息获取与农户电商行为 [J]. 华南农业大学学报 (社会科学版), 2018, 17 (03)：73-82.

[135] 唐立强. 社会资本对农户电商行为的影响研究 [D]. 沈阳农业大学, 2019.

[136] 滕稳稳. 贵州农村电商扶贫模式研究 [D]. 贵州民族大学, 2017.

[137] 田园. 甘肃省电商扶贫路径探析 [D]. 甘肃农业大学, 2018.

[138] 万媛媛, 苏海洋, 刘娟. 农村电子商务发展影响因素及对策建议 [J]. 商业经济研究, 2020 (02)：140-142.

[139] 汪向东, 高红冰. 电商消贫：贫困地区发展的中国新模式 [M]. 北京：商务印书馆, 2016, 07：93-95.

[140] 汪向东，王昕天．电子商务与信息扶贫：互联网时代扶贫工作的新特点［J］．西北农林科技大学学报（社会科学版），2015，15（04）：98-104.

[141] 汪向东，张才明．互联网时代我国农村减贫扶贫新思路——"沙集模式"的启示［J］．信息化建设，2011（02）：6-9.

[142] 汪向东．当前开展"电商扶贫"条件更加成熟［J］．甘肃农业，2015（11）：12-13.

[143] 汪向东．四问电商扶贫［J］甘肃农业，2015（13）：18-20.

[144] 王党委．江苏沙集镇农村电子商务模式及其影响研究［D］．南京农业大学，2015.

[145] 王方妍，蔡青文，温亚利．电商扶贫对贫困农户家庭收入的影响分析——基于倾向得分匹配法的实证研究［J］．林业经济，2018，40（11）：61-66；85.

[146] 王改弟．反贫困与可持续发展［J］．经济问题，2000（4）：41-44.

[147] 王海平，杨强．国外产业集群理论综述［J］．农村经济与科技，2008，19（11）：37-38；27.

[148] 王鹤霏．农村电商扶贫发展存在的主要问题及对策研究［J］．经济纵横，2018（05）：102-106.

[149] 王嘉伟．"十三五"时期特困地区电商扶贫现状与模式创新研究［J］．农业网络信息，2016（04）：17-21.

[150] 王金杰，李启航电子商务环境下的多维教育与农村居民创业选择——基于 CFPS2014 和 CHIPS2013 农村居民数据的实证分析［J］．南开经济研究，2017，198（6）：77-94.

[151] 王金杰，牟韶红，盛玉雪．电子商务有益于农村居民创业吗？——基于社会资本的视角［J］．经济与管理研究，2019，40（02）：95-110.

[152] 王沛栋．农村电子商务产业集群发展的动力机制透析［J］．重庆社会科学，2017（09）：61-67.

[153] 王倩，黄卫东．"互联网+"促进农村电商发展的路径［J］．通信企业管理，2017（04）：22-24.

[154] 王屹．我国农村电商发展的评价体系研究［D］．安徽农业大学，2017.

[155] 王轶，陈建伟，王琦．人力资本和社会资本能提高失地农民就业水平吗——基于北京地区连续跟踪的调查数据［J］．经济理论与经济管理，2017（04）：42-59.

[156] 王瑜. 电商参与提升农户经济获得感了吗? ——贫困户与非贫困户的差异 [J]. 中国农村经济, 2019 (07): 37-50.

[157] 魏丽萍. 巩固脱贫成效 推进乡村振兴——施秉县打赢脱贫摘帽攻坚战回眸 [N]. 黔东南日报, 2019-05-08.

[158] 文古子博. 基层治理视域下民族地区精准扶贫困境及对策研究 [D]. 西华师范大学, 2019.

[159] 吴本健, 罗玲, 王蕾. 深度贫困民族地区的教育扶贫: 机理与路径 [J]. 西北民族研究, 2019 (03): 97-108.

[160] 吴成杰. 湖南省农村电商扶贫模式及内在机理研究 [D]. 中南民族大学, 2018.

[161] 吴敏春. 信息扶贫——贫困地区发展电子商务对策 [J]. 社会福利, 2002 (7): 45-47.

[162] 吴正祥. 贫困村农户电商扶贫参与意愿及其影响因素研究——以资源枯竭型城市阜新为例 [J]. 科技与经济, 2020, 33 (02): 46-50.

[163] 西奥多 W-舒尔茨. 论人力资本投资 [M]. 北京: 北京经济学院出版社, 1990.

[164] 向丽, 胡珑瑛. 生计风险感知对农民参与电商扶贫意愿的影响及代际差异研究 [J]. 农业技术经济, 2019 (05): 85-98.

[165] 向玲凛, 邓翔. 西部少数民族地区反贫困动态评估 [J]. 贵州民族研究, 2013, 34 (01): 98-102.

[166] 向其凤, 石磊. 西部民族地区农户家庭的非农从业选择的实证分析 [J]. 统计与决策, 2012 (04): 130-134.

[167] 谢浩, 宋瑛, 张驰. 农户参与农产品电商行为的影响因素及收入效应分析——基于黔渝 746 份农户微观调查数据 [J]. 上海商学院学报, 2019, 20 (03): 89-101.

[168] 谢天成, 施祖麟. 农村电子商务发展现状、存在问题与对策 [J]. 现代经济探讨, 2016 (11): 40-44.

[169] 谢小青, 吕珊珊. 贫困地区农村剩余劳动力转移就业质量实证研究——以鄂西为例 [J]. 中国软科学, 2015 (12): 63-74.

[170] 邢成举, 李小云. 结构性贫困视角下的民族地区精准扶贫研究 [J]. 中央民族大学学报 (哲学社会科学版), 2019, 46 (06): 99-112.

[171] 邢中先, 张平. 民族地区 70 年扶贫政策回顾与展望 [J]. 湖北民族学院学报 (哲学社会科学版), 2019, 37 (05): 38-46.

[172] 徐代春子. 农村电子商务发展路径研究 [D]. 浙江海洋大学, 2016.

[173] 徐鹏, 张欣钰, 秦嘉. 影响农民开展电商创业意愿因素的实证分析——以湖南省炎陵县为例 [J]. 农村经济与科技, 2019, 30 (23): 138-142.

[174] 许加宏. 农村电商的扶贫强刺激效应: 菏泽 "淘宝镇" 案例 [J]. 金融发展研究, 2017 (01): 82-85.

[175] 许应楠, 刘忆. 乡村振兴下新型职业农民参与农村电子商务发展影响因素模型构建——基于 TAM 和 TPB 理论 [J]. 江苏农业科学, 2019, 47 (15): 56-60.

[176] 许源源. 中国农村扶贫: 对象、过程与变革 [M]. 长沙: 中南大学出版社, 2007: 68.

[177] 闫新建. 农村电商运作模式的对比研究 [D]. 对外经济贸易大学, 2016.

[178] 阎斌, 侯艳艳. 基于流通创新视角的农村电商发展研究 [J]. 商业经济研究, 2019 (20): 140-143.

[179] 杨国涛, 王广金. 中国农村贫困的测度与模拟: 1995—2003 [J]. 中国人口·资源与环境, 2005 (06): 30-34.

[180] 杨静. 云南: 电商扶贫带动 68.95 万贫困人口就业创业 [J]. 农业工程技术, 2020, 40 (12): 65.

[181] 杨隽萍, 于晓宇, 陶向明, 李雅洁. 社会网络、先前经验与创业风险识别 [J]. 管理科学学报, 2017, 20 (05): 35-50.

[182] 杨秋宝. 2020: 中国消除农村贫困: 全面建成小康社会的精准扶贫、脱贫攻坚研究 [M]. 北京: 北京人民出版社, 2018, 1: 78.

[183] 杨书焱. 我国农村电商扶贫机制与扶贫效果研究 [J]. 中州学刊, 2019 (09): 41-47.

[184] 杨雪云, 时浩楠. 电商扶贫效率的空间特征及影响因素分析: 以大别山区为例 [J]. 统计与决策, 2019, 35 (16): 103-107.

[185] 杨砚池. 边远民族地区贫困原因和扶贫措施综述 [J]. 和田师范专科学校学报, 2006 (02): 42-43.

[186] 杨永超. 供给侧改革背景下我国农村电商发展动态及创新发展研究 [J]. 商业经济研究, 2017 (05): 58-60.

[187] 杨忠兴. 云南省玉龙县湿地资源调查与保护管理对策 [J]. 福建林业科技, 2014, 41 (02): 183-188.

［188］姚庆荣．我国农村电子商务发展模式比较研究［J］．现代经济探讨，2016（12）：64-67.

［189］于文博．电商扶贫的可行性及推进策略研究［D］．华中师范大学，2018.

［190］张党利．农村电商与农村经济发展关系分析［J］．商业经济研究，2020（10）：131-133.

［191］张红艳．农村电商发展的制约因素与促进政策分析［J］．知识经济，2017（22）：62-63.

［192］张华．民营企业助力精准扶贫的实践与探索——以长阳土家族自治县为例［J］．中国管理信息化，2017，20（08）：90-91.

［193］张惠君．外资扶贫对云南省民族地区的影响与可持续研究［M］．北京：中国社会科学出版社，2017，4：37-41.

［194］张建宁．农村电商扶贫的作用机理及推进策略研究［J］．农业经济，2019（10）：126-127.

［195］张金亮．中部少数民族地区电子商务发展瓶颈及其评价体系［J］．湖北社会科学，2018（04）：104-108.

［196］张俊英，郭凯歌，唐红涛．电子商务发展、空间溢出与经济增长——基于中国地级市的经验证据［D］．财经科学，2019，（3）：105-118.

［197］张俊英，唐红涛．电商扶贫效率的效应分解及空间扩散——基于修正Feder模型的空间杜宾分析［J］．湖南师范大学社会科学学报，2019，48（05）：87-96.

［198］张磊．中国扶贫开发历程（1949-2005年）［M］．北京：中国财政经济出版社，2007.

［199］张丽君，吴本建，王润球等．中国少数民族地区扶贫进展报告（2016）［M］．北京：中国经济出版社，2017.

［200］张瑞东，蒋正伟．电商赋能弱鸟高飞：电商消贫报告（2015）［M］．北京：社会科学文献出版社，2015，12：9-15.

［201］张若瑾，张静．农民工创业意愿影响因素的实证研究［J］．中国人口·资源与环境，2017，27（S2）：29-31.

［202］张夏恒．电子商务进农村推动精准扶贫的机理与路径［J］．北京工业大学学报（社会科学版），2018，18（04）：26-32.

［203］张雄，张庆红．少数民族连片特困地区农户多维贫困测度及影响因素分析［J］．北方园艺，2019（09）：176-183.

［204］张岩．农村贫困地区实施电商扶贫的模式及对策研究［J］．农业经济，2016（10）：58-59．

［205］张艳辉，张春凯，李宗伟．谁更有可能开网店？——基于先前经验与合法性的研究［J］．管理评论，2020，32（02）：151-164．

［206］张益丰．生鲜果品电商销售、农户参与意愿及合作社嵌入——来自烟台大樱桃产区农户的调研数据［J］．南京农业大学学报（社会科学版），2016，16（01）：49-58；163-164．

［207］赵慧珠．走出中国农村反贫困政策的困境［J］．文史哲，2007（04）：161-168．

［208］赵礼强，姜崇，成丽．农村电商发展模式与运营体系构建［J］．农业经济，2017（08）：117-119．

［209］赵丽．少数民族县域跨越式发展与电商扶贫开发［M］．北京：中国社会科学出版社，2019，08：17．

［210］郑功帅．农村电子商务发展的动力机制、现实困境与对策出路——以缙云县为例［J］．湖北经济学院学报（人文社会科学版），2016，13（06）：27-28．

［211］郑俊敏．基于统筹城乡发展的农民兼业化发展模式选择［J］．乡镇经济，2007（02）：14-17．

［212］郑素侠，宋杨．空间视野下我国信息贫困的分布特征与政策启示［J］．现代传播（中国传媒大学学报），2019，41（07）：21-27．

［213］郑长德．2020年后民族地区贫困治理的思路与路径研究［J］．民族学刊，2018，9（06）：1-10；95-97．

［214］周海琴．农村电子商务助力农民反贫困的机理和效果研究［D］．中国社会科学院研究生院，2012．

［215］周莉莉，苗银家，蔡兰，金朔，王培，郭依．农村电商助力扶贫的作用途径——基于贵州多地的调研分析［J］．江苏农业科学，2018，46（11）：319-323．

［216］周民良．"一带一路"背景下创新体制机制推动兴边富民进程［J］．甘肃社会科学，2016（01）：67-71．

［217］周瑞．精准扶贫战略下陕西农村电商发展模式及路径研究［J］．西安财经学院学报，2019，32（06）：41-45．

［218］周巍．改革开放以来民族地区扶贫政策演进及启示［J］．北方民族大学学报（哲学社会科学版），2018（04）：144-147．

[219] 周怡. 贫困研究：结构解释与文化解释的对垒 [J]. 社会学研究，2002 (03)：49-63.

[220] 周应恒，刘常瑜."淘宝村"农户电商创业集聚现象的成因探究——基于沙集镇和颜集镇的调研 [J]. 南方经济，2018（01）：62-84.

[221] 周映欢. 我国电商扶贫的难点与对策研究 [D]. 湘潭大学，2018.

[222] 朱农. 离土还是离乡？——中国农村劳动力地域流动和职业流动的关系分析 [J]. 世界经济文汇，2004（01）：53-63.

[223] 朱品文. 农村电商发展困境及对策分析 [J]. 商业经济研究，2016 (10)：68-69.

[224] 朱泽琴. 农村电商扶贫的模式及路径分析 [J]. 吉林金融研究，2019 (04)：32-38.

[225] 庄天慧.《西南少数民族贫困县的贫困和反贫困调查与评估》[M]. 北京：中国农业出版社，2011.

[226] 邹思逸. 我国农村电商的发展现状及建议 [J]. 经济研究参考，2017 (30)：30-31.

后　记

　　现阶段，我国民族地区面临的脱贫问题直接关系到全面建成小康社会发展目标能否如期实现。考虑到我国民族贫困地区经济发展的特殊性，以及农村电商的快速发展和国家政策强力支持，电商扶贫已然成为助力民族地区脱贫攻坚的有力手段。加快少数民族地区电子商务发展对促进当地经济发展、增加农民就业、提高农户收入水平，进而带动少数民族群众脱贫致富具有重要意义。

　　本书运用电商扶贫相关理论与方法，结合湖北省恩施土家族苗族自治州的具体实情，系统地研究了民族地区电商扶贫相关问题。本书在对电商扶贫相关文献系统梳理的基础上，从生计资本、利益联结机制和帮扶主体等角度分析了民族地区电商扶贫模式，并结合我国民族地区贫困状况与扶贫实践，从增收、减支和赋能三个维度对民族地区电商扶贫机理进行了理论构建。然后遵循"参与意愿与行为—行为结果评估—案例借鉴启示—对策建议"的研究框架，以湖北恩施自治州作为调研地区，首先对民族地区贫困农户的电商扶贫参与意愿与行为问题进行了实证分析，然后分别从县域视角和农户参与视角实证检验了民族地区电商扶贫的效率和效应问题。其中，从宏观上分析民族地区县域电商扶贫效率问题时，将湖北恩施州各县市电商扶贫效率及其影响因素同非民族地区县域进行了横向比较，从而更加精准把握湖北民族地区电商扶贫效率具体格局；从微观的农户参与视角进行研究时，考虑农户异质性分别对电商创业者、兼业者和电商扶贫受益者的扶贫效应进行了定量分析，并对民族地区贫困农户电商扶贫整体满意度及其影响因素进行了分析。在理论分析和实证检验的基础上，对实施了电商扶贫案例地区的成功经验进行了梳理总结，最后从政府层面、社会层面、市场层面和个体层面提出了推动民族地区电商扶贫与消贫的对策建议。

　　笔者为了掌握国内民族地区电商扶贫的具体情况进行了实地调研，对相关主题资料和文献进行了广泛收集，在此要感谢湖北省恩施州及其下属各县市商务局、扶贫办、电子商务协会、村委会干部等众多部门组织和个人的大力支持。在本书的写作过程中，也参考了国内外多位专家学者的部分数据素材与理论表述，虽已在参考文献中予以列示，但也在此一并谢过，如有不慎遗漏之处，还请见谅。在本书的整理成稿过程中，要感谢责任编辑提出的建设性修改意见，同时也要感谢张林子、饶玉龙、陈蕤、黄小雨、杨杰、邵洁、唐起鑫、柯欣怡、江美琴等同学提供的帮助，他们在资料收集、问卷调查、图表绘制和图文校对等方面付出了辛苦的努力。

笔者虽然研究了民族地区电商扶贫中的一些问题，并提出相应的对策建议，但由于个人能力以及资料与时间等方面的约束，本书肯定还存在一些不足。在此，笔者恳请各位学界同仁与业界人士指正。

许　芳

2020 年 8 月